让 我 们 一 起 追 寻

中国革命 Die chinesische Revolution

1925 年 5 月 Mai 30 日 上海 Shanghai

Shanghai, 30. Mai 1925. Die chinesische Revolution

Jürgen Osterhammel

〔德〕于尔根·奥斯特哈默　著

强朝晖　译

社会科学文献出版社
SOCIAL SCIENCES ACADEMIC PRESS (CHINA)

出版说明

  《中国革命：1925年5月30日，上海》是德国历史学家于尔根·奥斯特哈默早期的一部史学著作，它从五卅运动着眼，通过对历史的简要阐述，说明共产党领导的中国革命取得最终胜利的必然性，对其国内的、国际的、对手的、自身的因素均有分析。

  本书逻辑严谨、论述周密，是一部难得的关于中国近代革命的历史著作。但需要指出的是，对于尔根·奥斯特哈默的某些观点我们并不认同，比如他对辛亥革命领导者孙中山的历史评价。为了让读者能够全面地了解奥斯特哈默的观点，我们对相关内容不做删减，也请读者在阅读时予以甄别。

  以上种种，敬请读者了解。我们期盼读者的批评指正。

社会科学文献出版社

2017年6月

中文版序

本书的德文版最早是于 1997 年出版的。我很高兴看到，在时隔 20 年之后，它能有幸与中国读者见面。需要强调的一点是，大家在这里看到的是未经修订的原版。我本应通过注释，对书中许多内容加以修正。此外，在本书与我今天从事的工作之间，并没有太多的相通之处。本书出版后，我的研究方向从中国史转向了全球史。在全球史领域，中国扮演着重要，但并非核心的角色。了解拙著《世界的演变：19 世纪史》——一部有关"长 19 世纪"的世界史——的读者想必会懂得，身为全球史学家，我所探寻并尝试论证的宏大关联是怎样的含义。

因此，从某种意义上讲，本书是一个历史文本，它代表了中国史研究中的一个特殊视角。该视角如今虽已变得较为罕见，但仍然值得人们予以关注。我们可以称之为历史—社会学视角。这一点在书中并不十分醒目，因为本书

中国革命：1925年5月30日，上海

是从对历史上的一天——1925 年 5 月 30 日——的叙述开始的。其缘由如下：本书是《20 世纪的 20 天》系列丛书中的一部。其编纂者的初衷是，通过对这些特定历史日子的描述，对 20 世纪史的重要脉络加以梳理。当人们问到我，应当选择哪一天作为立足点来观察 1949 年前的中国史时，我首先想到的是 1919 年 5 月 4 日。但后来我觉得，选择 1925 年 5 月 30 日这一天或许更合适。

这是中国一场轰轰烈烈的反帝国主义浪潮开始的日子。然而它并非本书的核心主题，而只是后续阐述的一段序曲。本书以叙事作为开篇，后面的六个章节则以分析作为重点。在这方面，本书沿循了西方研究中国社会与政治问题的一项悠久传统。该传统早在马克斯·韦伯（Max Weber）时就开始了，它在卡尔·魏特夫（Karl August Wittfogel）的著作《中国经济与社会》（*Wirtschaft und Gesellschaft Chinas*，1931 年出版）中得以延续，此后又在以毕仰高（Lucien Bianco）《中国革命的起源 1915 – 1949》（*Les origines de la révolution chinoise 1915 – 1949*，1967 年出版，英译本 *Origins of the Chinese Revolution*，*1915 – 1949* 出版于 1984 年）为代表的一系列著作中得到了发扬。所有这些著作都有一个共同点：它们并不是讲述具体的历史事件，而是将关注点集中在推动历史发展的巨大力量上，例如宗教、农业、官僚体制、军事主义等因素所发挥的重要作用。

本书是从一个论点出发展开论述的，该论点迄今在中国和外国仍然经常被讨论，而且并非每一位读者都毫无异议地对其表示认同。它建立在一条假设之上，即论述从19世纪末到1949年中华人民共和国成立这一段历史的最佳方法，是将革命与现代化的矛盾关系作为着眼点。我的另一条假设是：在这一时期，"革命"是相对更为重要的因素。早在1958年，我的汉语尊师傅吾康（Wolfgang Franke）在其著作《中国革命的百年》（Das Jahrhundert der Chinesischen Revolution，英译本 *A Century of Chinese Revolution* 于1970年出版）中便以经典方式对这种观点做出了阐述。"革命"在中国并不简单意味着推翻旧的政治制度：先是1911年的清王朝，然后是1948/49年的国民党统治。"革命"更多是对一系列历史进程的概括性定义，在经济、社会与文化等各个领域，人们都可以观察到这些进程的发展。

但是，这些进程所呈现出的特点是不规律和非对称的。因此，我一直在努力尝试在中国各个地域之间做出划分，并尽可能详细地说明，文中涉及的究竟是中国社会的哪些阶级和阶层。思想同样是革命这一宏大进程的组成部分，为此我特意用了一个章节的篇幅来论述"中国政治的愿景与纲领"。在我眼中，这是一个极其重要的章节。特别是在这一章中，我尝试通过与欧洲民族主义的比较，来分析中国民族主义的特殊性。我认为，这种做法在今天仍然是有益的。书中的阐述主要是针对 1920 年代和 1930 年代，因此乍看上去，这些分析似乎已不再有意义。但是，1920 年代和 1930 年代是对中国的整体历史思维具有塑造性影响的一个时期，在其他许多国家亦是如此。当时形成的一些基础性理念直到 20 世纪末仍然对世界发挥着重要影响。

衷心感谢出版社促成了本书在中国的出版。特别感谢强朝晖女士，她凭借深厚的德文功底翻译了我的三卷本《世界的演变：19 世纪史》，然后又翻译了本书。在我的书中不乏艰涩之处，这给翻译带来了巨大的挑战。

于尔根·奥斯特哈默

2017 年 5 月

目　录

中国革命：1925年5月30日，上海

上海，1925年5月30日

"1925 年 5 月 30 日将成为远东历史上一个伟大的日子， 犹如欧洲的巴士底狱事件一般。"[1]写下这段话的作者所表现出的远见，在英国外交部官员当中是罕有的。事实证明了他的判断。五卅事件开启了从 1925 年至 1927 年这段风云跌宕的历史，中国史学界称之为"大革命"：在逐渐倒向共产主义的激进派学生的领导下，群众性示威活动在城市中展开。其激情澎湃的程度，唯有 40 年后的"文化大革命"堪与之相比。在 1925 年 5 月 30 日这一天，中国革命从无序的泄愤转入了有目标、有组织之行动的阶段。

城　市

这起事件的发生地是上海，在其中扮演巴士底狱角色的是上海公共租界里戒备森严的老闸捕房。引发示威者怒火的，并非是古老腐朽的帝制政权，而是以固有形态登场的西方和日本帝国主义。

20 世纪 20 年代中期，上海人口由 1850 年前后的 50 万增长到 250 多万，相当于原来的 5 倍，并以此成为中国遥遥领先的第一大城市。与此同时，上海也变成了一座真正意义上的国际化大都市，一群来自不同国家的商业寡头在政治上发挥着主导性作用。

8　　与 1842 年沦为英国殖民地的香港不同，上海从来没有成为正式的殖民地，但是事实上，它很早便落入了外国人的掌控之下。[2] 上海是最早开放的五个通商口岸之一。鸦片战争（1839～1842）失败后，外国人可以在这里享受条约规定的特权，其中包括自由贸易权和司法豁免权，即所谓"治外法权"。上海作为远洋港口，其位置靠近中国第一大通航河流长江的入海口，是通往辽阔富饶、人口众多的内陆腹地的一座门户。凭借优越的地理位置，上海很快便显现出其他通商口岸无法比拟的优势。[3] 贸易与航运一向是上海繁荣的基础，从 1919 年到 1937 年中日战争爆发前，上海贸易和航运的发展达到了高峰。[4] 此外，自 19 世纪末起，外国银行和企业大规模涌入上海。尽管中国本土企业家也成功参与了上海的工业化，然而在 20 年代中期，大型生产企业却主要掌握在英国人和日本人的手中。近半数产业工人受雇于外国雇主。其中最引人注目的是 32 家日本棉纱厂。纺纱是上海的第一大产业，日本纱厂的生产能力占总产能的 52%，在这些厂里工作的男女工人和童工超过了 6 万人。[5]

宽阔的林荫大道、鳞次栉比的商店、后殖民风格的华丽建筑与完善的基础设施，使这座城市展现出一副西方现代大都市的风貌。但是，生活在这里的非华人居民实际却仅占少数，并且几乎全部集中在毗邻黄浦江的两处外国飞地。1925 年的官方人口普查数据显示，在公共租界（官方名称为上海国际公共租界）居住着约 3 万名外国人和 81 万名华人，法租界的外国人和华人数量分别为 8000 和 28.9 万。[6]上海 40% 的居民生活在外国的管辖之下。即使在两处飞地，外国居民的比例也不足 3.5%。其中人数最多的，是政治上没有太大影响力的日本和俄国侨民。而经济和政治的重心，则是由生活在这座城市中的大约 8000 名英国人所占据。在公共租界拥有选举权的公民群体中，英国人同样也占多数：约 2700 位"纳税人"（ratepayers）凭借其拥有的大片地产，获得了推选由 9 人组成的上海公共租界工部局（Shanghai Municipal Council，SMC）的选民资格。[7]工部局是主管上海中心城区的最高行政当局，在其下设的由近千名洋人组成的总办处中，大部分也是英国人。在邻近的法租界里，法国总领事享有处理和掌管租界内近乎一切事务的权力。而相形之下，公共租界的外国政府代表并不具备正式的全权职能，尽管英国总领事作为最

9

大军事保护国的代表，在上海政治中自然也扮演着至关重要的角色。由以英国人为主的商业精英组成的上海工部局董事会无须对任何上级机构负责，无论是大英帝国首都的殖民部还是议会，中华民国政府自然更无须一提。

上海公共租界是全世界绝无仅有的"帝国中的帝国"。由外国财阀主导的上海工部局自行制定和颁布各种法规，有自己的警察，可以肆意征税，并且设立了自己的法庭——会审公廨（Mixed Court）。自1911年起，外国法官和律师参与会审公廨的所有诉讼审理，其中也包括华人之间的官司。[8]所有这一切都是以单薄的法律依据和模棱两可的妥协作为基础，这些妥协是清廷自1845年之后在外国的胁迫和讨价还价下做出的。中国对全上海的主权从来没有在纸面上被解除。没有哪一部"不公平"的国际法条约规定了公共租界的割让，外国在上海的领地仅仅是以私法的土地世袭租赁权作为保障，而中国政府仍然是名义上的主权人。[9]由于中方只收取微不足道的租金，因此，1880年前后的房地产价格暴涨并没能使中国财政获得任何形式的收益。

10　　　1854年成立的上海公共租界工部局以列强为靠山，利用中国当局的软弱，不断地扩大自身特权，扩张租界的地盘。1899年，租界的规模达到了顶峰。由此形成了一种独特的混合型体制，即准殖民资本对城市的统治。与亚

洲和非洲其他地区有责任意识的父权式殖民主义不同的
是，上海的准殖民统治较少因顾忌而有所节制。当然，在
西方人主持下进行的城市基础设施建设以及医疗卫生条件
的改善，的确给上海大多数居民带来了益处，它使得租界
环境明显优于相邻的旧城区，[10]但是这些措施的目的，首
先在于提高上海外国侨民的生活质量。直到20世纪20年
代，上海仍然与中国其他地区一样，缺少最基本的公共福
利与社会保障。为占人口多数的贫苦民众提供教育机会，
仍然是私人慈善业的职责。同时不可忽视的是，尽管这些
白皮肤的"上海人"为自己精心打造了一副"天下大同"
的形象，然而在现实生活中，对本地人的种族歧视仍然是
司空见惯之事。例如，公共租界内的主要公园在1890年
至1928年明令禁止中国人进入（日本人不受此限！），不
过，那块传说中的"华人与狗不得入内"的牌子，并未
真正存在过。[11]

　　不仅是优越的地理位置造就了上海的繁荣，并使其成
为连接中国与世界经济的最重要枢纽和吸引内地移民的磁
石，在中国民族主义者眼中被视为屈辱的政治地位，同样
也对上海的兴旺发挥了功不可没的作用。自19世纪50年
代太平天国起义之后，这片在外国军舰保护下管理相对有
序的领土，成为数十万难民逃避内地战乱的避风港。在两
处外国飞地，人们可以得到最低限度的法律保障，即无论

中国革命：1925年5月30日，上海

中国朝廷，还是其倒台后的军阀以及中华民国的革命领袖都不懂得尊重的"法治"。因此，上海不仅是有钱人为保护其流动资产不被政府肆意剥夺而投奔的地方，而且也吸引了各种异见人士和自由思想者。尽管没有人能绝对保证他们不被"引渡"给中国当局，但是公共租界和法租界毕竟在一定程度上为激进的文学家和反政府人士提供了自由空间。因此，正是以上海为中心，诞生了中国的现代报刊业和出版业。[12]公共政治在公共租界里逐渐形成，并进一步向全国扩展。尤其是在1912年至1937年，上海堪称"中国政治的大舞台"。[13]

上海之所以能够成为20世纪初的中国文化之都，与基督教传教士在教育领域的积极投入是分不开的。大约自19世纪末20世纪初，一方面是对发展农民教徒进展缓慢感到失望，另一方面是受新的传教潮流——由单纯的传播福音转向社会改革与教育——的启发，一些教会团体开始将精力投到大城市的高等教育建设上。尽管上海的教会大学无论在排名还是声誉上都不及美国人在北平创办的燕京大学，但至少有两所大学可以当之无愧地跻身全国顶尖学府之列：一个是由新教教会创办的圣约翰大学，另一个是法租界内由耶稣会（Societas Jesu）创建的震旦大学。学者兼传教士马相伯（1840～1939，又名马良）曾是1898年震旦大学建校时的功臣。1905年，马相伯在教会势力

之外创办了另一所大学：今日沪上最负盛名的高等学府——复旦大学。1919年，这里成为激进派学生政治的中心。[14]1922年，复旦大学的部分爱国学生脱离原校，创立了上海大学（以其简称"上大"闻名）。这所大学明确将献身革命事业与反对通商口岸制度作为纲领，在这里，上海的部分青年学生在戴季陶（1891～1949）、瞿秋白（1899～1935）等教师的引导下，了解到孙中山的革命学说与马克思主义。戴季陶最初是一位国民革命者，后来摇身一变，成为激烈的反共理论家；瞿秋白日后曾任职中共总书记。[15]满怀民族主义信念的大学生、专横跋扈的准殖民统治者、热衷示威抗议的工业无产者，以及对外国合作伙伴和竞争对手的特权越来越不满的中国资本家：所有这些因素汇聚在一起，成为1925年5月30日这场事件中的抗议力量。

12

五卅事件及其后果[16]

1919年5月4日，北京爆发了大规模示威活动，以抗议中国在巴黎和会上受到的屈辱性待遇。自抗议活动从北京蔓延到上海之后，[17]这座华东大城市再没能恢复平静。1924～1925年冬天，紧张局势再度升级。由"上大"率先发出的反帝国主义呼声越来越激昂，在许多新办的

中国革命：1925年5月30日，上海

"平民夜校"里，大学生和工人们走到了一起。1925年2月9日，以解雇工人以及日本经理和工头的暴虐为导火素，在日本内外棉株式会社开办的纱厂爆发了一场持续近四周的罢工潮。[18] 上海工部局称，罢工是"受布尔什维克煽动"，这一猜测并非毫无根据。经过这场罢工，组织松散的工人俱乐部发展成为工会。当时，工部局正在推行自己的侵略性计划，企图以侵占华界为代价，进一步扩大公共租界的地盘，增加苛捐杂税，并阻挠华人参与股票交易。因此，当5月初罢工潮再次掀起时，大多数中国人都站在了反对外国在华特权的一边。新一轮罢工引发了流血冲突：5月15日，日本工头向罢工者开枪。参与罢工的工人顾正红被击中，并于两天后身亡。对这位年轻死难者的哀悼，使工人斗争演变为一场全国性的民族主义运动。正如此后几十年中国的常见情况一样，对死者的悼念往往会变成政治运动萌生的契机。大学生借此话题，组织上万人参与的群众集会，在公共租界散发传单，为罢工者募捐。5月23日和24日，租界巡捕陆续逮捕了6名学生，并定于5月30日在素有恶名的联合法庭——会审公廨进行审判。学生们当即决定于30日当天在公共租界组织大规模示威活动，将反帝国主义浪潮引入"狮穴"。在这些学生中，包括1921年成立、当时在上海仅有295名成员的中国共产党的几位党员。

13

1925 年 5 月 30 日星期六，时值初夏。当学生们一早集合，准备按计划采取行动时，突然传来一个消息：就在头一天，在北方港口城市青岛的一家日本工厂，警察开枪打死了数名罢工工人。听到消息后，学生们的激动情绪进一步升级。不一会儿，在街边、电线杆和电车上便贴满了标语——"打倒帝国主义！""把上海还给上海人！""抵制日货！""反对扩大公共租界！"示威者高举旗帜和写着口号的横幅走过街头。[19]大约下午两点，租界巡捕开始动手抓捕学生，共逮捕了近 40 人。但是令外国当局感到意外的是，学生们并没有被警方的行动吓倒。由几百名大学生组成的游行队伍沿着上海最宽阔的大道南京路，向关押了部分被捕学生的老闸捕房迈进。由于巡捕长麦高云（Kenneth McEuen）周末休息（他因这个决定而被革职），老闸捕房的行动暂由巡捕爱活生（E. W. Everson）指挥。他手下有近百名巡捕，其中部分是华人，另外还有一部分是锡克教徒，这些人头上的彩色头巾使他们在人群中显得格外抢眼。这时，抗议人群已经达到了近两千人。当 70 来名示威者闯入捕房前厅，要求释放被捕学生时，形势变得格外严峻。尽管警方可以采取措施将闯入者赶出捕房，但是爱活生担心这样做有可能激化矛盾，导致更多人闯入，在严重情况下甚至有可能出现武器和火药库被劫的危险局面。

14

中国革命：1925年5月30日，上海

没有人能够一五一十地说清楚，后来在南京路上究竟发生了什么。但有据可查的是，当日 15 时 37 分，爱活生用英文和中文发出警告：如果人群不撤离，他将下令开枪。十秒钟后，枪响了。4 人当场毙命，8 人奄奄一息地倒在石板路上，另有 20 人受伤，其中一人数天后不治身亡。死伤者全部是 15～36 岁的年轻男子。[20]枪声响过，现场一时间鸦雀无声。紧接着，人群四散奔逃。在持不同立场的评论者口中，这起事件被称为"五卅事件""五卅惨案""五卅大屠杀"。中国进入 20 世纪以来一场最大规模的群众性示威活动——"五卅运动"——由此爆发。

这起事件不免令人联想起 1919 年 4 月 13 日英国军官枪杀印度示威者的阿姆利则惨案，300 余人在这场惨案中丧生。如今，外国人在中国土地上面对手无寸铁的中国工人和学生，制造了又一起血案。受洋人控制的上海当局和报纸将罪责归咎于示威学生的"挑衅"，并辩解称，警方的行为是为了避免发生武装暴动一类的更严重事件。但是，所有中国人——无论社会出身和政治信仰——都拒绝将这起事件看作一场不幸的意外，而是视其为帝国主义在中国沿海的特权地位所导致的必然结果。"帝国主义"不再是一个抽象的概念，其蔑视人类生命的本质由此暴露无遗。信仰马克思主义的评论家更进一步指出，真正的凶手并不是那些奉命开枪的巡捕，而是其雇佣方：大型外国银行和企业。此外，自古以来中国文人在百姓心目中所享有的威望，也被加诸这些充满政治热情的大学生身上。如果说工人顾正红之死暴露了外国工厂主的残忍无情，那么在5月30日发生的这起事件中，外国暴力则是直接将矛头对准了代表民族未来的年轻知识分子。虽然死者中仅有3人是学生，但是民众的愤怒情绪并不会因此而减弱。

学生领袖们果断地利用老百姓的情绪，采取行动。在五卅过后的几天里，几位大屠杀受害者成为各种形式宣传活动的主角和受人尊崇的偶像。无数的传单、报刊文章、纪念性诗歌和街头话剧，都是将南京路上"血洒街头"的烈士作为主题。街头巷尾，到处都在举办盛大的悼念活动。6月30日，在一座公园举行的追悼大会上，人们甚至设立了一间挂满挽联的灵堂，灵堂两侧各有一个小的展室，一边是陈列着烈士遗像和英勇事迹的"遗像室"，另一边是展示烈士遗物的"血衣室"。

五卅事件之所以能够发展成为一场旷日持久的全国性示威抗议活动，并不能简单地归结为民众的愤怒情绪以及学生的宣传与鼓动。在这起事件背后，还有另外两点原因：一是暴力的持续。在六月最初几天里，上海各种冲突事件频发，不断有人被杀害，正如左翼报刊所描写的，上海已经变成了"现代帝国主义的屠宰场"。在其他城市的

15

规模较小的租界区，特别是英租界，骚乱屡发不断。在长江中游的大城市汉口，英国士兵开枪打死了两名华人。6月23日，在广州沙面岛上的英法租界，英法巡捕与示威群众发生冲突。示威者抗议的矛头，是指向1842年以来签订的限制中国主权的一系列不平等条约。在这场冲突中，至少有52名华人和1名外国人丧生。究竟是谁先开的第一枪，迄今仍是个谜。组织这次示威游行的，并非一袭长衫的中国知识界人士，而是身着黄埔军校制服的年轻国民党军人。[21]"沙基惨案"激起了广州民众的极大愤怒，并进一步巩固了广州作为国民革命根据地的地位。这场冲突引发了持续时间长达16个月的省港大罢工。五卅事件，特别是"六·二三事件"之后，几乎所有省会城市都爆发了抗议活动，给外国在华资产造成了巨大损失。英、日两国的领事官员、商人和传教士多次陷入被围困的状态。[22]五卅运动由此成为一场史无前例的民族大动员的开端。[23]

除了受人性与爱国情绪驱动的对上海事件的愤怒反应之外，决定五卅运动广度和深度的另一个因素是建立在广泛群众基础上的反抗者联盟。假如没有与中国工商界成功联合，学生仅凭自己的力量，或者即使再加上部分工人伙伴的支援，也很难有所作为。南京路事件发生短短几小时后，除了学生团体和工会之外，各种商会组织也迅速召集

16

行动。大家一致认为，只有工、商、学三方面力量紧密团结，才能对帝国主义敌人施以真正的打击。自1905年反美运动以来，在包括1919年五四运动在内的一系列行动中，商人们积累了以抵制作武器的丰富经验。早在5月31日，拥有强大势力的全国总商会——由富商、银行家、船东和工厂主组成的联合会——便发布声明，支持一切以封锁外国在沪活动为目的的行动。于是，在6月1日这一天，不仅有5万名中学生和大学生罢课，在公共租界和邻近的闸北区，大部分商铺关闭，以罢市为抗议。南京路上的各大百货店也在公众压力下被迫停业。在英国人和日本人开办的纱厂，许多工人拒绝上工。到6月中旬，罢工人数达到近15万人。电车和公交车售票员、电厂和自来水厂的职员、外国酒店和俱乐部的服务生，特别是码头工人以及英国和日本轮船上的中国船员，早在6月初便加入了罢工队伍。对外国人打击最大，因此也最令其感到畏惧的，既不是学生的标语口号，也不是商人的罢市，而是工厂和港口工人的大罢工。

17

工部局不肯就此妥协，而是颁布戒严令，并调动外国侨团防务组织"上海万国商团"（Shanghai Volunteer Corps）准备采取行动。此外，在6月6日之前，外国列强还调集了包括3艘英国大型巡洋舰在内的22艘军舰进入上海港，两千多名海军陆战队队员驻扎在公共租界和法租界。年轻

中国革命：1925年5月30日，上海

气盛的国民党将军蒋介石（1887～1975）在五卅惨案后曾一度预测，中英之间将爆发一场战争。然而，事实却并非如此。不过，类似经济战的罢工和抵制行动仍在持续，并给以英日商人为主的外商造成了不小的负面影响。罢工行动的最大受益者并不是来自第三国的势力，如未受直接冲击的美国公司，而是中国企业。抵制洋货给他们带来了出乎预料的扩张机会，因此，中国最大的烟草制造商能够借其强大竞争对手遭封锁之机赚进大笔钞票，也就不足为奇了。这个竞争者便是在上海拥有三家生产厂的英美烟草公司（British-American Tobacco Corporation）。[24]

18　组成联合反抗阵线的团体各有各的目标，这一点是可想而知的。因此，这种联合从一开始便是脆弱的。由"上大"文学系年轻教授瞿秋白领导的激进派学生将这起事件的发展视为世界资本主义的一场危机，主张利用其弱点，彻底摧毁西方帝国主义在华势力。[25]为此他们呼吁取消对中国主权的所有限制，特别是要立刻收回所有外国在华领地和租界区。这在 1925 年夏天显然是不现实的，但作为策略却不乏成效，它可以阻止以上海总商会及其会长、家财万贯的船运大亨虞洽卿（1867～1945）为代表的华人资本家向洋人做出不利的让步。如果像当年的激进派学生以及后来的中共党史学家一样，将上海总商会斥为唯利是图的帝国主义帮凶，显然有失偏颇。因为外国在沪势力眼中的最大敌人是虞洽卿，而非瞿秋白或后来出任中共总书记的李立三（1899～1967）等共产主义活动家。当时，中外双方都在开展经济战，一个明显的例子是：实际掌握全上海电力垄断权的工部局，切断了对租界区以外的华人纱厂和烟草厂的电力供应。[26]

当然，虞洽卿和他的同行们在很大程度上也是在为自己的利益做打算。他们与在沪外商之间处于一种竞争合作的关系。一方面，他们以公开或幕后伙伴，甚至是买办（意指签约中介人）的身份，在上海外商和内地商界之间牵线搭桥。他们与外国企业的利益在很多方面是捆在一起的，其成就也部分依赖于此。另一方面，他们也是外商的直接竞争对手，比如说，虞洽卿本人的长江船队便是两大英国船运公司的强劲竞争者。依照19世纪签订的不平等条约，后者的船只可以在中国内陆水域自由往来。因此，上海大资本家们并无意驱逐洋人，而是希望能够成为相互平等而非附庸关系的合作伙伴。这一目标唯有通过削弱外国在华势力才能达到。因此，他们提出的核心主张是由中方对会审公廨实行监督，向工部局增派华人代表，取消扩大公共租界以及工部局要挟的增加税收的计划。另外，虞洽卿从工人利益考虑，在谈判中坚持要求外商向工人照发罢工期间的工资。但是，总商会从一开始便拒绝了赋予上海工人结社权与罢工权的要求。[27]

中国革命：1925年5月30日，上海

上述要求是工商学联合会6月7日提出的十七项交涉条件中的一项。工商学联合会成立于6月4日，是所有"偏向左派"的罢工团体的最高领导组织。共产主义者在联合会中即使不占主导，也颇具影响力。"十七项"所代表的是一种介于乌托邦式极端激进主义与上海总商会的温和民族主义之间的折中立场。[28] 在所有要求中，只有废除治外法权一项是从国家层面出发的。治外法权始于1842年，它为所有外国在华特权奠定了法律的基石。"十七项"中的其余各项都是针对上海一地，如取消戒严、撤出军队、惩办凶手、赔款等。上海总商会希望改善华人在租界中政治与法律地位的要求，在其中也有所体现。

危机的正式解决经历了一个复杂艰难的过程，除冲突中的各当事方之外，北京的外交部和各国公使馆以及伦敦、巴黎和华盛顿政府也都参与其中。日本当时正在推行对华和解政策，为避免造成与英国合谋的印象，而希望与中方单独解决冲突。[29] 解决危机的第一步是逐一处理各地罢工事件。在很多地方，工会提出的要求部分得到了满足，其结果对工人是有利的。9月第二周，日本纱厂的工人陆续复工。月底，英国纱厂也结束了罢工。这时，工商学联合会因内部分裂已经解散。上海的华界当局因害怕共产势力给社会造成动乱，开始采取行动，对激进派力量实行镇压。11月29日，五卅运动中最重要的中共领导者刘

20

华被租界警务处逮捕，在"引渡"给中方后，于12月17日被处决。

从民族主义角度看，五卅运动的成果是十分有限的：[30]三名对事件负有责任的警官被撤职；1926年12月31日，会审公廨被撤销；工部局为华人预留了三个席位（到1928年才正式上任）；1930年2月，上海华界当局得到15万美元的一次性赔偿。但是，外国特权制度的基本结构并没有从根本上发生改变。1925年11月，列强不顾在沪外国舆论的反对，承诺从1929年1月1日起恢复中国于1842年丧失的关税自主权。这也是他们向中方做出的最大让步。但是，这一结果却足以让上海总商会的成员们以胜利者自居，并在形式上逐渐步入了租界寡头的行列。中国民族主义的一些相对温和的目标得到了实现。

感觉虽不强烈、从长远角度看却具有深远意义的是社会氛围的变化。危机解决方案中的一项是成立由西方法官组成的国际司法委员会，由其对五卅事件进行调查取证。英日法官判定租界当局无罪，但委员会主席、美国驻菲律宾最高法院法官约翰逊（E. Finley Johnson）却起草了一份调查报告，以前所未有的严厉和坦率，从原则和政策实践的角度对外国在上海的司法专权提出批评。[31]约翰逊此举打破了延续数十年的一大禁忌。每个了解公共租界复杂历史的人都知道，从国际法角度看，租界的设立是站不住

21

脚的，因此都对这一话题避而不谈。约翰逊在上海洋人圈子里理所当然被斥为害群之马，但是他的分析却在伦敦和华盛顿引起了舆论的注意。在这些地方，人们对公共租界的顽固分子早就开始抱以怀疑的态度。五卅运动使他们自1899/1900年义和团起义后所确立的道德信念陷入了动摇，这一信念便是："文明"国家需要采取特殊防范措施，以保护自己在中国的"野蛮"环境里不受伤害。可是，巡捕爱活生手下的那些人真的文明吗？这些洋人凭何相信自己有能力履行教化中国，使其从混乱落后迈向文明的使命？约翰逊的报告揭露了外国在沪（乃至全中国）司法特权的不合理性。在1925年以前，帝国主义特权体制似乎已成为一种恒久不变的常态。如今人们则开始思考，该以怎样的方式和步骤取消这种制度。是五卅运动将这一议题首次提上了历史日程，而废除特权的过程则是1927年后，在蒋介石领导的倡导民族主义的新中央政府的大力推动下进行的，并取得了一定的成果。

五卅运动所产生的国际影响是不容否认的，但我们也必须看到，其最重要的影响更多是在国内。在上海事件以及由广州六月惨案引发的省港大罢工和抵制运动（1925年6月至1926年10月）之后，中国工人运动由松散的联合转变为富有战斗力的组织。1926年，以争取劳工权益（而非爱国主义）为动机的工人抗争频发不断。共产主义活动家成为工人运动虽非唯一却占主导地位的领导者。因此，中国共产党堪称五卅运动除上海大资本家之外的第二大赢家。从1925年1月到1926年1月的一年里，党员人数增加到1万人，是原先的10倍。1925年，这个规模很小的密谋联合会在成立短短4年后，巧妙地利用南京路事件提供的契机，成功地发展成为一支拥有独立群众基础的政治力量。

22

在这次运动中发挥主导作用的知识分子大多出身上层，其中只有少数是有组织的共产党员。五卅运动为这些人提供了一个与城市"平民大众"打交道的难得的机会，因为后者无论从社会地位还是文化角度看对于他们都是陌生的。从这层意义上讲，1925年对许多人来说都是一个学习过程的开端。对他们当中的年长者而言，这个过程早在五四运动时便开始了。当时也同样出现了类似的范围广泛的抗议同盟，五卅运动中所采用的许多宣传策略便是在五四运动时首创和尝试的。五卅运动的新意体现在以下几个方面：政党的影响力——在1919年五四运动时，这种以纪律严明的干部组织为形式的政党还未出现；内部派系斗争——它打破了五四运动时的幼稚和谐，同时也为后来中国"革命者"之间残酷乃至血腥的纷争发出了预兆；与外国强权的直接对抗，以此取代了1919年几乎没有流血的冲突方式；最后，还有"帝国主义"作为理论概念的提出——人们可以借助这一概念更加明确地称呼和定义敌人，这是五四运动时尚未经受马克思主义熏陶的知识分子无法做到的。无论是 1925 年的五卅运动还是 1919 年的五四运动，都有一个明显的特点：当所有爱国力量被动员起来共同对抗外敌时，中国国内的社会矛盾就会暂时退居次要位置。在与上海外国当局和势力的对抗中，中国的工人、学生和资本家以不稳定的形式组成联盟。即使在最激进的宣传中，阶级斗争也从未成为主题。仔细观察 1925 年中国革命就会发现，它与俄国布尔什维克革命有着明显的不同，但与同时期在印度、印度尼西亚和埃及等国发生的、自一战后趋于激进的反殖民解放运动颇有相似之处。最迟在五卅运动后，中国革命便一直带有浓厚的民族主义色彩。

第一章
中国革命的前提条件

革命—国家的瓦解—现代化

中国近代史通常被置于"革命"这一大标题之下。特别 23
是在苏联共产主义解体，1789 年法国大革命的深远影响受到
质疑之后（从新近出版的历史著作中即可看出这一点），人
类近代史上三大"彻底革命"（total revolutions）[1]——法国
革命、俄国革命与中国革命——当中时间上发生最晚、地
理位置最靠东的这场革命，成为依靠底层动员以暴力加速
历史演变之可能性的一大例证。

中国人的自我认知与西方史学界这类有关革命的看法
是吻合的。中国古代政治哲学最迟继孟子（前 372～前
289 年）之后，就有借违犯"天命"之由，推翻统治者或
统治王朝的思想。对那些无能或无德的君主，人民有权利
进行反抗，并通过反抗来重建宇宙秩序。因此在中国古代
历史典籍中，成功的人民起义被视为替天行道。但是，政

治制度的彻底改变是不可想象的。中国早期的欧洲史评论家往往用充满贬义的"乱"字来形容法国革命，这种态度颇具代表性。[2]

24   现代汉语中的"革命"与古汉语中的同名词之间，只存在表面意义上的关联。现代汉语中的革命，其含义主要来自西方的诠释，与其他许多从欧洲引进的概念一样，也是经日本输入到中国的。由于日本传统中没有以暴力反抗统治者的思想，因此人们在接受西方理念方面较为容易：日本人采用古汉语的"革命"（即"革除天命"）作为词形，并取西方的"革命"概念作为词意。于是，"革命"二字在语义上发生了变化，意味着"推翻旧的制度"。直到1895年，当日本报纸把孙中山领导的反帝制运动称为"革命党"时，词意变化后的"革命"才第一次与中国发生了关联。很快，这一现代概念便被中国人接受。自1905年起，孙中山将"国民革命"列为其首要政治目标。[3]与此同时，梁启超（1873～1929）——中国最富洞察力、学识最渊博的学者和作家之一，其地位堪比同时代的马克斯·韦伯——对新的革命概念做出了全面解释：

> 革命之义有广狭：其最广义，则社会上一切无形有形之事物所生之大变动皆是也；其次广义，则政治上之异动与前此划然成一新时代者，无论以平和得之

以铁血得之皆是也；其狭义，则专以兵力向于中央政
府者是也。吾中国数千年来，惟有狭义的革命。[4]

当时，孙中山及其身边的反清斗士对自身"革命家"
角色的理解仍然是"狭义"的，即"专以兵力"的行动
者；而梁启超则向其同胞指出，中国正在发生一场全面的
制度性变革。后来，中国的马克思主义历史观又将这种广
义的、对未来开放的革命观诠释为一种目的论式、指向预
定终极目标的阶段理论：在历史必然性的推动下，经过漫
长的道路，最终通向 1949 年"新民主主义革命伟大胜
利"[5]的过程。从这种观点看，"革命"变成了一场从 19
世纪人民起义开始，到在共产党领导下所有爱国的和
"反封建、反资本主义"的力量团结在一起的充满英雄主
义精神的进步运动。

西方的中国史学家对这种历经坎坷但不可阻挡的前进
式革命论往往并不认同，他们更多是按照梁启超的"广
义"理解，把革命视为传统秩序解体、在混沌中探索适
合中国的现代化政治与社会形式的过程。不过有一点，双
方的认识是一致的：中国革命是一个极其漫长的历史过
程，这也是它与其他革命的差异所在：法国革命的时间通
常被界定在 1789 年至 1799 年，俄国革命最早是从 1899
年开始，最迟于 1921 年结束。而谈到中国革命，则必须

中国革命：1925年5月30日，上海

要将"第一次"革命包括在内，即发生在 1911 年，按照中国历法所称的"辛亥革命"。这场革命推翻了自公元前 221 年延续下来的帝王统治制度，其起因可追溯到 19 世纪末 20 世纪初。1900 年，外国联军镇压了朝廷反动势力支持的落后排外的民众运动义和团。"拳乱"所导致的灾难，使旧秩序的坚决捍卫者彻底失势。此时，中国所有政治力量，包括清廷本身，在某种程度上都是倾向于变革的。另外，这一世纪之交也是知识分子觉醒和社会加速变迁的时期。许多影响至今的社会变化，例如商业资产阶级、工业无产阶级和城市知识分子等现代阶级的形成，正是从 20 世纪头几年开始的。[6]因此，从时间的"狭义"角度看，中国革命可以被界定在 1900 年至 1949 年中华人民共和国成立这几十年。而且，如果将"社会底层群体尝试改变政治权力的社会基础"[7]作为"革命"概念的定义，那么这一时期的状况也是与这一定义高度吻合的。

一些历史学家认为，将中国革命局限在 20 世纪上半叶这个本质意义上的过渡阶段，是远远不够的。在他们看来，"中国革命"的历程应当从旧制度晚期，也就是整个 19 世纪算起，而时间轴的另一端则至少要延伸到中华人民共和国成立后的头几年。在这几年里，共产党利用强大的国家机器作为工具，清除内部敌人，在生活各个领域开展"社会主义改造"：重新分配土地，不久又转向农业集

26

体化，对工业、手工业和商业实行社会化，取消市场经
济，制定家庭关系新法规，建立国家教育和卫生体系，整
肃知识分子等。中国在 1949～1957 年经历的一切，堪称
20 世纪头 80 年乃至整个近代史上最深刻的剧变。正是在
这一时期，"旧"中国的本质才被彻底根除，即使后来对
毛泽东晚年（1958～1976）许多实验性的过激行为加以
纠正后也未能恢复。

　　如果我们按照另一位权威理论家的观点，将"革命"　27
定义为"以暴力推翻当权者，由新的统治者建立政权，
并通过新的政治（有时也包括社会）机制来行使权力"，[8]
那么我们的确没有理由把夺取政权后的阶段排除在"革
命"之外。但是，如果采用这种将"中国革命"的时间
跨度拉长到两个世纪的定义法，[9]这个概念就会丧失其自身
应有的指向性，"革命"将与 1800 年后的中国历史混为
一谈。另外，这样的诠释也不符合当时的经验，因为直到
20 世纪初，梁启超这一代人才意识到，中国正在面临前
所未有的剧变。1949 年后，人们在经历一场党和国家领
导的自上而下的变革时，都感觉到：混乱无主的时代已经
过去，就像历史上的改朝换代一样，一个新的盛世即将开
启。直到 20 世纪 50 年代末毛泽东的"继续革命"理论
发表后，人们才又回想起 1949 年前与各种敌对势力交锋
的时期。毛提出这一理论旨在与其眼中僵化保守的苏联分

道扬镳，并为1966年发动"文化大革命"做准备。尽管中国比其他任何国家都更适合于打破时间界定的"革命"概念，但是，不仅是为方便叙述考虑，还有其他很多理由可以说明，中国革命的时间主要是在20世纪上半叶。

无论中国革命如何特殊，我们仍然不能忽略与其相关的各种关联因素。由于资料的浩繁以及研究的困难，从事中国史研究的专家很少会以大的背景和脉络作为着眼点，去观察中国的发展变化。如果从较长的时间跨度来观察其他国家的历史，我们就会发现，在一个国家，即使没有出现以暴力推翻政权之类的情况，老百姓的生活状况和性格秉性也会发生剧烈的变化。自18世纪晚期以来，在英国、德国或美国这些在政治制度上未曾经历极端变革的国家，同样出现了社会的结构性改变，即人们所说的现代化。而经历了"大革命"的法国和俄国，却并没有因此大步迈进现代化。亚洲近代史同样也说明，重大的社会变革并不仅仅是由轰轰烈烈的政治革命所推动。1854年，在美国炮舰威逼下，一向闭关自守的日本被迫打开了国门。在经历短暂的过渡阶段后，日本自1868年"明治维新"起，开始在各领域实行全面深入的改革，我们可以毫不夸张地称之为一场"自上而下的革命"。当时日本强大的中央政权所推行的许多现代化举措，在中国——无论是中国大陆还是台湾——都是在1949年之后才得以实施。在伊朗，

28

特别是在土耳其，当旧的君主统治于二三十年代被推翻后，以军队为靠山的新领导人和精英开始推行雄心勃勃的现代化计划。在西方国家最早建立殖民政权的地区（如印度和印度尼西亚部分地区），或带着明确的现代化目标进驻的地区（如 1898 年由美国取代西班牙统治的菲律宾），社会以及政权形式与合法性的彻底改变是在殖民主义统治下——往往是在违背殖民者意愿的情况下——发生的，因此我们不妨称之为殖民革命。

从整个亚洲的视角来看，中国这个仅边缘地区（香港、以上海为代表的大型通商口岸、东北地区和台湾）被殖民的国家的发展究竟有哪些特点？这一问题可以分三点说明。

第一个明显的特点是，中国近代史是一段悲剧性历史，其惨烈程度即使对欧洲以外地区而言也是不同寻常的。或许 1910 年至 1920 年的墨西哥革命与其略有相似，在这场残酷暴力的内战中，全国近八分之一人口丧生。[10] 29 日本的现代化无疑也是以牺牲亿万人的生存机会为代价换来的，这些人当中既包括数百万饱受剥削的工人和农民，也包括日本帝国主义及其发动的侵略战争的受害者。然而在中国，对生命的杀戮则达到了惨绝人寰的程度。在 20 世纪上半叶，无数中国平民惨死于革命式的暴动，反革命镇压，种族与政治大清洗，各路军队的强制征兵，军队和土匪的暴行，压榨血汗的劳役，日本人的屠杀、轰炸、化学战和细菌战，以及各种人为或非人为原因造成的灾祸（饥荒、洪水等）。

美国政治学家鲁道夫·J.拉梅尔（Rudolph J. Rummel）不畏困难，试图对中国的受害者人数做出统计。其结论是，在 1949 年之前，遭国民党杀害的平民约有 1020 万人，被日本人屠杀的约有 400 万人。1900 年至 1949 年，大约有 1860 万平民因政治原因被害，即所谓"政治杀戮"（Democide，由政府主导的杀戮行为，译注），另有约 900 万人死于战争和革命，约 1480 万人死于饥荒和其他（包括人为因素造成的）自然灾害。所有数字加在一起，总数大约为 4200 万。[11]当然并没有人对人口损失做过记录，因此这些数字只是拉梅尔的推测，其计算方法也并非无懈可击。但是，至少在受害人数的规模上，他的分析是可信的，特别是它与 19 世纪的人口曲线是相衔接的：1850 年至 1873 年是大规模起义爆发并遭到镇压的时期，在此期间，中国人口从 4.1 亿减少到 3.5 亿。[12]

当我们谈论致使 11 人死亡并被人们反复追忆和纪念的五卅事件时，同样也不能脱离无以数计的无名悲剧这一背景。激起抗议者怒火的并不是事件的残酷性本身，而是当时上海所面临的具有象征性意义的特殊局面："帝国主义者"在中国土地上，在全世界众目睽睽之下，对手无

28

寸铁、甘愿为国家付出生命的爱国青年学生施以毒手。后来发生的种种惨案与屠杀很难再像五卅运动一样，被赋予如此强烈的英雄主义色彩。

第二点可以明确的是，在亚洲各国变革的过程中，只有中国革命是以共产党的胜利作为结束，越南则是另一个特例。共产党的胜利并不是靠密谋和政变获得的，而是经由干部组织和群众动员的漫长道路才达到的。1947 年至 1949 年，当共产党在各大战场与蒋介石领导的国民党厮杀并最终打败对手时，全民动员的规模也达到了顶峰。在各关键性阶段，共产党从外部——特别是苏联方面——所获得的帮助可谓微不足道。尽管中共在 1937 年至 1949 年战争时期为自己宣传和打造的英雄式理想主义者形象，的确有某些自夸和算计的成分，但是这并不能掩盖一个事实，那就是，党员们的狂热与激情以及民众的支持所发挥的作用是非同寻常的。中共能够赢得内战的胜利，除了领导层和军事将领的足智多谋以及对手的严重失误以外，自 20 世纪 30 年代末以来逐步打下的广泛的群众基础同样是不可或缺的。因此从整个 40 年代的大背景来看，1949 年中共夺取政权并不是一个偶然事件，也绝非一种不合法的篡权行为。但是，它同样也不能被看作中国近代史发展的不可避免的必然结果。只是因为 30 年代两大外部因素——世界经济危机，特别是 1937 年日本发动侵华战

31

争——的影响，才使其他可能性的发展空间受到了限制。

第三个突出特点是，在 1949 年前后的转折年代，中共迅速而彻底地建立起一个强大高效的国家政权。这个新政权对其认定的敌人实行镇压，在社会各领域推行激进的改革；统一国家，使中国的领土版图几乎达到了 18 世纪中叶乾隆皇帝在位时的鼎盛状态；在 1950 年至 1952 年的朝鲜战争中，中国与全球最大的军事强国展开激战并最终赢得了胜利。从摧毁旧的农村与城市阶级结构来看，中国革命无疑是一场"社会"革命。但是从其结果来看，中国革命同时也是一场国家革命：在国家衰落数十年后，革命者在旧官僚秩序的废墟中，（再度）建起了一个对现代亚洲而言异常强大的国家，并恢复了近代早期中华帝国的领土版图。由于国家的集权化一向是中国发展的重要特征，因此，单纯地将中国革命诠释为社会各阶级之间的冲突或内战各方的较量，是远远不够的。中国革命除此之外，还构成了漫长的中国国家发展史上的一个篇章，而国家在中国，从来都不单纯是各时期社会精英所操纵的工具。

此前一百多年的中国历史，是政权纷纷瓦解、恢复国家稳定的尝试屡遭失败的历史，从这一点来看，中国能够如此迅速地重建强大的国家政权就更加令人惊叹。如果将中国马克思主义革命论——进步力量经过奋战"从黑暗

32

走向黎明"——颠倒过来看，就会出现一部由政治解体与衰败以及建立新秩序的努力不断受挫的过程所构成的"负面历史"：

一、1840 年至 1860 年，在欧洲入侵（1839～1842 年第一次鸦片战争和 1858～1860 年第二次鸦片战争）与国内大规模起义（特别是 1850～1864 年太平天国运动）的影响下，皇权体制内微妙的权力平衡处于崩溃的边缘；

二、1885 年至 1911 年，随着对主要附属国的控制权（1885 年的越南，1910 年的朝鲜）以及对帝国边缘局部地区（1895 年的台湾，1905 年的南满，1911 年的外蒙古）统治权的丧失，中华文化圈的古老外交秩序走向终结；

三、1911 年，帝制结束，由覆盖全国的官僚体系支撑的大一统国家随之解体；

四、1913 年，立宪制尝试失败，中华民国不同版本的宪法从此成为各种宪法外权力关系的保护伞；

五、1916 年，前朝内阁总理大臣、军队统帅袁世凯重建大一统国家的尝试，因反独裁军官起义的爆发以及袁本人不久后离世而告终。中国由此进入地方军事统治者——军阀——割据的时代；

六、1927 年，国民党和共产党于 1923/24 年缔结的联盟破裂，一些城市（上海、广州、武汉）的激进派政 33

权遭到血腥镇压；

七、1934 年，蒋介石领导的国民党军队结束了共产党在华中建立与南京国民党政府相抗衡的地区政权（江西苏维埃）的尝试，中共领导者开始踏上前往西北的长征之路（1934 年 10 月至 1935 年 10 月）；

八、1937 年，日本向中原地区发动侵略，国民党军队惨败，建立以军事为基础的新传统主义秩序的努力（1927～1937，"南京十年"）彻底破灭。1938 年，国民政府先撤退到武汉，后又撤退到战时首都重庆（四川省）；

九、1945 年，随太平洋战争的发展以及美国在长崎和广岛投下原子弹，自 1937/38 年以来统治中国北部和东部大部分地区的日本军事帝国宣告覆灭；

十、1948/49 年，1945 年时仍然稳固的国民党政权变得瘫痪无能，在共产党领导的人民解放军的猛烈攻势下最终垮台。

如果说 20 世纪上半叶的中国革命史是以混乱的政局，换言之，是以一系列政治革新在中短期内屡屡受挫——由内在因素或由外来入侵所导致——为特征，那么从深层的社会基础建设角度来观察，我们就会发现，中国革命同时也是严格意义上的现代化持续发展的过程。[13] 1949 年之前，现代化主要是从城市开始，中华人民共和国成立后，才逐步扩大到农村地区。现代化基础建设包括经济增长，现代

"职业阶级"（马克斯·韦伯语）的形成，军队、警察和财政管理等国家权力领域的合理化，明文法规的逐步普及，扫除文盲，实行义务教育制，改善妇女的法律和现实地位，建立国家福利设施，推进交通以及其他基础设施建设，发展国内大众媒体，引进西方消费观念等。这些进程大多是从 19 世纪与 20 世纪之交开始的。从 1937 年到 1945 年，中国的现代化进程因破坏力强大的中日战争而中断，在中华人民共和国成立后的最初几年才得以恢复。1966 年至 1976 年，毛泽东发动"文化大革命"使现代化进程再次受阻，直到"文革"结束后，才重又实现突破。在下面的章节中，我们将通过政治局势的非连续性与社会现代化进程的连续性之间的对照，对中国革命的发展做出阐述。不过在此之前，有必要先对中国革命产生的背景结构做一梳理。

农业帝国

长久以来，中国在欧洲人的眼中始终就像一个固化的旧时代遗骸，正如哲学家约翰·哥特弗雷德·赫尔德（Johann Gottfried Herder）在 18 世纪 90 年代所说，"一堆远古时代的残砖碎瓦"。[14] 正因如此，外国观察家才对 20 世纪初中国发生的一系列政治动荡感到更加震惊。一个由

中国革命：1925年5月30日，上海

纯粹的空间和几何式秩序构成的文明——没有时间，没有进步，没有创新，这就是人们对中国的通常印象，这一点直到 19 世纪也仍然没有改变。这种印象主要来自 18 世纪传教士从清帝国发回的报道。对于那些与这种静止画面相悖的事件，例如太平天国之乱，人们所知甚少，因此其原有的印象并不会因此被撼动。直到 1899/90 年义和团起义，华北农民袭击外国传教士和外交官的事件通过刚刚兴起的国外新闻报道为世界所知时，人们才注意到这个动荡而不肯屈服的中国。自此时起，特别是辛亥革命后，西方人渐渐开始用警示世人的语调谈论中国，其口吻与拿破仑著名的"醒狮论"如出一辙。

中国的体制是僵化的、停滞的，这种由 18 世纪初期和中期的传教士传递给欧洲读者的印象，并非完全无中生有。满人入关后，经过一段暴力猖獗的混乱时期，自 17 世纪 80 年代开始，中华帝国——至少是广大中原地区——在康熙、雍正和乾隆皇帝的统治下（1662 ~ 1795）迎来了一个漫长的安定繁荣的时代。尽管清朝的全盛时期通常并不被视为文化的高峰期，无法与唐（618 ~ 907）、宋（960 ~ 1279）相提并论，但是 18 世纪的前现代中国国家政权恰恰是在努力融入中原文化的非汉族皇室的统治下，达到了组织细化与施政效率的巅峰。这套在清朝得以完善的政治机制从原则上讲，一直被沿用到辛亥革命前夕。[15]

35

著名汉学家本杰明·史华慈（Benjamin I. Schwartz）曾经提出"政治秩序在东亚社会的优先性"一说，他认为，在中国，最迟是在大一统国家建立之后，政治始终占据着核心地位，这是在其他文明中所未见的。[16]宗教在中国从未像印度一样，成为一个独立的存在领域，并且也未能像在欧洲的拉丁国家一样，形成一个野心勃勃、敢于向世俗权力挑战的教会组织。在中国人的现实生活中，"社会"（注意：这一理念是由欧洲人提出的）领域并没有形成某种准极权式的模式，就像人们对"东方专制主义"的想象那样，因为中国作为前现代国家，并不具备形成这种模式所必需的权力手段。但是，中国的"公民"生活领域在以朝廷为代表的国家面前，从未像中世纪晚期和近代早期欧洲的地方自治会（Landstände）一样，达成其独立的"有效性主张"（Geltungsanspruch）。在中国皇权统治的最后一千年当中，从没有出现过割据一方的霸主、诸侯或市民团体，敢于与朝廷和皇帝公然对抗，或组织抗捐抗税抗征兵一类的斗争。此外，传统中国同样也缺乏与统治者个人脱钩的独立国家理念，即使在"L'état, c'est moi"（"朕即国家"，法国国王路易十四名言，译注）这种绝对君主主义的表述中，"朕"与"国家"毕竟也是分开的。因此，欧洲人所提出的国家与社会分离的思想，在中国从来没有出现过。

36

中国革命：1925年5月30日，上海

在中国，拥有大片土地的世袭贵族早在 19 世纪末 20 世纪初之前就已被剥夺了权力。这意味着，在西欧和日本的封建制度尚未发展到高峰的时候，中国"封建制"的根基已然丧失。吊诡的是，在 1800 年前后，拥有一副老古董面目的中国竟与后革命时代的法国和美国一样，同属于少数没有封建贵族阶级——势力有限的清贵族除外——的较发达社会之列。自宋朝以来，中国在政治体制方面所实行的一直是中央集权下的郡县制度。[17] 各级官僚原则上是统治者意志的执行者，但是中国的官僚机构很早便发展成为一个庞大复杂的体系，而不仅仅是朝廷在地方的延伸。同时，皇帝身边还有一群类似非官方顾问团的内阁辅臣，因此在正规的官僚体系与统治者身边的"世袭"元老之间，总是不断发生冲突和矛盾。[18] 在前现代的交通和通信条件下，要用统一的规章和制度来治理一个如此庞大的帝国，就必须授予各郡县的朝廷命官以全权。每个地方官管辖的人口最多可达 20 万。这里最大的问题是，将为数寥寥的官员分派到如此广阔的领土上，又该如何遏制体制内的分离势力，使官僚体系成为维护帝国统一的最重要架构呢？为达到这一目的，朝廷采取了各种防范措施：

- 依据"制约与平衡"（checks and balances）原则制定官员任命制度，特别是定期轮换制与异地就任制，以防止官员与地方上层势力相互勾结；

－严格划分民政与军政，使地方"军阀"无从生根；

－建立完善的监督系统，为皇帝——特别是 18 世纪几位勤政能干的皇帝——全面迅速地提供信息，并为其监督与管理各级官员提供有效手段；

－通过正规化的国家考试选拔官员。

科举制是世界历史上独一无二的制度，它甚至对 19 世纪许多欧洲国家的公职人员招募产生了一定影响。[19]科举制主要有四个目的：第一是以贤能为标准，挑选高素质而非出身高贵的人才为国家服务。18 世纪某些仰慕中国文化的欧洲人甚至认为，中国科举制真正实现了柏拉图的哲学家治国理想；第二是实行分级考试的制度，从最低一级的乡试，到由皇帝亲自主持的殿试，层层遴选，以选拔出最优秀的人才为国家效力。此外，为了保证每个地区的人都有机会进入国家官吏系统，还制定了分省配额制度；第三是考试内容的统一性，即以儒家经典为主，以此来保证这些国家精英在文化上的同质性以及对政权的忠诚。高级官吏都是拥有相同文化背景的通才，可被派赴不同地区，掌管不同事务。因此有人说，这些人肩负着"道义上的职责，必须做到灵活应变"，[20]这种说法是有道理的。清朝政府绝不是一块僵死不变的古化石；第四，科举考试不仅可以为国家招募官员，同时也可以给更多人（男性）带来社会声望和法律上的特权地位。在通过各级科举考试的人当中，只有约 3% 的很小一部分人真正步入了仕途，其他人则可以根据会试的级别获得相应头衔，以此证明自己的学识并赢得社会的尊重。19 世纪晚期，全国不到 1.9% 人口所在的家庭中，有人通过考试并获得至少是"生员"这一最低头衔。[21]此外，人们还可以花钱购买较低的头衔。

对于社会史编纂者而言，这些头衔为他们的工作带来了困难。举例来说，由于实在找不到更好的解决办法，人们只好把中文的"绅士"勉强翻译成"Gentry"，而这个概念原本专指近代早期的英国底层乡绅。但是在中国，绅士更多是指一个具有社会威望的阶层，而不是一个拥有相应经济基础的社会阶级。[22]在农业社会中，精英地位首先是建立在土地资产这一重要财富来源之上。因此，不少士绅家庭同时也是富裕的地主，他们利用自己所掌握的土地资源来行使地方权力。但是，并非所有大地主都有功名在身，并享有免除劳役以及使用特定礼仪及服装等方面的特权。反过来讲，也并非每一个取得功名的人都是地主或其他形式的富人。有些人的身份不过是私塾先生，或游学四方的书生。

但是无论物质地位如何，通过科举考试的人一律都属于精英阶层。这可以为他们打通与"衙门"间的方便之门。在一个"关系"迄今仍在发挥重要作用的社会里，

39

这是不可估量的一大优势。类似"县官"一类的底层官吏由于缺少能够监管辖内所有村镇的有效手段，于是只能依赖当地乡绅来协助管理地方。[23]后者因此成为"次官僚管理体系"的主要支柱，我们亦可称之为正规官吏体系的非官方权力伙伴。许多地方民间事务，如调解纠纷、组织修建水利设施，赈灾济贫和办学等，大都由这些人来主持操办。为此征收的捐税，则成为士绅们越来越重要的收入来源。要避免这种缺乏合法性的特权被滥用，以致损害大多数人的利益，往往并不是通过法律或行政上的监督，更多的是通过深入人心的儒家社会哲学。人们不仅把官员看作"衣食父母"，同时也把积德行善视为"君子"的品性。但是，这种道德规范由于无法制度化，所以是脆弱和危险的。正如萧邦奇（Keith Schoppa）在其书中描写的19世纪初发生在浙江的水库事件一样，当没有人认为需要为大众疾苦负责，公共事务变成了个人为满足私欲横征暴敛的手段时，危险就会发生，并往往会给整个地区带来灾难性后果。[24]

从上述关于中国士绅阶层的简短描述中可以看出，与 40 近代早期的欧洲社会，尤其是与印度等级森严的种姓制度相比，中国社会拥有很大的开放性空间，即社会学所说的社会垂直流动性。因此有一种说法是，中国社会的稳定是通过有组织的流动实现的。[25]其中有两个决定性因素在起作用。其一，士绅头衔是不可继承的，每一代人当中的青年男子要想出人头地，都必须通过科举考试。尽管考试中也不乏舞弊行为，但结果总体上还是客观的。虽然说精英家庭有其优势，他们可以为后代提供良好的教育，为赴试做准备。但是据猜测，在 14 世纪至 18 世纪的几百年间，也就是研究者所说的"中华帝国晚期"（late imperial China），至少有 40% 通过高级别科举考试的人，是出身于三代以内不曾出过官吏或候补官吏的家庭。[26] 其二，中国实行的是实际遗产分配制，即将遗产平均分配给所有继承人。因此在中国社会里，大家族的兴衰大多发生在短短几代人当中，在这里，很少有欧洲和日本常见的贵族或商贾世家。中国家庭正是借助这种分散资源的策略，来对抗命运的轮回。在一个家庭里，并不是所有儿子都必须参加科举，有些人更愿意选择经商或从军。另外，人们也不会把财富全部都用于土地田产的投资。

在士绅阶层努力寻找各种途径来降低在科举考试中落第的风险并摆脱对土地过度依赖的同时，商人们却在竭其所能地追求功名的荣耀、官场的权势和地主式的富贵生活。尽管在儒家秩序中，商人的社会地位是低贱的，但是41这并不妨碍一些清代商人成为全国最富有的人。自 19 世纪 60 年代起，随着商业机会的不断增多，士绅与商人渐渐走到了一起，形成了一群彼此融合的士商精英。在受人尊敬的"士"与名声不佳的"商"之间，不再有泾渭分明的界限。但是直到 19 世纪末，这些像过去一样注重文化修养、通过特殊生活方式融合在一起的"地方精英"，[27]也没有发展成为欧洲式的自由资产阶级，像后者一样主动去追求自身的特定目标，如物质生活的富裕或政治上的参与。它所扮演的角色，仍然是前现代中国社会的两大支柱——中央集权的官僚君主制与农民群体——之间的中介人。自古以来，维护体制稳定并在两大支柱间起连接作用的，是一根牢固的轴：中央直接向农户征收土地税，大多数情况下，课税还算适当有度。

关于中国农业与农村社会的情况，我将在后面有关 20 世纪农民革命的章节中做详细分析。[28]这里仅指出清朝"盛世"时期中国社会的一些普遍特征。中国社会是一个以等级为秩序的社会（就连神仙也像世俗社会一样，被"分封"高低不同的官衔），但并没有分裂成为界限分明的阶级。社会差异大多是细微的、模糊的。各阶层的生活环境彼此交融，人们很难一眼辨别哪些是穷困潦倒的士绅，哪些是家境富裕的农民。像英格兰或易北河东岸那样富甲一方的大地主在中国极为罕见，受人身依附关系束缚的贱民也已不复存在。18 世纪中国的典型农民是有人身自由的，他们只需要承担少量的封建非经济税，在实践中还可以买卖土地（理论上的认可则是很久之后的事情），

42 或与地主就租佃条件进行谈判。在城市里，按社会阶层划分的住宅区并不普遍，就像今天北京的很多城区一样，富人和穷人常常是比邻而居。庶民文化与精英文化也不像大革命前的法国一样，有着近乎天壤的差别。士绅与平民共享部分公共娱乐，并在文化领域展开多种形式的影响和互动。[29]

　　但是，中国社会绝不是一个平等的社会。尤其是在社会的微观领域，以儒家思想为核心的次级秩序比比皆是。和所有引进西方现代国家公民思想之前的社会一样，中国也有一些法律上受歧视的族群，从债奴、乞丐到广东的"船民"。妇女不得参加科举考试，只能待在家中操持家务。在清代，数千万妇女还不得不忍受缠足的折磨。这种与性文化有关的习俗原本只在上层社会流行，后来逐渐普及到农村的普通百姓。家庭是构成中国社会的最基本单位，在家庭中，妻妾从属于男人，姐妹从属于兄弟，年轻媳妇从属于其他所有人。解除女性身上的枷锁，也因此成为20世纪中国改良派和革命者最早提出的主要诉求之一。

　　在中国的社会生活中，由于缺少介于家庭与国家之间的合法中间组织，如教会、农村社团或协会等，法律的规范作用也远不及欧洲，因此家庭变得格外重要，它是维系生存的基本细胞，是所有社会阶层中最基础的经济单位，

43 是财富与地位的依托。婚姻是一种家庭间的契约关系，而

非伴侣个人的结合。[30]社会地位越高,儒家世代同堂的大家庭理想就越有可能实现。只有富有的士绅和商人才娶得起三妻四妾(这种制度难免会导致穷困家庭的男子娶不到老婆),并为子女规划和安排有利可图的婚姻。没有子嗣的家庭,可以收养或花钱买来别人家的孩子,为自己养老送终。清代的大多数家庭由平均 5 人以上的成员构成,有些家庭则从属于范围更广的宗族。这种情况并不普遍,且南方较北方常见。[31]每一个宗族都源于同一血脉,其成员来自社会的不同阶层,并由士绅作为族长。他们供奉同一个祖先,拥有属于整个家族的田产,每个家庭有其特定的权利和义务,家族内部设有学堂,有明文的族规,所有成员都必须恪守这些规矩,以维系儒家伦理的世代传承。

中华民族这个全球最大的人类群体能够拥有延续数千年的凝聚力,并以大一统帝国的形式维持从 13 世纪到 20 世纪未曾中断的政治统一,这一惊人的事实背后有诸多原因:独特政治体系的包容作用;一套由文化精英信奉和传播的世界观,它将皇帝视为整个宇宙秩序的核心和最偏远地区的居民也必须臣服的对象;强大社会基础组织(如家庭)的形式统一性;神奇的文字语言,就连不以北方标准汉语作为口语的文人也能理解和使用;在婚丧等庆典仪式上严格遵循的不可改变的传统仪轨(即所谓"礼"); 44
最后还有宗教(如佛教和基督教)的微弱影响,其教徒所追求的是逃避现实社会的束缚，获得俗世之外的解脱。中国的宗教和社会学说通常是主张入世的。

中国各地区之间的差异如此悬殊，我们甚至可以称之为众多独特的区域社会的大集合。考虑到这一点，这种天下一统的趋势能够在中国一直延续到今天就更加令人瞩目。正因如此，那些对整个中国一概而论的说法往往都是值得怀疑的。理解中国革命，就更需要我们对各种地理与区域文化的状况有充分的了解。早在明朝时，内地18省的边界便已基本划定，今天，这些省份仍然是中国最重要的行政区。但是从文化地理角度看，打破行政区的界线，将中国划分为若干大区域显然更有意义。针对后传统时代的中国来说，这样的大区域可分为9块：[32]

一、以皇城北京为中心的华北地区（包括山东、河南、河北/直隶）。作为帝国之都，北京吸收了来自全国的税收、财富和文化资源。该地区城镇稀少，以种植小麦和谷子为主的自耕农作为居民主体。因此，这里的士绅数量也相对较少，在地方上的势力较薄弱，与商人间的关系相对疏远。

二、长江下游地区（江苏南部、安徽南部与浙江北部）。该区域城市密集，是手工业与制造业（包括出口）中心和帝国的粮仓，其上缴的税赋占全国总数近四分之一。这里是文人墨客（往往是非正统的）活跃的舞台，出身这一地区的官吏数量超过了平均水平，因此，当地士绅所表现出的自信（在朝廷面前也是一样）也远超出其他地区。

三、东西纵伸 800 余公里、含所有支流在内的长江中 **45** 游地区（江西、湖北、湖南）。这里是中国地理上的心脏地带，是全国重要的稻米输出地。18、19 世纪期间，该地区凭借其所处的中心位置，成为繁华发达的水陆枢纽。然而江湖治理所带来的一系列问题，也对生态环境造成了严重危害。

四、以富饶的四川省为中心的长江上游地区。这里城镇化程度不高，是相对富裕的农业区。尽管陆路交通困难，却是中国远距离贸易中的重要一员。1644 年王朝更迭所带来的动荡过后，这里或可被称为所有大区域中最安定的地区。

五、东南沿海地区（浙江南部、福建和广东北部）；该地区稻米输入大于输出，粮食供应必须依赖其他省份。这里是重要的外销茶叶产地，与南洋联系紧密，因此也是东南亚侨民的重要来源地。自古以来，这里便是一处不安宁的地带，各村寨围墙高筑，家族之间的械斗频发，各种黑帮组织十分活跃。

六、东南低地地区（广州及其腹地，即广东大部分地区和广西）；在所有大区域中，富裕程度仅次于长江下游。宗族体系发达，是对欧洲与印度贸易的最重要据点，因此也是西方最早进入中国的门户。由于客家这一非汉族少数族群的势力不断壮大，民族纠纷成为日益突出的一大问题。

七、西南地区（云南、贵州）；与西藏和印度支那地区拥有传统的贸易联系，经济发展落后，但是在清政府鼓励铜矿和银矿开采政策的推动下，这里成为外省移民投奔的目标，占人口多数的汉族与各少数民族间的关系长期处于紧张状态。

八、西北地区（山西、陕西、甘肃）；经济虽不发达，但出现了许多以经营长途贸易或票号起家的富商家族。仕途文化不普及，以致难以满足朝廷规定的地方官吏配额。这里同时也是伊斯兰教的重镇，是18世纪中国征服和控制中亚的军事部署地带。

九、东北地区（长城以北的辽宁、吉林和黑龙江三省）；清朝的发祥地，在很长时间里一直对华北汉族移民实行封锁。这里森林密布，直到19世纪才开始进行农业开发，并在20世纪发展成为重要的工业和煤炭基地。

尽管各地都有其独有的特征，但是各大区域间在各方面的联系却是密不可分的。这主要是各地人口大规模横向流动所带来的结果。随着跨地区劳动分工的增多，以及水路和沿海船运交通的日益发达，逐渐形成了一个类似全国性的市场。[33]从事长途贸易的商贩更进一步促进了各经济重镇间的联系。由此也可看出，传统的中国商人并非是固守一地的商贩，而是游走四方的行商。长途贸易所涉及的各个领域，皆由分散在全国各地的、来自不同省份的商人所掌控。因此，在中国城市里也不存在地位稳固的贵族阶级，而这恰恰是欧洲社会的一大特征。许多中国商人在其经商地只是身份模糊的异乡客，他们把自己积攒的财富带回家乡，因为那里才是他们最后叶落归根的地方。

处于流动状态的还包括一部分农村人口。尽管中国农民往往以依恋故土而闻名，但是因人口持续快速增长而导致的土地短缺，却迫使成千上万的农民离开地处农业核心地带的村庄，到边疆开垦荒地以维持生计。[34]18 世纪期间，中国耕地面积不断扩大，山地、森林、沙漠周围和湖岸区域都被开垦利用。于是，不仅是帝国的边疆地区（西北、西南、台湾），还包括某些省份的"内疆"地带，都形成了新兴的、近乎无政府状态的"边民社会"，他们几乎不受官僚体系的控制，也绝非文人雅士口中的"世外桃源"。[35]19 世纪许多农民起义都是在这些动荡的边陲地带开始的。这种内部殖民化的过程，近来越来越受到史学界的关注。人们甚至将其与同时期的欧洲海外扩张，以及 19 世纪北美西进运动相提并论。[36]

尽管清帝国的大部分人口（汉人）在种族和文化上

47

是同质的，这正是构成现代"国族"的基础，但清帝国并不是一个"民族国家"。从双重意义上讲，其统治区域都属于"多民族社会"[37]：首先，满人从未完全汉化。他们努力适应汉族文化，乾隆皇帝甚至成为中国文学史上最勤奋的诗人之一，然而其身份认同始终是双重的。因此直到清朝末年，仍有某些高级官职不完全是通过科举考试来招募，而是由享受免试待遇的满族或蒙古贵族担任。满人这种有保留的汉化，成为中国早期民族主义将清朝斥为外族统治的理由和根据。其次，大规模的征战，尤其是18世纪中叶乾隆皇帝领导下的西征，将中华帝国的疆土扩大到前所未有的规模。整个蒙古以及伊斯兰"突厥斯坦"大部分地区（今天的新疆），都被并入帝国的疆界。西藏是一个控制较宽松的"保护国"。[38]于是，多民族国家便成为清帝国留给后世的一份令人棘手的遗产。

农业帝国的终结

48　　人们很难想象，这个古老的农业帝国——曾由皇室、"文武百官"和一群太监所统治的帝制中国——能够延续到今天还依然存在。因此，令人惊讶且有待解释的，并不是它于1911年从历史舞台上消失这一事实，而是这个帝国为何能维持这么久。因为在当时，可与其相比的亚洲近代早期的前现代君主制政权——印度莫卧儿王朝、伊朗萨非王朝和日本德川幕府等——都早已衰落，只有伊斯坦布尔的苏丹统治又勉强维持了几个年头。

直到1770年前后，清帝国仍然是一个外交上的强国。它无须担心来自第三国的进犯，无论是针对其自身领土，还是周边的附属国或朝贡国。日本仍处于闭关自守的状态，而传统的中亚劲敌，特别是蒙古人，已作为政治因素被彻底清除。中国与北方势头强劲的邻国沙俄之间，也早已建立起长期稳定的平衡关系。正在印度着手建设自己帝国的英国，暂时也不会对中国构成严重的威胁。70年后，清帝国向英国炮艇投降，并被迫签署了第一份不平等条约。直到1925年，上海的大学生仍在为解除这些不平等条约进行抗争。

中国在19世纪所遭遇的重大危机是由多种原因造成的。我们对各种具体因素，特别是这些因素间相互作用的方式，仍然所知甚少。这场危机最初只是一场内部危机，后来由于外部的影响而恶化。日渐衰弱的清帝国面对英国（后来又加上美国和法国）以军事相威胁所提出的要求，再无抵抗之力。这些要求包括局部开放中国的广大市场，设立通商口岸，允许外国基督教传教士在中国传教等。

19世纪初清帝国的衰落又该如何解释呢？简单地讲，　49　是因为生态危机、国家危机和经济危机的同时爆发。1700

年至 1800 年，中国人口从 1.5 亿增长到 3 亿，整整翻了一番，年均增长近 1%。[39]这种对农业社会影响可观的人口增长，一部分被精耕细作的"田园式"种植法所消化，还有一部分是通过前文提及的大规模垦荒运动疏导。但是，新耕地的开发往往是通过滥垦滥伐的方式实现的。[40]森林被毁，烧荒导致水土流失，私人拦河筑坝使敏感的水利调节系统受到破坏。清政府既没有能力阻止这些破坏生态平衡的行为，而且由于财政拮据，朝廷也无力对大型水利建设做出规划和安排。而治理长江和黄河，在传统上一直都是中央政府的职责。连接京城和长江下游的大运河也逐渐破败。自然灾害的发生越来越频繁，特别是水灾。因此，在经历数十年的安定后，于乾隆末年爆发的几场大规模起义，都是从生态破坏最严重的地区开始的，这显然并不是偶然。一百年后在山东爆发的义和团运动，即所谓"拳乱"，使这种关联再次得到了验证。[41]

同时代的一些人当时已对生态的因果关系有所认识，例如黄河上流的森林砍伐与下游河床增高之间的关联。专注于此项研究的观察家们，如以博学闻名的文人魏源（1794~1857），意识到这将是中华文明所面临的一大根本性危机。早在 1793 年，"中国的马尔萨斯"洪亮吉（1746~1809）就已经确定，人口增长与粮食供应之间的不平衡将日趋严重。[42]这些认识原本可以敦促人们有所作为，但实际上没有带来任何结果。对照 18 世纪日本的系统化植树造林政策，我们就会看到，传统亚洲社会同样也面临着生死攸关的资源被耗尽的威胁。[43]

与环境危机相伴的是国家危机，两者的关系是密不可分的。导致国家危机的主要原因是乾隆皇帝的几次西征，以及镇压白莲教（1796~1805）和其他小规模起义所带来的巨额耗费。变相提高的税赋，更加深了民众对朝廷的不满。危机暴露出体制的结构性缺陷，特别是官僚体系内的同僚关系向裙带关系的迅速转化，国家治理对官员道德操守的依赖，以及官吏数量不足与繁重职责间比例的普遍失衡。[44]简言之，19 世纪初的中国政府与明朝末年时一样，已经丧失了行动力和统治的合法性。此外，19 世纪 30 年代，中国经济出现了严重的萧条。这主要是由东印度公司大量进口鸦片所导致。由于进口数额远大于出口（尤其是茶叶），其差额只能以白银的流失来抵偿，由此造成了严重的银根紧缩。这场危机使以南方为主的很多地区的百姓陷入了贫困，同时也更加坚定了部分朝廷要员以及沿海一带的士绅名流全力抵制鸦片的决心。

中国当时还没有舰队，只有一支充其量可用来对付海盗的海防队伍。因此，中国在冲突中被英国军舰击败，也就不足为奇了。这场冲突的深远影响，到很久后才逐渐显现出来。迄今我们仍然无从得知，当时的中国领导层为何没有将鸦片战争（1840～1842）视为挑战，并寻找适当的政治手段来作为回应。相反，清廷在战争结束后不久便采取消极抵抗的做法，拒绝履行《南京条约》（1842）约定的某些条款，从而引发英法两国发动了灾难性的第二次鸦片战争（1858～1860），并以外国特权制度的进一步扩大而告终。1861年后，清廷的外交政策走向了另一个极端，即对西方列强一味地让步，其程度远远超出了必需。

面对西方最初的挑衅，中国的反应之所以犹疑不决，有很多原因：首先是根深蒂固的"中国中心主义"世界观，人们幻想可以用传统中对付蛮夷的安抚手段，来解决欧洲人的问题；其次，相较于内陆边界的安全，中国对沿海防御普遍缺乏重视；再次，清廷一直将精力集中于镇压太平天国之乱上，在其眼中，太平天国远比欧洲人的炮舰更危险（最初的情形确实如此）；最后是臃肿的政治体制内部的混乱和决策瘫痪，这是国家陷入全面危机的表现之一——不再有英明决断的皇帝，只剩下一群拉帮结党、争权夺利的官僚士大夫。[45]

我们不妨用"反现实"思维来思考一下，当时的清朝政府是否有可能采取另一种方式来应对西方的入侵？假如早一步妥协，第二次鸦片战争或许就不会发生。这样的话，中国或许就可以避免主权上的更大损失，就像后来实际发生的一样。但是，中国能否像1868年后的日本明治维新那样，利用来自外部的有限压力，推进国家内部的现代化改革呢？从各种因素看，答案是否定的。当时的中国，并不具备日本成功实现民族振兴和自强所依赖的特定条件。中国不是一个地域集中的岛国，而是一个结构复杂甚至是无法治理的庞大帝国。中国的治国方式是将整个帝国横向联系在一起，而没有一种类似日本藩国制、能够深入社会底层的纵向行政体系。日本早在着手现代化改革之前，便拥有一个富有行动力的国家机器。此外，日本还有一类有着雄厚地方基础的反对派精英，这就是南方各藩的武士，他们随时准备接手国家的领导权。然而在中国这样一个实行官僚式政治垄断的国家中，这种反对派精英是不存在的。整天牢骚满腹的官僚们，绝不可能成为准革命式改革的发动者。而且中国还缺少一个民众普遍认同、能够赋予新政权以合法性光环的象征物。1600 年前后，精明能干的德川幕府以架空天皇的方式，篡夺了国家权力。改革者只要说动天皇，就可以假借其名义推行新的政策。简言之，从制度上讲，日本模式在中国是无法复制的。很多人总是感叹，为什么中国没能像日本一样，搞一场中国式的明治维新。究其原因，并不（仅仅）是中国精英分子的陋习或"儒家"狭隘性所致。日本明治维新的所有相关条件，中国几乎一样也不具备。

19 世纪 50 年代，中国一度出现了一种假象，以建立

"太平天国"这一乌托邦理想为目标的大规模农民运动，似乎就要成功地实现中国的大变革。[46]这场运动最早是从动荡的东南部低地开始的。当时，这一地区的局势十分混乱，除了前面提到的三重危机外，还有另一个因素在发挥作用，这就是从广州和香港传入的基督教宣传册的影响。这些宣传册在富有领袖魅力的"太平天国"创始人洪秀全（1814～1864）身上，唤起了一种宗教预言式的灵感，并进而引申为推翻清朝统治的政治使命。太平天国运动在某些方面延续了农民起义的旧传统，但其行动纲领却远远超出了这一范畴。它结合了基督教的平等主义、中国的救世主思想以及首次公开发声的反清民族主义主张，其意义远远超越了对1644年被推翻的明王朝的效忠。太平天国最终没能在全中国实现这一理想。没有人能够知道，假如是相反的结局，那么在19世纪中叶之后，人们看到的将是一个现代中国的崛起，就像太平天国"总理大臣"洪仁玕所描绘的那样，[47]抑或是古老极权主义的回归，正如太平天国的专制式农业社会主义规划让人预感到的一样。在首次北征给清廷军队带来摧毁性打击后，到了1854年和1855年，太平天国大军的攻势在长江下游受阻。此后，清军开始对叛乱实行全面镇压，其手段之残酷与滥杀无辜的暴民没什么两样。太平天国的势力和影响被彻底清除，遗下的只有巨大的人口损失和物质的毁坏。那些受破坏最严重的城市和乡村，在经过很长时间之后才逐渐复苏，有些甚至再未能恢复昔日的面貌。安徽就是一个例子。在1850 年前后，安徽人口大约有 3700 万。到 1892 年时，只剩下不到 2060 万。直到 1949 年，才恢复到 2780 万。[48]太平天国之乱造成的另一结果是一些地区——特别是长江下游省份——上流阶层人数的减少以及上海的崛起，当年这里曾是大批逃难者投奔的目标。[49]

在镇压太平天国以及 19 世纪中叶西南、西北和华北地区陆续爆发的其他大规模起义的过程中，清廷旧政权的势力重新壮大起来。参与镇压叛乱的，并不仅仅是朝廷本身。这实际上是一场内战，敌对双方都是抱着殊死的心态和意识形态上的仇恨在相互厮杀。在受到波及的省份里，许多乡绅都站到了支持朝廷的一边。他们以平日用来对付土匪的自卫队为基础，进一步扩充并组成民兵。其中一些民兵组织不久后发展成为地方军队，这是清朝以前不曾出现过的情形。因此，太平天国运动带来的另一个结果就是中国社会的高度军事化，尤其是农村地区。[50]地方军队听从地方领袖的指挥，后者是组建队伍并向其发放军饷的人。朝廷对这些军队只有间接的控制权。

从某种意义上讲，中国自 1916 年开始的"军阀割据"可以归因于 19 世纪中叶的军事"地方主义"。但是，这种观点不能过分夸大。因为在这些新的地方军事领导者

54

当中，没有哪个人是为了谋求建立属于自己的地方政权，也没有哪个人宣布放弃对朝廷的效忠。在合法的帝王统治下挽救整个国家的命运，这才是以曾国藩（1811～1872）、李鸿章（1823～1901）为代表的太平天国镇压者和军事改革者的目标。这些人是保守的既有制度的捍卫者，他们极力维护以士绅阶层为首的旧秩序，恪守儒家的道德标准和严格的忠孝观念，并希望能够同时对西方的现代军事科技加以有效利用。

这一时期，在北京的朝廷与各省掌握军权并通过抽税方式掌握财政大权的地方领袖（这些人大多在官僚体制里担当要职）之间所发生的，并不是一场零和游戏。双方的势力都在"中兴时期"，即战乱被平息、维新派开始尝试谨慎改革的阶段，得到了壮大。尽管这些力主维新的理论家和实践者并没有充分意识到改革社会内部弊端的重要性，但是他们对外来威胁的重视却远远超过了上一代人。面对沙俄的不断扩张，中国在军事上表现出令人惊讶的强悍。18世纪的清朝皇帝通过征战在西域赢得的疆土，得到了成功捍卫。面对西方的海上强权，中国以合作为名与其达成了妥协。与此同时，随着"自强"运动的开展——在朝廷支持下修建造船厂和兵工厂等——中国进入了历史上第一个工业化阶段。与当时的日本一样（速度却比日本慢得多），中国也将"富国强兵"作为口号，并渐渐地认识到，西方在这方面是值得中国学习的。

第一阶段由国家引导的现代化努力是令人瞩目的，但并未取得足够的成效。[51]中国在1885年对法战争，特别是1895年对日战争的失败，便清楚地证明了这一点。被以往从未放在眼里的邻国日本打败，尤其令人感到痛心，它同时也反映出中国不仅在世界上，而且在东亚地区都已失去了霸主的地位。中国缺少一支富有战斗力的海军，这是两次战败带来的惨痛教训。这场包括铁路和轮船运输、机械采矿与电报业建设在内的自强运动，由于诸多因素的作用而失败。这些因素包括现代财政基础的薄弱，缺少私人经济的参与，特别是各地在实施过程中缺乏协调和连贯性。从某种意义上讲，这些由官方推动的早期现代化尝试可以说是"无源之水"，因为它既没有"社会"基础，也缺乏中央政权的集中掌控。

在1860年至1895年，来自外国列强的压力并没有阻碍中国的现代化。克虏伯之类的欧洲军火制造商通过给中国武器库供应军火，赚足了银子。在这30多年里，在华洋人给中国带来了三个方面的影响，其作用是缓慢的，而非轰轰烈烈。首先，在港口殖民地香港①、上海的公共租

---

①　根据1972年联合国2908号决议，香港不在英国殖民地之列，属于中国领土。此处原文表述有误。——编者注

56 界和法租界以及其他大城市中的外国飞地（尤其是北方的天津和长江中游的汉口），形成了中外混合的商业资本主义，并通过不断扩大的对外贸易而赢得日益重要的地位。香港和各大通商口岸因此成为新兴海洋文明的发展中心和舞台。用形象的话来讲，一个向世界开放的"蓝色"中国，与一个由内陆、京城及其代表的正统观念所构成的"黄色"中国，形成了日渐鲜明的对照。[52]

其次，对中国的商业渗透直到19世纪末仍然仅限于上面提到的少数几个城市，如今通过间接的辐射式作用开始对内地产生影响。对外贸易的扩张以及轮船和铁路运输的建设，使那些18世纪业已发展起来的大区域的商业化程度进一步加深。推动这一进程的并不是洋人，而是中国商人和那些善于捕捉机会的"地方精英"。

再次，在所有在华外国人当中，出现了一个最易引发动乱的因素：天主教和基督教的传教士。与商人不同的是，这些人享有条约规定的特权，包括在外国领地之外购买土地的权利。在这一时期，许多外国传教士是以傲慢、挑衅和不宽容的态度对待中国的"异教徒"。他们将少数皈依者置于自己的"保护"之下，并为其索取特权，以此来制造村庄的分裂。此外，他们还蓄意或无意地挑起了数百次"传教士事件"，并借此对当地的肇事者进行报复。[53]尽管个别传教士在医疗服务、赈济灾民、教育改革和东西方文化交流等方面做出了巨大贡献，但是从整体来看，传教无疑是外国对中华帝国入侵中极具伤害性的利刃。

1894 年和 1895 年，在为争夺对中国传统朝贡国朝鲜的主权而爆发的中日战争中，中国被自己一向藐视的日本打败。这场战争的失利同时预示着，中国旧政权从此进入了历史的尾声。人们可以感觉到，历史的步伐正在急剧加快，各种事件和变化接踵而至。1895 年之前还有所收敛的帝国主义利用在世界其他地区积累的有效经验，向中国发起了进攻：强迫中国割让领土作为殖民地并接受条件不利的借款，由外国接管地方当局的部分管辖权，允许外国制造业进入中国，开放内地市场，为跨国企业（如石油和烟草贸易）的直接交易提供方便。尽管外国列强之间的外交摩擦时有发生，然而在联手控制和剥削中国这一原则问题上，其立场是一致的。

1899 年至 1900 年的义和团起义（"拳乱"），使西方列强变得更加团结。由于朝廷对义和团的排外行为采取支持态度（各地总督中的自强运动代表则与北方拳民谨慎地保持距离），1901 年，清政府不得不接受西方苛刻的一揽子赔偿要求，其中包括分期支付的巨额赔款。拳乱不仅给清廷带来了沉重的财政负担，而且使中国蒙受了永远无法释怀的具有象征意味的莫大耻辱。1900 年夏末，欧洲

57

兵在使馆区实施救援后，闯入皇宫紫禁城，进行大肆掠夺。这是多么无耻的亵渎！

义和团起义失败后，清廷开始尝试实施改革。早在1898 年，以康有为（1858～1927）、梁启超为代表的一群具有忧患意识的文人便以变革的迫切性为由，说服软弱的皇帝实行新政。但是，这场维新运动最终却因官僚势力的反对和朝廷保守派发动的政变而失败。与"自强运动"相比，20 世纪最初十年所推行的"新政"走得更远（在后面几章中，我还将多次谈到这一问题）。它包含了一些以日本为榜样、经过深思熟虑的现代化要素。但是，这场改革来得太迟了。自1861 年慈禧太后实际掌权以来，清廷便失去了充分的合法性。由于在应对西方挑战方面所表现出的无能，实际上早在鸦片战争之后，朝廷便逐渐在民众，尤其是社会和文化精英眼中失去了威望。1895 年和1900 年发生的事件，更使清政权的威信跌入了无可挽回的低谷。京城外的地方势力纷纷乘虚而入，将掌管各省地方事务的大权一步步篡夺到自己手中。他们向朝廷提条件，索取政治权力——这是中国历史上前所未有的僭越犯上行为。有史以来，皇帝和官僚体系对国家的政治垄断第一次遭受精英群体的公开质疑。朝廷的"新政"一方面向地方势力做出部分妥协，另一方面却推行强化中央集权、削减地方权力的计划，并因此激起了各地士绅和商人

58

更多的不满。其结果与其他革命中常见的情况一样，清廷的"新政"助长了新势力的兴起，并使其自身的统治体系发生动摇。例如，军事改革促成了现代化军队的建立，但军队本身却并不认为自己要支持朝廷，以作为回报。此外按照中国传统，老百姓虽然应当效忠皇帝，却没有以宗教信仰为基础的无条件信奉的义务，正如俄国百姓对沙皇一样。因此朝廷在老百姓当中，也很难找到坚定的捍卫者。中原地区的秘密社团大多并不是"反封建"的农民联盟，而是"城市流氓无产者组织"。[54]在某些地区，这些团体既是反清激进分子，也是温和派地方精英的重要联合对象。

1911 年的最后几个月，清政权以没有太多波折的方式被终结。革命是以各省份——特别是经济发达的华中与华南地区——及其军事和民间领袖陆续宣布脱离清政府的形式进行的。[55]随着清朝的结束，它从前人手中继承并作为末代王朝加以延续——到 18 世纪依然强盛——的政治体制也就此覆灭。该以怎样的制度来替代它呢？尚未形成共识的中国政治阶层对此看法各异。倡导改良的知识分子、各路军阀、前朝高官、士商群体的代言人、流亡归来的革命家——每一派对中国的未来走向都有不同的见解。人们首先面临的选择是：是重新强化专制式的国家政权，还是建立以国家公民思想为基础的政治新秩序？

59

中国革命：1925年5月30日，上海

正如人们后来所见，1911年标志的只是旧制度的结束，但不是一个富有建设性和持续性的新开端。中国从此进入了一个政治动荡的年代，中国革命的模式也随之逐渐成形。然而按照梁启超的广义革命说，革命早已开始。社会变迁有力推动了1911/12年的制度更迭，之后依然在继续。与政治风云变幻相伴的，是社会现代化步伐的悄然前行。其重要舞台首先是城市。

第二章
现代化初期的城市氛围

持续到 20 世纪 20 年代末的中国革命第一阶段，主要是城市的事情。这种话听上去不免有些老套，因为提起革命这个词，人们联想到的自然都是出现在大城市里的戏剧化场面：1649 年 1 月 30 日查理一世在伦敦国宴厅前被砍头；攻占巴士底狱；1978 年德黑兰爆发反对国王独裁统治的群众性示威游行。在这类事件中，农村充其量只是作为城市的后盾，或者像 1793 年旺代叛乱时一样，充当阻挡历史进步的反革命力量；不然便是如 1918 年俄国内战时，成为饥饿的市民剥削和掠夺的对象。

在中国，农村扮演的角色显然更重要，也更积极——当然只是就某些阶段而言。中国是有着悠久农民起义传统的国家之一。1800 年前后的几场起义从本质上讲仍然是农民战争，而太平天国的情况则有所不同。其成员，特别是领导层，是由来自社会各阶层的人组成的。尤其值得注意的是，这场起义在华南和华中地区的城市扎根比在农村更早，坚持的时间也更长。而1945年至1949年的情况则恰恰相反，共产党是以农村作为根据地，并由此出发，一步步包围和占领大城市。太平天国首先是失去了对农村地区的控制，才最终于1864年7月在太平天国之都南京被敌人打败，城市也因此成为其最后的庇护所。

61　　自1927年在大城市遭到蒋介石及其军阀同党的血腥镇压后，共产党别无选择，只有采取从农村出发夺取政权的策略。于是，从1928年到1945年的十余年，成为共产党在远离大城市的农村地区建立反对派革命政权的重要阶段。然而从1895年现代革命萌芽到1927年反共势力在上海和其他城市赢得胜利，在这一阶段里，每一场政治风波几乎都是从城市开始的。义和团起义失败后，除了零星的地方盗匪事件外，[1]在超过四分之一世纪的时间里，农民在中国政治舞台上未曾扮演过重要角色。对清廷渐生异心的士绅和商界精英，逐渐聚集到大城市。这些大城市除京津沪之外，还包括许多省会城市。与他们在各方面有着密切来往的记者和政论家也来到这里，向正在形成的公共舆论发出虽谈不上革命但极具爱国和批判性色彩的声音。[2]这一时期最激进的政治组织，同样也是在城市中出现的。

　　在这些城市当中，最重要的是中华帝国疆界以外的两个城市：香港和东京。在1895年至1911年的中国革命版图上，这两个地点必须要划上重重的标记。当年孙中山正是在这里组织成立了反清的激进派团体。孙中山（1866~1925）在中国大陆被称为第一位"国民"革命领袖，而在台湾，长期执政的国民党则尊其为党的创始人和"国父"。无论在大陆还是台湾，这位被神化的人物都被看作辛亥革命的领导者。实际上，如果对历史事实详加观察，未必能够得出这一结论。1911年10月10日，随着武昌起义（武昌与相邻的汉口和汉阳合称"武汉三镇"）的爆发，革命进入"白热化"阶段。而此时，孙中山正在美国丹佛（科罗拉多州）的侨界组织募捐。听到祖国传来的消息，他惊喜不已，急忙取道欧洲赶回家乡，并在12月29日召开的南京十七省代表会议上被推举为中华民国第一任总统。由于缺乏个人权力根基，他在这个职位上只待了短短6个星期，并且没能产生太多的深远影响。因此可以说，孙中山并不是一个列宁或凯末尔式的成功革命家。只有在去世前的最后两年，当他将中国民族主义与布尔什维主义的世界革命论联系在一起时，他一生中的伟大历史时刻才真正到来。

尽管如此，孙中山在辛亥革命前所发挥的作用仍是不容低估的。他是中国第一位职业革命家，他比同时代人更早也更坚定地认识到，以不排除暴力的手段推翻清王朝是解决中国问题的前提。他以超凡的智慧和谋略，将彼此迥异、以往从无交集的力量成功联合在一起，结成联盟：

62

"新军"军官与激进的流亡知识分子，华侨富商与准黑帮式秘密社团，日本特务与中国文人。[3]他同时也是一位口才出众、勤奋不懈的新中国宣传家，无论欧洲、美国还是日本，到处都有他的听众和追随者。这位生于澳门内地的农民之子曾接受过英国传教士的教育，在投身政治前，是一位熟悉西方医学和科学的职业医生。他的才华与这些经历不无关系。1896年，他被清廷间谍秘密挟持，关押在中国驻伦敦公使馆。其被拘押和获释的事件在当年曾轰动一时，他也因此成为西方公众熟悉的名人。

以孙中山作为象征性领袖而非实际领导者的早期革命运动，是在清廷镇压力量无法直接插手的地方出现的，这就是香港。英国殖民当局尽管在原则上希望与中国政府保持睦邻关系，但至少能够在保障最低限度法治的前提下，为政治结社提供空间。正是借助这一便利条件，孙中山于1895年在此成立了他的第一个组织，之后又频频回到这里。[4]中国革命更重要的两个城市根据地是东京和横滨。1897年8月，孙中山来到日本，并在这里断断续续一直生活到1907年。在这一时期，特别是1902年之后，许多中国人来到了日本，大约有几千人。其中有些是政治难民，其余大部分是到日本接受现代教育的留学生。当时中国还不具备这样的教育条件，而到欧美留学不仅要支付昂贵的费用，还要克服文化差异的问题。[5]正是在这种政治激进与社会流动的移民环境下，同时仰仗日本权势人物的支持，孙中山于 1905 年 8 月成立了同盟会。这是中国第一个明确以革命目标和对全中国的政治责任为纲领的革命组织。同盟会成员的社会背景各不相同：既有饱读诗书的士绅子弟，也有像孙博士这种没有受过太多中国传统文化熏陶的人。从整个人的气质来看，孙中山是一个典型的由英国教会学校培养出来的务实派。在 20 世纪初的东京与横滨，在由各色人等组成的同盟会中，中国民族主义与共和主义的基本理念逐渐形成。孙中山领导的运动始终是以城市为重心，无论在精神上还是在政治上，都从未脱离过这一环境，即使在他离开日本后也是一样。但是，或许正是受这一因素的制约，他没能充分认识到中国农村问题的深远意义。同盟会并不是一个社会史意义上的"国民"政党，这样的称谓或许更适合于 1885 年成立的印度国大党。同盟会理论家指出的问题及其提供的解决方案，所针对的更多是中国大城市正在形成中的资产阶级，而非其他任何一个社会阶层。

资产阶级与经济发展

在论述中国问题时，城乡划分在很大程度上只是一种 64
辅助性手段。尽管按照前现代社会的标准看，中国城市化的程度很高，但是与同在东方的伊斯兰国家不同的是，直到18世纪，中国仍然没有形成以城市为主体的文明。仅从居住形式来看，城市与周围农村之间的过渡就是流动的。典型的中国城市通常是县衙或更高一级官府的办公地，其主要功能是作为行政事务的中心。贸易功能并不是集中于少数枢纽城市，而是分散在由若干"重镇"组成的网络，依照划分精细的层级秩序，一直延伸到那些仅有周期性集市的小镇。18世纪时，几乎没有哪户人家是住在距离集市步行数小时以外的地方。近代早期的中国大城市并没有像欧洲一样，成为经济发展的主要动力。这些城市的人口增长与全国人口的增长率大致持平，而在同一时期，伦敦、莫斯科和江户（东京）的人口增速远远超过了国内其他城市。因此，中国城市吸引周边农村人口的经济"磁石"作用是有限的。[6]非农业经济中最有活力的领域，往往都集中在城市以外的地区：例如江西景德镇的制瓷业，江苏和浙江的出口棉织品加工业，云南的采矿业，等等。此外，在中国农村的地主乡绅与城市资产阶级之间，并不存在某种矛盾和对立的关系，而这恰恰是大革命前法国社会的一大特征。中国士绅无论在城市还是乡村，都是最重要的社会阶层。他们在城里做生意、吃喝玩乐和处理公务，但其人生理想却是有朝一日能解甲归田，归隐山林。一旦时机到来，他们就会立刻把它付诸行动。

这种城乡分工模式成为 19 世纪中国的主要潮流。正如鸦片战争后出现的许多现象一样，这种状况同样也是在内因和外因的共同作用下形成的。一方面，清朝"盛世"时期的人口增长和国内安定，促进了国内贸易的扩大和繁荣；另一方面，中国的开放为不受官僚体系掌控的自由对外贸易创造了条件。尽管新的贸易制度原本是洋人为了自己的利益所打造的，但从结果来看，中国虽然被迫取消了进口关税，并允许洋人在越来越多的中国城市从事贸易活动，但是外国商人并没有因此占领中国市场（尽管他们一刻也没有放弃这样的梦想）。勤劳能干的中国商界组织仍主导着国内贸易，其中包括进口货物的交易，而轮船航运等技术革新更为其提供了便利。[7]

在各种类型的城市中，受益最大的是镇，即非行政性商业中心。它们在与对商业态度摇摆不定的官僚体系保持距离的同时，大力发展跨区域的远距离贸易联系。地处长江中游的大城市汉口或许是最好的例子，它是整个华中地区最重要的货物集散地。尽管原始工业形态的家庭式生产在城郊地区得到了蓬勃发展，但是这些新兴城"镇"并未因此实现自主的工业化飞跃。19 世纪更值得注意的是高效率商业资本主义的完善化。其主要动力并非来自欧洲或印度常见的"商业巨头"（merchant princes），而是众多依靠家族或同乡关系建立起全国性网络的中型企业。[8]由此形成了自我意识越来越强大的商人阶层，他们在社会和文化上与势力逐渐向城市扩张的乡绅阶层日渐靠拢，并在19世纪末形成了新的"士商"阶层。这一阶层一方面具有传统士绅扶弱济贫的家长式关怀，热心于在国家无法照顾到的地方兴办慈善事业，修建公共设施；[9]另一方面，它也是诞生于20世纪初的中国资产阶级的前身。

如果说1862年作为通商口岸对外开放的汉口，其发展直到19世纪90年代主要是得益于中国内地的资源供应，[10]那么在上海、广州和天津等沿海大城市，外国势力的影响则来得更早、更直接——更遑论香港，这个大英帝国势力的直接产物。在这些主要的通商口岸城市，同样出现了士绅城市化以及商人地位提升、赢得社会尊重并参与次官僚体系运作的普遍现象。在过去，次官僚体系的职能原本是为功名在身、以农业为根基的精英人士所垄断。[11]但是，沿海地区的商人群体有一个不同寻常的特点：在这里，买办的地位和重要性远远超过了内地的情况。买办是外国公司的密切合作伙伴，因为大多数外国公司和内地并没有直接往来，其与地方经济界的联系几乎全部依赖于华人中介。由买办协助其建立生意上的关系，安排货物运输和货款支付，并为中国供货商和客户提供信用担保。这些人同时还担任翻译，监督外国公司华人雇员的工作。尽管从某种意义上讲，买办可以说是外国资本的工具和代理人，但他们本人通常也是有实力的商人，凭自己的本钱做生意，而并不单纯是依赖外商支付的佣金过活。[12] 在这个本国经济与外国桥头堡之间的交叉点上，一些买办赚取了巨额的财富。他们往往把赚来的钱暗地投到外国公司，由此一来，他们便成了其委托人的隐秘股东或债权人。[13] 但是，如果要把这一群体明确定义为买办"阶级"，则未免太过夸张。更恰当的说法是，这些人是沿海通商口岸中国精英中的买办"分子"，他们的活动使这些沿海城市比内地城市在文化上多了一道西方或世界主义色彩，并与农业帝国的传统价值观与理念明显拉开了距离。

67

是社会史上的哪些发展变化，把19世纪的商人和买办与1925年五卅运动中发挥重要政治作用的上海总商会连在了一起？从后帝制时代城市精英高度分散的经济利益以及形态各异的商业活动，包括贸易、地产、放贷、购买铁路股票、投资外国公司等，到一战后堪称中国资产阶级的工厂主、船运商和银行家们的专业化企业行为，这中间经过了怎样一条道路？

社会的演变总是建立在经济基础之上。19世纪60年代，当中国从太平天国造成的破坏中得到恢复，外国在沿海地区的地位逐步巩固并形成稳定的体系时，中国经济界开始将西方科技引进国内。其中影响最大的是交通业。轮船航运有两条主要航线，一条是沿海岸线从南满到香港，另一条是横贯长江直抵上游的四川省。由于轮运价格便宜不多，因此，高效率的传统帆船运输尽管受到冲击，却没有达到被淘汰的程度，而只是功能缩减为短程运输。从整体来看，轮船航运大大提高了水上运输的运载能力、速度（特别是逆水航行）和安全性。轮船航运业自60年代在中国起步后，一直被英美公司控制。1873年，中国成立了半国有的船运公司，即以英文名称"China Merchants Stream Navigation Co."闻名的轮船招商局。从此，轮船运输业成为竞争激烈的行业，从20世纪初开始，大批中国私人船运公司加入了竞争，并取得显赫的成绩。到30年代时，中国船商拥有的船舶吨位占总吨位的比例达到近40%。轮船航运业的扩张，带动了造船业的兴旺与发展，这也是中国最早的工业行业之一。

1876年，中国第一条铁路建成完工。中国大规模的铁路建设是从中日战争后开始的。1911年，全国铁路线长度仅有9100公里。1912年至1927年，增建了3900公里的铁路线。从1928年到1937年，东北地区以外的铁路又延长了3600公里。[14]到民国末年，长途铁路主干线的基本格局已大体形成。在中日战争爆发前，中国东北地区的铁路是由俄国或日本政府控制。在关内（长城以南），由外国直接控制的铁路比例到1937年降低到三分之一以下，其余皆为中国政府所有，并在铁路局的监督下，按线路采取分段管理。与轮船航运业不同的是，私人企业在铁路业并没有太大的行动空间。中国铁路的经济效益很高，虽然说如果更多从国家利益的角度考虑，有些路段的规划可能会有所不同。铁路改善了南北之间交通不便的状况，从汉口到北京的直达线路通车后，原本需要 50 天的路程，现在只要两天。[15] 在促进农业商业化方面，只有东北地区的铁路发挥了重要作用。但是铁路的建成，为各地流动人口进入城市提供了极大的便利。上海能够发展成为拥有百万人口的大城市以及东北地区的开发，都离不开铁路的功劳。1949 年之前，国有铁路是中国最大的企业和最重要的雇主。铁路工人是中国无产阶级中最重要的一支力量，但由于地理分散的原因，也是最难组织起来的一个群体。此外，铁路也是科技和管理知识的最大需求者。自 1929 年之后，无论资金来源如何，中华民国的铁路建设一律是由才能卓越的铁路工程师负责。[16] 这些 1949 年前培养起来的铁路专家，为后来的中华人民共和国建设做出了重要贡献。但是在 1949 年之前，铁路的运输能力并没有得到充分利用。铁路成为中国军事的后勤保障基础，而民用和商业方面的利用则往往被限制。铁路在民国史上的最大贡献，恐怕是在兵力运输方面所起的作用。

　　除了欧洲人发明的用于水路或轨道交通的蒸汽机外，中国的另一样新生事物是现代银行。[17] 对于蓬勃发展的国

69

内贸易而言，传统的金融机构，如钱庄和遍布全国的山西票号等，可以有效地满足其对资金的需求。然而对外贸融资来说，这些机构却是难以胜任的。因此，随着通商口岸的开放，外国银行也接踵而来，纷纷在沿海地区设立办事处。其中最大的一家，是英国人开办的香港和上海汇丰银行。[18]直到1937年中日战争爆发，外国银行一直是中国外贸的主要资金提供者。它们为私人管理存款，以免他们的积蓄被军阀掠夺，同时也为中国政府机构打理账户。除此之外，它们还发行钞票，这些纸钞比既不可靠又不实用的银圆更受老百姓欢迎。但是外国银行的强势地位和多样化服务，并不能为其垄断地位提供长期保障。自1897年起，由中国人开办的私人银行陆续出现。这些银行很快便摆脱了清廷和之后的民国官僚体系的监管，并于1918年后形成了地位稳固的私人银行业。[19]这些银行一心与政府做生意，无论是清廷、军阀，还是1927年后的南京国民政府，而把急需资金的中国新兴工业抛在了一边。对政府生意的严重依赖最终导致灾难性后果：1935年，蒋介石的连襟、时任财政部长孔祥熙（1881~1967）用类似军事暴动的手段，将全国最重要的几家银行置于国民党的控制下，由此形成了一个由国家掌控的"中央银行集团"。该集团集中了国统区近三分之一的银行资源，即中国马克思主义史学家所谓"官僚资本"的核心。[20]因此，中国银行的国有化并不是由共产党政权一手完成的，而是在其宿敌国民党执政时就已经开始了。

经济现代化的重头戏自然是工业。在第二次世界大战前夕，中国拥有仅次于日本和印度的亚洲第三大工业产业，在地理上主要集中于上海、其他几个通商口岸（天津、汉口、广州）和南满。工业建设的主体是在 19 世纪末 20 世纪初才开始的。清末，李鸿章、张之洞（1837～1909）与其他几位富有远见的朝廷要员在"自强"口号下，着手建立军工厂和造船厂。此后，中国自主发展军工的传统一直延续下来，从未中断。与此同时，一些非军工企业也陆续出现。这些工厂通常采用"官督民办"的模式，即在国家监督下由私人经营。这种组织形式对作为投资者的私商来说，并没有太大的吸引力。经过军工和混合经济的阶段，直到 1895 年对日战争失败后，中国以条约形式允许洋人在通商口岸投资设厂，中国的工业化才真正开始。与第一批外国企业——最初以英国企业为主——同时出现的，还有规模空前的纯私营中国企业。在 1895 年至 1920 年，中国与外国在工业方面的投资额增长几乎同步。[21]晚清政府对此的态度是矛盾的：一方面，自 1903 年朝廷设立商部[22]并于次年颁布《公司律》后，私营工商业的发展明确受到支持和鼓励，并作为非国营的"商办"模式得到了大力宣传；另一方面，中国企业家仍然要时刻

71

警惕来自少数不法官员的刁难和勒索。因此，疏通关系并找到可以依傍的靠山，仍然是企业成功不可或缺的条件。[23]

1911 年帝制覆灭给整个国家带来了深刻的影响，但中国的私营企业主却借机暂时摆脱了官僚体系的干预。制度变革所导致的混乱，为私营经济的发展提供了许多可乘之机，其中包括上海公共租界之类的外国飞地。在这里，外国人并没有能力垄断整个工业。第一次世界大战爆发后，欧洲企业不得不将精力集中于保障本国和战场的供应，这使中国企业在国内市场，甚至在出口方面，都获得了意外的扩张机会。从 1912 年到 1920 年，中国本地纱厂的纱锭数量增长了 3 倍。[24]1914 年到 1922 年的八年，成为中国民族工业发展的"黄金时代"。在此之前，中国从未有过数量如此庞大的轻工企业：棉纺厂、烟草厂、火柴厂、面粉厂、水泥厂，等等。

72　　日本人同样抓住了这一有利时机，到 1922 年战时经济繁荣期结束时，日企成为上海棉纺业中实力最强的外国企业。自 20 年代末开始，日本对华北地区的棉花加工业进行大规模投资。[25]正是由于这一原因，许多中国企业没能度过战后危机而纷纷倒闭。中国经济从总体上看，并未退回到 1922 年之前的工业化水平，但是中国企业却很难与日本棉纺业巨头或英美烟草公司（B. A. T.）等富有攻击性的跨国企业在竞争中相抗衡。由于外国厂商于 20 年代纷纷转做进口替代（import substitution），即以在上海、天津、汉口和其他通商口岸设厂生产来代替棉纱与烟草进口，因此，1929 年中国恢复 1842 年丧失的关税主权并没能给中国企业带来太大的帮助。从 1931 年至 1935 年，全球经济危机对中国几乎所有经济领域（银行业除外）都造成了冲击，中国经济形势急剧恶化。面对这样的困境，国民政府却对本国企业家采取坐视不理的态度。在一些宣传和历史书中曾被不恰当地称作"资产阶级政党"的国民党，并未采取任何措施，对本国私营经济予以支持和保护。相反，它还以滥征捐税的方式，加重企业的负担，甚至不惜牺牲本国的利益，为国统区最大的外国企业英美烟草公司提供税收优惠。在实行中央统筹，强调国家对银行、工业和采矿业控制权的国民政府统治下，[26]中国私营经济在 1928 年之后所面临的处境比清末民初时更加艰难。在 1949 年之前，中国民族资本主义工业没能再迎来它的第二个黄金时代。

　　自 1937 年 7 月和 8 月日本入侵中原地区，并在之后 73 的 15 个月内占领所有工业区之后，中国现代经济产业进入了困难期。工厂被炸毁，桥梁被炸断，铁路被破坏，矿井被淹没。战争摧毁了上海近乎半数的工业产能，在其他城市更达到 80%。由于守军几乎不战而降，华北经济重镇天津在很大程度上没有受到战争的破坏。[27] 1942 年和 1943 年之前，日本人一直在试图恢复制造业的活力，或像在天津和青岛一样，通过新的投资扩大产业规模。但是到 1945 年战争结束时，日占区——中国传统的工业核心区——的工业生产仍然远低于战前的水平。面对日本军队的进攻，国民政府一路撤退到西部，一个以往与工业化几乎从未有过接触的地区。大量企业也从东部沿海随之西迁。从 1937 年 8 月到 1940 年 12 月，共有 448 家工厂带着 7.1 万吨设备和 4.2 万名专业工人，一路辗转，在付出惨重的损失后，最后转移到四川等地。[28] 但是，尽管付出了如此悲壮的努力，国民政府却未能如愿将西部建设成为坚实的工业基地，即其所说的"自由中国"。而被日本殖民的东北地区，却经历了完全不同的发展过程。早在第一次世界大战前，日本人便开始着手在 1905 年日俄战争后被划归日本的"飞地"上建立煤炭钢铁综合型产业。在 1931 年 9 月实现对整个东北地区的准殖民占领后，日本进一步加大建设力度。1937 年战争爆发后，在大量资金投入和严格军事化指令型经济的带动下，东北发展成为全亚洲效益最大的重工业区。40 年代末，共产党在向胜利进军的途中能够收获产能强大的重工业（虽然苏联事先拆走了大量设备），还要"感谢"其不共戴天的仇敌——日本天皇军队，虽然这话听起来着实有些荒谬。

74

概括地讲，中国工业的发展是很不连贯的。1865 年至 1895 年，在官僚体制主导下姗姗来迟而又犹豫不决的早期建设，拉开了中国工业发展史的序幕。直到 1895 年允许外国生产企业进驻，中国的工业化才初露雏形。中国企业家和投资者以非凡的勇气和想象力来应对这一挑战，并取得了不小的成绩，特别是在 1914 年至 1922 年。从 1922 年至 1937 年，外国企业不断扩张，中国私营企业则往往因资金匮乏、技术落后和追求快速盈利而难有作为。但毋庸置疑的是，中国在 1937 年之前已经进入工业化初级阶段。在民国头 25 年里，几乎所有非农业生产指标都一路上扬。棉纱、面粉加工以及煤炭和电力等行业的产能均呈倍数增长。1937 年，灾祸从天而降。与几乎只有轻工业的关内地区所不同的是，在东北，日本人为满足帝国利益集中而持续地投入重工业建设，并以类似方式在台湾大规模发展制糖业。

由于民国时期的统计数据既不完整，也往往缺乏可信性，因此对于下述问题，每个人都可能有不同的答案：在 1949 年之前，中国"现代"产业以及总体经济的发展水平究竟如何？1949 年共产党接手的，是不是一个长期停滞不前并且在短期内遭受重创的经济体，其潜能只有通过对"资产阶级"的社会化改造和肃清才能得到释放？抑或是早在 1937 年之前，中国经济便已踏上仅仅因战事而暂时中断的增长之路？假如没有 50 年代的革命式干预以及苏联工业化模式的引进，中国大陆是否早在几十年前便已实现了以私有经济为主导的经济繁荣，正如邓小平领导的现代化改革在毛泽东主义的废墟上历经艰辛所创造出的奇迹一样？事实的真相或许是介于两者之间。从以往情况来看，支持增长论的人比停滞论的拥护者掌握了更多的数据资料以佐证自己的观点，但是这些数据只能证明上海、东北等少数地区的强大经济活力，却不足以让人相信这些少数行业和地区的繁荣迟早也能带动其他停滞的领域一同向前发展。1949 年后的经验，更加深了这样的怀疑。反过来，持停滞论观点者则倾向于对某些不乏疑问的典型事例做出质性分析，并在此基础上得出于己有利的结论，而且总喜欢将负面例子加以普遍化。

因此，最佳办法是以慎重的观察来代替明确的结论：在国家日趋碎片化的时期，中国各地区经历了迥然不同的经济发展命运，因此，所有把中国当作一个整体而做出的分析和笼统判断，都只是学究式的"玻璃球游戏"。停滞与进步、极端贫困与高度富裕以某种形式并存，经济史研究迄今无法对此做出令人信服的解释。各领域与各地区的差异性，或许正是民国时期中国经济最显著的特征。

当然，对于工业发展的作用和影响，我们不仅可以用数据来分析，还可以进行观察和描述。经过三四十年的发

75

展，在中国这个全球人口最多的国家，现代经济领域（工业、机械采矿、现代交通工具、公共保障事业）占经济总量和就业的比例仍然很低（1933 年占国内生产总值比例约为 13%），[29] 但不容否认的是，少数大城市作为小农经济海洋中的孤岛以及 1937 年前准内战局势下的避难所，已经呈现出"现代化"中心城市的面貌。这不仅是指上海这一中国面向世界的窗口，同时也包括汉口/武汉、广州等大城市。生活在这些城市的许多人都在以不同方式应对这些全新的经验。这些方式尽管不同，但都远远超越了古老农业帝国的视野。局部的中国俨然已步入了现代化之路。

76

城市资产阶级既是现代化进程的代表，也是它的承载者。经过 50 年代经济与社会的"社会主义改造"后，回过头来看，它们已不再只是中国社会史上昙花一现的特殊事物，一种可以被历史忽略的民国边缘现象。如今，新一代企业家的出现——这些人受到国家鼓励，并怀有某种透着嚣张气息的创业欲——再次唤起了人们对中国第一代资产阶级的关注。在 20 年代与 90 年代的企业家之间，有着很多明显的共性。[30] 工厂中艰苦恶劣、缺少社会福利保障的劳动环境便是其中之一。

直到辛亥革命后，随着玛丽·格莱尔·白吉尔（Marie Claire Bergère）在其著作中称为一战中国"经济奇迹"的出现，[31] 中国资产阶级作为一个由工业和金融资本

家以及高级自由职业者构成的社会阶层才真正形成。其诞
生地是上海。这些被历史学家"事后"统一归类在"资
产阶级"标签下的人物和家族，与晚清城市商人，特别
是"地方精英"有许多血脉上的关联，后者的资本也是
其利用的对象。但是，这些资产阶级新贵在很多方面都与
后者有着明显的差异：他们的生活方式完全是大城市化
的，在内心里，他们不再对儒家式的田园生活充满向往。
从经济行为来看，他们不是利用五花八门的发财机会来赚
钱，而是集中投入工业、银行业以及现代化管理的商业和
运输业。这些人是中国历史上第一代"纯"资本家。在
77 文化修养上，他们比 19 世纪满口洋泾浜的买办更亲近西
方，但同时也并没有割断与中国传统文化之间的联系。在
对待政府的态度上，19 世纪的士商阶层虽然有意与官府
保持距离，但两者之间却始终存在着某种形式的共生关
系。而新兴资产阶级最希望的就是不要被国家管。他们要
求获得在与己相关事务上的发言权，支持成立代议机构，
但未必赞成全民民主。在他们看来，国家不应管束、督促
甚至指挥经济，而是应当构建一个现代化的秩序框架，并
为其维护提供保障。其中包括一系列基础性改革：制定民
法并确保法律上的实施，取消国内关税，实现度量衡制度
的标准化，统一混乱的货币体系，保证货币政策的稳定，
遏制腐败等。

在不平等条约和外国强大经济势力的压迫下，中国一直处于从属和依赖的地位。因此，中国企业家和银行家几乎每天都要与外国商业伙伴（在上海还包括外国当局）打交道。但是，这并没有把他们变成"帝国主义的走狗"，就像中国历史学家长期以来对"买办资产阶级"和"民族资产阶级"的习惯划分一样。这种划分更多是从政治实用目的出发，而不是从社会史分析的角度考虑。中国资产阶级注定要与外国资本合作，但与此同时，他们延续了清末地方精英的爱国主义精神，并将其转化为更具政治自觉性的温和民族主义。这一点在"五卅运动"中上海总商会的态度和诉求上便得到了充分的反映。由此来看，这些通商口岸的经济公民不仅是中国现代化的倡导者，同时也怀有一定的民族革命的意识。他们参与了这一时期所有大规模抵制活动，包括1931/32年的抵制日货运动。其民族意识的另一个表现是，他们的眼光超越了自己出身与活动的狭窄地域（大多是上海及周边省份），谋求在全中国推行改革。

1903年清廷下令成立职业联合会（法团），资产阶级从此有了自己的组织。这类组织还包括商会、工业协会、律师团，以及1917年成立的上海钱业公会。这个由25家会员（1925年）组成的高级俱乐部在代表自身直接利益之外，还就复杂的现代化方案进行商议。[32]虽然在形式上有效仿西方之嫌，但是这些新型组织在很多方面仍然具有浓厚的中国色彩。例如，同乡之谊的传统仍然在发挥着重要作用，并被融入现代制度：上海钱业公会的成员大部分都来自浙江，特别是宁波，因此，公会便通过传统方式与全国各地的浙江同乡联络，以便建立更大范围的金融网络。[33]中国经济现代化成就最大的，正是那些成功将传统地方组织的优势与引进的合理化原则相结合的地方。现代与传统领域之间的宏观上的二元对立性，在微观上通过形形色色的方式被消弭。工厂向手工作坊订货，现代银行与钱庄合作。欧美管理方法使中国的家庭式企业或"伙伴"关系变得更有效率。许多第一代企业家所掌握的西方管理知识并不是在上海，而是在香港或美国、东南亚的华侨商人那里学到的。直到今天，华人生活圈和文化圈的经济现代化也不是对西方的简单模仿，而是东西方制度与特性的相互结合。[34]

中国资产阶级从未能接近乃至进入国家的政治权力。经济上的弱势便是一大阻碍，因为与西欧和北美不同的是，在中国工业化过程中，资产阶级并不是唯一也非最重要的推动者：在轻工业领域，外国资本更多地扮演着先驱者的角色；重工业建设——从1890年张之洞总督创建汉冶萍铁矿，到东北地区的殖民工业建设；从1935年至1937年国民党创办军工业，到后来的国家计划经济——几乎都是在没有私人经济参与的情况下，由国家推动完成

84

的。因此，中国从没出现过类似克虏伯或卡内基式的人物。在南京十年时，经历了经济"黄金时代"的资产阶级——不仅是银行家，同时也包括企业家——与国民政府陷入了激烈的冲突，其程度甚至超过了当年与各路军阀的矛盾。在 1937 年之前，至少在上海，大资本家们还能勉强维持自己在地方的权势地位。[35]战争、日本侵略以及 1947/48 年国民政府放任自流的灾难性通货膨胀，使原本虚弱的资产阶级彻底失去了政治和经济上的支撑。一些家庭早在战争爆发后的头几年，就已迁居到香港或海外。内战后期以及新政权成立后的最初几个月，上海和广州出现了大规模出逃的现象。1950 年后香港的经济腾飞与内地移民带去的资金、经验和人才不无关系，这一切都归结于共产党军队的胜利进军引发的逃亡潮。中国资产阶级作为一种社会构成，在中国大陆以外地区得到了延续：这些地区早在 20 世纪之初就曾对中国发展发挥了强大的推动作用。在 1978 年后的改革过程中，这一作用再次得以充分展现：海外华人企业家的投资为大陆的经济发展注入了巨大活力。

80

从官僚士大夫到知识分子

只有在上海，中国资产阶级是在类似实验室环境下成长起来的。但是在当时，经济现代化也在其他城市展开，无论是通商口岸还是普通城市。在 20 世纪二三十年代，中国城市面貌的变化速度，远远超过了以往几个世纪：拆除城墙，加固道路，修建林荫大道，铺设电力、煤气和自来水管道，修筑西式洋房，在租界区甚至出现了新古典和新哥特式的建筑。[36]以往的杂居模式被功能性和社会性的区域划分所替代：一边是住宅区，另一边是商业区；一边是富人区，另一边是穷人和逃荒者居住的贫民窟。就在 20 世纪 20 年代初，社会学家西德尼·甘博（Sidney Gamble）还曾在书中描写道："北京没有真正意义上的贫民窟，在各个城区，富人和穷人皆是比邻而居。"[37]在当年的上海，这种情形已成为历史。但是在上海以外地区，新事物与旧事物却变得更加密不可分：官僚与旧官僚，城市士绅、商人与"现代"商业资本家间的社会界限越来越难以划定。[38]为全面了解城市社会形态的多样性，我们必须以今天研究上海的认真态度，对那些较小的城市细加观察。

知识分子的形成，是当时中国社会的一大显著变化。这股力量曾在五卅运动中扮演了最积极的角色，从根本上讲，他们正是中国革命的推动者。知识分子阶层的形成是从 1905 年和 1906 年废除科举开始的。废除这一延续数千年的考试制度，是清末新政的举措之一。

知识分子作为一种社会身份类型，是在近代早期的欧洲出现的。它萌芽于人文主义与文艺复兴时期，并在启蒙时代得以发展壮大。知识分子并不效力于某个信奉特定信条或价值观的机构，无论是天主教教会，还是中国帝制时期的官僚体制，或是某个有纪律约束的政党。知识分子的内心是自由的（至少自我感觉如此），并视批判精神和普世主义为至高信仰。从外在来看，知识分子是不受任何约束和羁绊的，他至多可以接受某种宽松的资助关系，或是某个不会强求其顺应和妥协的职位。在物质上，如果不能享受固定的津贴待遇，他必须另谋生路，在教育体制里担任教授或教师，或投身出版业和文学界，靠创作来维系生存。知识分子有时会刻意与自己的出身环境保持距离，而去接近和适应另外一个完全不同的社会圈子。在特定情况下，他会选择过一种波西米亚式的生活，做一个在社会上"自由浮动"（freischwebend，卡尔·曼海姆语）的游士。

上面描述的这些特征，没有一条可以用来形容功名在身的旧中国士绅，至少不适用于那些身居高位、有着很高的文化修养和政治抱负的官僚士大夫。如果将科举制度描绘为一个庞大的洗脑机器，或许会有夸大之嫌。但是在这样一个通过人才选拔而得以不断巩固的古老文明的垄断体制里，自由精神只能被允许作为个性而存在。从 19 世纪起，中国文人和学者所扮演的社会角色已开始趋向细化。在通商口岸出现了第一批现代意义上的新闻机构以及"记者"这一新的社会身份，其中最具代表性的人物是王韬（1828～1897）。[39]"公共舆论"也随之渐露雏形，一方面是在上海和香港，另一方面是在官僚体系内部：19世纪最后二三十年中，在社会问题日益尖锐的形势下，古老的"清议"传统再度复苏。所谓"清议"是指针对核心政治问题直言不讳地提出批判性意见，必要时甚至不惜违背朝廷的意志。[40]不久后，在通商口岸以外地区也形成了外于官僚体制的公共舆论。[41]

科举制度的废除，解除了受国家保护的正统观念、皇权对身份地位分配的垄断以及依照规则招募官员之间的关联。千百年来人们所习惯的通往仕途的阶梯，忽然间失去了踪影。与此同时，作为高贵人群的士绅阶层也失去了"繁衍"的能力。从此，人们很难再把这些人明确地定义为一个社会阶层，在1905年后，只能含糊地称之为"地方精英"。废除科举并不是一个毫无征兆的突然决定。最迟从1895年国家陷入严重危机后，人们已无法再漠视一个事实：文化和教育的欠缺使中国在这些领域同样远远落后于它的对手。对日战争失败后，官员和士大夫纷纷发出改革教育体制的呼吁。[42]在短时间内，出现了一种二元式教育体系：人们仍像以往习惯的一样，为应试备考，同时进入各地新建的"现代学校"（学堂），学习实用知识。因此，取消科举制并不是少数当权者的单方决策，而是符合大众愿望的抉择。各方由此达成了一致。

正是清朝末年的改革为培养 20 世纪革命者的现代教育奠定了基础，这无疑是历史的一种讽刺。朝廷的初衷是改进中国的教育制度。人们将普鲁士和日本的教育体制视作榜样，在当时的中国人看来，这两个国家的迅速崛起主要归功于有计划的国家教育政策，1905 年日本在对俄战争中胜利便是一个证明。早在 1901 年，即在科举制被废除之前，中国的教育改革便已展开。自 1904 年起，中国开始全面引进日本的教育制度，至少是在书面上。[43]新办的学堂、专科学校和大学纷纷聘用日本教师担任教职。明治教育改革的基本理念，即学校的品质决定国家民族的命运，在中国得到了体制内外改良派的一致认同。因此，基础教育受到了特别的重视。在改革背后，是思维方式的转变。教育不再是以培养少数人的人格，使其有能力胜任国家公职为目的；而是为了让尽可能多的人具备实际能力，成为有责任感、愿意为公共利益服务的国家公民。[44]在整个民国时期，一些精英人士为提高国家教育水平所投入的巨大热情——例如五卅运动时由大学生开办的工人夜校——与 20 世纪初的观念性转变是密不可分的，尽管在某种意义上，它与儒家的家长制文化同样不无关联。

从长远看，这股热情却只换来了有限的成就。1949 年之前，中国并没有像日本一样，实现覆盖面广泛、老百姓有能力负担的义务基础教育。而在 1910 年前后的日本，

83

85%的男女儿童都能够接受6年以上的学校教育。[45]对教育投入的多少，完全取决于各地政府乃至地方官员个人的兴趣。其结果也有着天壤之别。农村孩子要想识字和学会算术，依然要依靠当地名流和望族的资助和支持。教会组织既不愿也没有能力来填补这一空白，而更多是把财力集中于培养城市中信仰基督教的精英人群。中国平民教育的显著成就仅仅局限于一些小型试验，这些试验尽管覆盖面有限，却不容忽视。其中最值得一提的是晏阳初（1893～1990）的乡村建设试验。1926年至1937年，他本着基督教和社会的自由主义精神，联合"基督教青年会"（Young Men's Christian Association，YMCA），在河北某县农村实行全面社会文化改造。这是一种充满人文关怀的教育式改良，是毛泽东主义暴风骤雨式农村动员之外的另一种可能性。[46]

清末改良运动留下的最深刻印迹并不在基础教育，而是在高等教育领域。由于中国当时还没有足够规模的新式学府，许多人便到它的发源地去求学。1896年，第一批中国留学生抵达东京。1902年，留学生人数超过400人。1906年，中国留学生人数达到高峰，大约为9000人。据估计，从1900年至1911年，共有约2万名中国学生到日本各类教育机构求学。[47]这些人当中既有现代意义上的中学生和大学生，也有军校生，还有一些官派或私人资助的年龄较长的进修生。由于日本很早便全面接受了西方文化，并且翻译了大量欧美人文和自然科学书籍，因此中国学子可以借此间接地了解西方文化。过去只有在通商口岸的准殖民环境下，人们才有可能接触到这些。此外，许多中国人还利用留学日本的机会学习外语，并亲自从事翻译工作。[48]近代世界史上最具影响力的一场文化交流便由此起步。

随着几年后"勤工俭学"运动的出现，中国与欧洲之间也建立了类似的联系。这场运动在 1919 年至 1921 年达到高峰，大约 1500 名中国留学生来到法国，靠打工赚钱来完成学业。他们当中许多人在法国第一次接触到马克思主义，并成为信徒。其中一些人成为后来的共产主义运动领导人，如李立三、周恩来、陈毅、邓小平等。[49]中国激进主义在国外土壤上滋生，当然并不是什么新鲜事。当年，清政府便曾眼睁睁地看着孙中山领导的反清势力在日本一步步发展壮大。最迟到 1915 年，当日本强迫中国政府签订"二十一条"（1915 年 1 月 20 日①），把中国变成事实上的日本保护国后，日本对中国的知识精英彻底失去了吸引力。从此，美国成为文化影响力的最重要来源，因为在中国人眼中，美国是一个帝国主义色彩最不明显的大

①　时间应为 1 月 18 日。——编者注

国，而且与欧洲相比，它在提供发展援助方面表现得较无私。这一点早在1908年美国退还部分庚子赔款，用于选拔赴美留学生时，便已有所表现。在1854年至1953年，约有2.1万名中国学生赴美留学。他们当中大多数人都回到了中国，在这些接受过双重文化洗礼的"归国留学生"中，有很多人在政界、经济界和文化界肩负起重要职责，包括创办新的大学。

早在1898年，中国便以东京帝国大学为榜样，在北京创立了第一所国立大学，其目的是向接受过人文教育的官员士大夫，传授更多有关现代世界的知识。尽管从1902年起，学校一直在招生，但是直到中华民国成立后，这所混合式机构才成为正规大学：北京大学，简称北大。直到今天，它仍然是全国顶尖的高等学府。[50]蔡元培（1868～1940）是促成这一转变的重要功臣，同时也是现代中国最具影响力的人物之一。这位"中国的洪堡"对传统文化与西方现代文明都同样熟悉。1917年在其担任校长期间，北大开始实行选科制，以才华和学识而非人情关系为标准选拔人才，建立起一流的教师队伍，并激励学生将有责任担当的科学精神作为个人的理想追求。北大成为享誉盛名的研究基地和最新学术理论的实验田，同时也是文化批判与政治激进主义的中心。1920年，北大招收了第一批女大学生。1922年，在中国国立大学的10535

名在校学生中，共有 405 名女生。[51]

1949 年之前，中国没有类似德国和法国的统一大学制度，而是一种与英语国家相似的混合型体制。除了国立综合性大学和工学院外，还有私立大学，如 1919 年创立、很快便享誉全国的天津南开大学，以及同年成立的燕京大学和协和医学院等教会大学。这些教会大学通常并不会给学生施加太大的宗教压力，而是更多顺应于整个国家的教育发展潮流。自 1909 年起，清政府用美国退还的用于指定用途的"庚子赔款"，逐步建立起一所资金雄厚、成就非凡的教育机构，并于 1928 年正式赋予其国立综合性大学的资格：这就是北京的清华大学，一所在自然科学与工程学领域享有特殊地位的高等学府。

1923 年，全国各所大学和学院中共有约 5600 名老师和 34900 名学生，[52]这些人共同构成了中国知识分子群体的核心。知识阶层人数虽少，却展现出令人惊叹的文化创造力：从 1815 年到 1949 年，全国出版的报纸和刊物共计 3707 种，其中大部分都是在辛亥革命之后出版的。[53]对史学家而言，这是一个规模浩大、源源不竭的历史资料宝库。在社会动荡变幻的年代里，知识分子这一新群体的经历也是复杂的： 87
在 19 世纪 70 年代出生的第一批教授当中，很多人参加过清末科举考试，在他们的学生眼中，这已经是老掉牙的事情了。北大的最早几届学生还能在相对安静的环境下，了解和认识西方文明的新世界。几年后，当五卅运动爆发时，学生们早已投身到轰轰烈烈的反帝国主义运动之中。又过了不到十年，他们再次走上街头，抗议国民党政府的镇压及其对日益嚣张的日本所采取的绥靖政策。

1937 年 7 月战争爆发后，中国知识分子又一次踏上了与世纪之交相仿的大规模迁徙之路。这次不是以海外为目标的东渡，而是西征：一部分人来到国民党统治下的"自由中国"；另一部分人前往共产党控制的地区，1937年在这里创办了今天位于北京的中国人民大学。1945 年后，知识分子走出战争避难所，加入了历史发展的大潮：许多人跟随共产党回到城市，积极投身于文化和教育建设，他们中的部分人在 1957 年"百家争鸣"运动中因质疑共产党对权力和言论的垄断而被噤声；一小拨人随蒋介石一起去了台湾，另有一些人则到美国去谋求发展。

尽管现代知识分子只是人数较少的一个群体，但是它的诞生却是一个改变中国的社会历史进程。这一进程最值得重视的特征之一，是"青年"概念的发明。菲利普·阿雷兹（Philippe Aries）等历史学家在论述欧洲时曾经指出，"童年"与"青年"并不是超越时间的固有语汇，它们作为描述人生特定阶段的概念，直到近代早期方才出现。中国的情况也是一样。在前现代时期，由于早婚，青春期与成年之间是没有界限的。年长者受到尊重，人生经验受到推崇。任何年龄段的人都有资格参加科举考试，两鬓斑白的老人，在经历数十载的寒窗苦读后，一样可以走进考场。在中国，教育是由长者监督、在家庭或家族的小环境里进行的。17、18 世纪英国和法国贵族子弟必修的"壮游"（grand tour，流行于欧洲的一种以长途旅行为形式的成年仪式，"壮游"一词出自杜甫《壮游诗》，译注）一课，在这里并不流行。在 19 世纪末 20 世纪初，这一切都发生了变化。一时间，外出求学变成了年轻人必须做的事情，不论是到城里的寄宿学校，还是到海外去留学。年轻男子从此摆脱了家庭的束缚，无须再接受传统的"驯养"式教育。他们可以与年龄相仿的"同辈群体"（Peer Group）共同生活，构建与前几代人迥然不同的人生梦想和对未来社会的憧憬。这些年龄从 16 岁到 30 岁不等的年轻人，通过学校、学生社团、政治团体、杂志刊物等各种前所未有的新型组织聚在一起，形成完全属于自己的生活圈。[54]20 世纪的政治激进主义便是在这个由年轻人组成的反传统文化圈子里出现的。一些年龄较大的长辈，如孙中山、蔡元培等，与这个圈子有着密切的来往。19 世纪时，中国改革的主要推动者都是德高望重的老一辈文人，康有为在他们当中尚属小字辈。但实际上，他在 1898 年"公车上书"时已经年过四旬。1915 年陈独秀在《新青年》创刊号中发出的"青年们，要肩负起（改革中国之）责任"的呼吁，[55]在当年是不可想象的。新一代青年人充满激情，满怀远大的抱负，但是随着局势的一天天恶化，再加上个人前途越来越缺乏保障，其内心的担忧和恐惧也随着时间不断增多。[56]共产党这一富有英雄主义色彩、立志为未来奋斗的团结组织，则为这些新青年提供了在乱世中可以依靠的支撑。

社会底层与地下帮派组织

89　　资产阶级与知识分子是社会地位相近但意识形态上时有冲突的两大群体，在大城市居民中，他们理所当然仅占少数。对于这两个阶层之外的庞大人群，我们迄今仍所知寥寥。即使是对"大众"怀有特殊感情的中国史学界，也更偏重于对工人阶级的组织史，而非社会史的研究。而对史料贫乏的"流氓无产者"的研究，更是很少得到重视。在厚达两千页的有关中华民国史的两卷本西方经典著作《剑桥中国史》中，在谈及城市底层人群时也只是一带而过。

　　对于中国劳工阶层的规模，我们只能靠猜测来估算。1933年，全国加工制造业的工人人数约为99万，矿工77万，铁路劳工29万，轮船和码头工人24万。[57]这些人加在一起，总数为230万，占当时全国总人口0.5%。从绝对数字来看，这一群体并非微不足道。其中从事采矿业（包括非机械化矿井）的人数，与 1905 年德意志帝国的矿工数量大致相当。但可以确定的是，除农业之外，传统的就业形式仍然占据着绝对优势。在水上运输中，在传统帆船上工作的船工数量，至少是轮船和机动船工人的 10 倍。手工业工人与制造业工人的比例也与此相仿。另外还有一个庞大群体是建筑工人。由于当时的建筑业尚未实现机械化，因此这些人实际并不能算是"现代"劳工群体的成员。同样难以归类的，还有商业和家庭服务业的数百万从业者。简言之，"现代无产阶级"仅占非农业就业人口的很小一部分。

可以想见的是，中国工人群体主要集中于工业密集的 **90** 少数地区：南满、上海、香港和广州地区、武汉，以及靠近港口和工业城市天津的关内最大煤矿——中英合作的开滦煤矿——所在的华北地区。各地区的无产者都具有不同的地域性特征。30 年代时，上海的工业和现代运输业工人数量约占总人口的 20%，而其他城市的人数则少得多。我们可以把这些人称为中国第一代工人阶级。与欧洲特点不同的是，中国劳工很少是从手工业招募的。一支重要的工人后备军，是数量庞大的前现代运输业的流动工人。成为挑夫、纤夫或人力车夫，与从稻田或家庭作坊到纱厂打工的工人一样，都是从平民到无产者的典型途径。

中国革命：1925年5月30日，上海

早期的中国无产阶级素质大多不高，这是由其性质决定的。慢慢随着时间的推移才逐渐形成了由专业工人构成的核心，并由此形成了企业内部的等级制。在通商口岸的日本工厂，工头通常是由日本人担任。来自农村的工人，总是和家乡有着切不断的联系，季节性工人往往只有在冬天农闲季节才会进城打工。因此，与其他社会阶层一样，同乡会和地区性"帮派"在工业领域的工作岗位上同样发挥着重要作用。由籍贯决定的身份等级，与职务的高低经常是重叠的。例如，上海产业工人中的"贵族"大多来自广州和苏南等传统手工业地区，他们承担着更重要的职务，可以晋升为技术员，赚取更多的薪水。而来自沪北落后农村地区的工人，只能从事那些既辛苦、报酬又低的工作。[58]这种情况不禁令人联想到19世纪在英国或德国工厂中打工的爱尔兰人或波兰人所遭受的族群歧视。但是，这种区域和族群的碎片化，并没有对上海工人阶级维护自身政治利益的能力产生不利影响，每个群体内部的高度团结更进一步提高了工人的整体组织能力和行动力。[59]

招募劳工的一个特殊方式是包工制。这种形式在上海和各地矿山尤为盛行，在极端情况下，甚至有可能导致奴役式关系。其运作形式是这样的：雇主委托包工头代其招工，后者如买办一样，本着间接负责的原则，承担对本地劳工的责任与保障。但实际上，这些包身工往往得不到任何保护，只能听任包工头的摆布。包工头的腰包里除了常规的中介费外，还有从劳工那里侵吞的部分工资。采用包工制的不仅是外国企业，还包括许多中国企业。由包工头的掠夺和欺凌所引发的工人示威活动，在当时屡见不鲜。在很多人看来，最令人仇恨的剥削者并非资本家本身，而是那些包工头。一些工厂主也赞成修改或废除包身工制度，但是直到 1945 年之后，其间经历了种种坎坷，这种半违法的利益勾结关系才终于被取缔。

劳工们的生活处境也是千差万别。[60] 一个识文断字的技术工人可以接父亲的班，在江南造船厂这样的老牌企业得到一份稳定的工作。他所处的世界，与一个按日计酬的纱厂清洁工终归是有差异的。如果把中国无产者看作一支由青壮年男子组成的整齐划一的队伍，是错误的。这种情况只有在轮船上，或在港口码头和煤矿里才有可能存在。而在最重要的工业行业——棉纱织造业，最初都是以男人和童工为主。雇用童工在当时并不是新鲜事，因为中国传统手工业就是以最大限度地剥削学徒为基础的。随着人们对待妇女外出做工问题态度的逐渐宽松，越来越多的未缠足女孩离开家门，进入劳务市场，女性占就业人口的比例不断提高。纱厂的工作虽然辛苦——一年 320 天，一天 12 小时——但令人趋之若鹜，因为对于那些来自上海郊区农村的女人们来说，她们在纱厂的工资比在传统家庭作坊里挣

92

到的钱至少多出一倍，况且那份活计同样也不轻松。[61]

自1905年美国加强赴美华工限制而引发大规模反美抵制运动之后，工人们开始频频参与各种示威活动。在这些活动中，有些并不单纯涉及工人自身的物质利益。因此我们不能说，是共产党成立后，共产主义组织才教会了工人罢工。但可以确定的是，在激进派学生干部的领导下，年轻的中国工人运动才变得更富成效。[62]这是对1922年至1927年几场大规模罢工的唯一合理解释。1927年，国民党在城市对共产党实行镇压，并成立了负责调解劳资纠纷的强制性权威机构和偏向资本家的"黄色"工会。在接下来的几年里，富有政治意识的工人们并没有因此沉默，相反，他们甚至在1928年至1931年又成功组织了多起大罢工。[63]此后，工人运动开始转向保守，再加上世界经济危机的打击和影响，工人们的抗争通常仅限于防御性的"工会"提案，其目的是为了避免自身处境的进一步恶化。这些抗争所取得的效果也是有限的。1934年，蒋介石甚至应英国人的要求，派遣军队进入开滦矿务局，以剿灭矿区工人运动的残余力量。

战争是老百姓生活最悲惨的时期，对中国工人来说也不例外。工作负荷增大，工伤事故频发，在矿山甚至达到了灾难性的程度。战争开始后，由于日军对城市周边实行扫荡，抢夺粮食以供自身之需，导致食品供应越来越紧

93

缺，生活开支成倍增长。大部分工人都生活在灭绝人性、无恶不作的日本侵略者的统治区，在这里，示威活动变得十分危险。日本人将任何发泄不满的举动都视为叛乱，并出动宪兵队实行镇压。[64] 尽管如此，工人运动至少在上海并没有彻底平息。从 1937 年 7 月战争爆发到 1941 年 12 月珍珠港事件后日军占领公共租界的几年里，共产党在上海这个相对自由的环境里，特别是在技术工人和职员中，借机发展自己的队伍，使因蒋介石镇压而受到的损失部分得到了恢复。1941 年后，上海党组织转入地下活动，并在日本投降后与中央成功取得了联系。

每一位来到上海或其他中国大城市的游客，都会对街头巷尾随处可见的苦力、短工、乞丐和流浪汉感到吃惊。这种景象与人们头脑中对工人阶级的印象大相径庭，因为按照 19 世纪欧洲社会发展的经验，工人阶级应当是一个拥有稳定社会地位的群体。这些"流民"或"逃荒者"——其称谓取决于观察者的立场——在马可·波罗笔下的杭州便已存在。1992 年中国放宽对人口自由流动的限制后，这些人挤满了大城市的火车站，他们是 8000 万"流动人口"中最显眼的排头兵。[65] 19 世纪中叶的大规模起义和内战以及许多地区生态环境的恶化，是导致"次无产阶级"队伍扩大的主要因素。暴力和饥饿，把弱者中的强者赶进了大城市，同时也使城市社会被农村的贫

94

困化所感染。[66] "游民" ——流动中的人口——虽然对和平时期的欧洲工业社会而言是一个陌生的概念，却是过去一个半世纪中国形象的一部分。

人力车夫是次无产阶级的标志性代表。[67]这种用于市内人员运输的两轮车是19世纪60年代由日本人发明的，于1873/74年被引入上海，1886年又被引进北京。人力车是一种介于轿子和出租车之间的运输工具，车费比两者都便宜。它很适合中国城市的狭窄巷弄，但要求有坚固的路面作为条件。从这一点来看，人力车可以说是科技现代化带来的一种现象。在上海，电车的引进使私人交通工具的需求大大降低，而北京则一直是人力车的天堂。20年代时，北京共有6万名人力车夫，再加上这些人的家属，在城市的一百万人口中占有相当可观的比例。人力车夫都是未经训练的劳工，只是凭借体力和身体的敏捷来挣钱。他们当中很少有人（最多不超过3%）能够实现有一辆属于自己的车子的梦想，因此只能依附于车主（或作为中介的不劳而获的包放人）。这些车主都有自己或大或小的车队，在上海还有政府发放的经营执照。上海公共租界五分之一的执照，都是为上海最大的人力车行一家所有。在这个纯供方市场上，人力车夫只能向车主租用车辆，并向其缴纳租金。在上海，8万名车夫为了能拉上2万辆有执照的人力车而彼此展开竞争。那些获胜的人接下来又为了争夺顾客而你拼我抢，到头来才发现，吃亏的还是自己。车夫的收入往往只够勉强糊口，如果生意稳定的话，他们可以过上和工厂里待遇最差的工人水平相当的生活。但两者的生活水准，通常都要高于城市周边的普通农民。拉车是一个人的营生，这是由人力车的性质决定的。在车夫之间，友情和残酷的竞争总是紧密相伴。人力车夫是一个活跃的群体，对他们来说，闹事和示威都是家常便饭。但另一方面，这些人又很难被组织起来。在日本、朝鲜或新加坡，人力车夫罢工曾是工人运动的开端。然而在中国，人力车夫却只是 20 年代大规模罢工和示威活动中一个不稳定的辅助性分支。

95

人力车作为交通工具尽管实用，并且在许多方面是难以替代的，但是随着时间推移，很多人却将它视为绊脚石，这些人当中有认为人力车有损城市形象的城市管理者，有为苦力的悲惨生活感到不公的基督教社会改良派，还有满腔愤怒的民族主义者，他们无法忍受这样的画面：一个个脑满肠肥、嘴里叼着雪茄的洋人悠闲地坐在车上，让骨瘦如柴的中国苦力拉着走。著名哲学家胡适（1891～1962）将人力车视为中国落后的象征，认为"东西洋文明的界限只是人力车文明与摩托车文明的界限"。在固有的就业结构和社会等级秩序中，人力车夫的地位是不确定的。从社会史角度看，这是个有趣的现象，同时它也是中国城市社会流动性的一个富有代表性的特征。对来自农村的贫困移民来说，拉人力车为他们提供了"翻身"的机会，接下来如果运气好的话，他们说不定会在工厂找到一份更好的工作。相反，那些从社会上层沦落到底层的人，也可以在这个行业找到自己的容身之地。这些人当中的一个重要群体是满人，在京城所有人力车夫中，满人的比例几乎达到了四成。1911年清朝灭亡后，满人也随之失去了原有的权力和地位，对很多人来说，这个介于传统行业与现代工业（北京在这方面本来也很落后）之间的灰色地带，几乎成为其就业的唯一可能性。但是，社会地位的沦落并不仅仅发生在满人或其他某个族群。就像今天开出租车的教授被视为事业失意的典型一样，当年，那些沦为人力车夫的工匠、教师或职员也被看作一种警示，它提醒着人们，在尚未形成固定等级秩序的中国城市社会里，每个人的生存随时都有可能陷入危机。

在这样的城市社会里，犯罪活动并不是在与外界隔绝的小圈子里进行的。在1949年后经历清教徒式大清洗之前，上海一直有着堕落和腐化的恶名，这名声并不是凭空而来的。其最臭名昭著的污点是卖淫。在二三十年代，上海从事卖淫活动的女性人数在5万到10万之间。作为对比，当时在纱厂干活的女工仅有8.4万。[68] 在各种享乐中，吸食鸦片和赌博算是危害最小的。而索取保护费、绑架、

96

杀人之类的事情，在这个城市也屡见不鲜。这些犯罪活动的一个共同点是，它们大部分是由固定的黑帮组织所操纵的。上海黑帮的活动并不局限于地下，很多时候，他们是公然在光天化日下行凶。其中最猖獗的是青帮。二三十年代时，上海的10万名黑帮分子中绝大多数都是青帮成员。他们是上海政治中重要的一派权势力量。

青帮是以经营大运河漕运的秘密帮会为前身，经过漫长的发展过程，在20世纪前20年间形成的。虽然有着传统的背景，但是从性质上讲，青帮可以说是一个现代组织，作为上海黑社会的核心，它是利用上海城市人口迅速膨胀之机发展壮大起来的。首先，随着轮船运输业的扩张，上海成为重要的粮食集散地。以漕运为业的帮会成员纷纷进城，先是在港口码头落脚，之后又以此为中心，做起了各式各样的买卖。其次，在1910年到1930年的短短20年里，由于方圆数百公里的居民大量涌入城市，上海的人口数量增长了三倍，给社会造成了极大的混乱。在这样的乱世中，人们只有依靠同乡会一类的组织，或与同乡会密切相关的地下非法组织的撑腰，才能在社会上找到立足之地。第三，随着1895年之后工业的蓬勃发展、对外贸易的持续扩张以及内地富人的迁入，上海发展成为一座富裕的大都市，劫富的欲望在一些人的内心几乎是自然而然地萌生出来。第四，上海的政治状况为古老的盗匪传统 97

在城市的繁衍创造了条件：各辖区之间的"三不管地带"，成为黑势力的活动区。当时，上海这座现代化大都市在政治上被划分为三个区域：华界、公共租界和法租界。三个辖区的警察各行其是，互不合作，因此从一个司法管辖区逃到另一个辖区，简单得如同儿戏。此外，黑帮头目们还可以借助法律为自己找到庇护。只要花点儿钱，就可以轻松地买到某个较小的"条约国"（Treaty Power）的国籍。其护照持有者就可以享受治外法权的保护，只有所属国的领事才拥有法律上的裁判权。著名的青帮头目杜月笙（1888～1951）就是因为拥有葡萄牙国籍，才能够一生逍遥法外。

黑帮组织不仅利用国家权力的衰弱和分裂，以及上海半殖民地式的法律地位所带来的便利，同时也想方设法对上海三个辖区的警察机构进行渗透。例如，上海公共租界任职多年的刑警队长同时也是垄断毒品交易的青帮某分会的头目。另外还有一种说法虽然无从证实，却并非不合情理：上海的外国当局对黑社会向警方渗透的行为采取默许的态度，因为只有与"暴力买办"相勾结，才能使社会秩序得到最基本的维护。[69]黑帮组织的影响力还远不止于此。这些不法分子也有其道貌岸然的一面。许多上海大资本家都与黑帮头目过往甚密，反过来也是一样：最爱在公开场合露面的青帮头子杜月笙除了从事违法活动之外，还在贸易、工业和银行业经营着各种合法生意。1932 年，他成功进入了上海市参议会，与许多德高望重的元老平起平坐。在法租界，他一直是除总领事之外最有权势的人物，直到 30 年代中期法国政府下达指示，严厉打击黑社会违法活动，杜月笙在租界的势力才被逐渐瓦解。这同时也证明了一点：铲除恶势力并不是 1949 年后在共产党的领导下才刚刚开始的。[70]

98

　　同一时期，在上海华界以及中国其他地区，官匪勾结乃至沆瀣一气的现象越来越严重。1927 年 4 月 12 日，国民党掉转枪口，瞄准了 4 年前与其结成"统一战线"的共产党。这场血腥镇压之所以能够成功，主要原因在于青帮对工人群体所实施的暴力大清洗。国民党作为代表社会中上层利益的政党，与工人阶层很少有联络。就在不久前，一位当年国民党方面的幕后组织者刚刚坦白，承认了国民党这个自视高贵的政党与黑帮势力结盟的行为。[71] 在后来的南京时期，青帮与威名赫赫的戴笠（1897～1946）领导的秘密警察展开密切合作，由前者负责监控为取代被镇压的"红色"工会而成立的"黄色"工会。1933 年，国民党以打击鸦片交易和禁毒为名（这种宣传在西方产生了良好的效果），成立鸦片专卖机构，但实际结果是把毒品变成了上层社会的生意。这项"改革"措施是"通过政府犯罪化，来达成犯罪官僚化之目的"。[72]"禁烟局"

作为全国政治和军事最高首脑蒋介石领导的军事委员会的下属机构，将收缴的大量鸦片交给杜月笙，由其提纯加工成海洛因。从中获得的利润，由杜月笙和蒋介石军队分成。[73]

用西方标准很难确切把握的中国黑帮组织还有另一副面孔，这就是爱国主义。杜月笙在人们眼中是一位积极的抗日分子。在战争期间，他通过捐款并以中国红十字会副会长的身份，为抵抗运动做出了贡献。当然，原因也有可能是，他对日本人的仇恨并不单纯是出于对国家的感情，而是为生意对手的强势所迫。从 30 年代初开始，日本人以东北地区和华北统治区作为根据地，将大量鸦片投向整个中国市场。这是一种有预谋的侵略战术。正如为驻守东北地区的日军编写的官方手册中所说："对大和民族这样的高贵人种而言，吸食毒品是有失体面的。只有像支那人、欧洲人和东印度人这样的劣等民族，才会迷恋毒品。因此他们注定要被我们奴役，并最终走向灭亡。"[74]日本军队是 20 世纪亚洲最大的毒贩。

20 世纪上半叶，中国大城市的面貌是充满矛盾的。一方面，中国城市——特别是开放的大城市，例如上海——逐渐向国际现代化大都市的形态靠拢，以城墙、城门、县衙、钟楼、寺庙和市场为标志的古老城镇风貌，与进步的现代化场景——火车站、工厂、旅馆、商店、大学、警察局、游乐场、路灯、电车、汽车等——相重叠。另一方面，这种外表的现代化并不意味着深层的西化，每一座城市的氛围在很多方面仍然具有明显的中国特色。概括地讲，我们可以将民国初年中国大城市的特征归纳为以下几点：

第一，这一时期发生的种种毁灭性灾难并没有对中国大城市造成严重的破坏。抛开辛亥革命的动荡、1925 年英国人在上海与广州挑起的冲突、外国军舰的零星轰炸——例如 1926 年英国炮轰造成至少 400 人死亡的万县惨案——以及 1927 年的反共大屠杀，广大中原地区的大城市在义和团起义到 1937 年 7 月中日战争爆发的数十年间，并没有遭受过战争、饥荒及各种灾难的极端破坏。唯一可以被称为例外的，是 1932 年初日本空军和海军对上海发动的大规模进攻，其目的是为侵占东北地区做掩护。对中国大城市来说，直到战争爆发，暴力的闸门才被真正打开。在日本军队的无数暴行中，最令人发指的莫过于"南京大屠杀"。这场屠杀从 1937 年 12 月 12 日开始，持续了整整 6 个星期。至少有 20 万平民和战俘被日军以惨绝人寰的方式杀害。

第二，在"推拉因素"（Push-Pull-Faktoren）的综合作用下，中国城市规模——仍然是以上海为代表——以超乎自然的速度飞速增长。自鸦片战争后，"蓝色"的海洋

100

中国革命：1925年5月30日，上海

中国在政治、经济、人口等领域的地位和重要性，逐渐超越了"黄色"的内陆中国。但是大约在世纪之交过后，沿海地区才出现了一些"脑水肿"式的超大城市，以往人们从未遇到过的农村与城市、沿海与内地之间的不平衡现象，在这里得到了充分的暴露。移民带来的快速增长使传统中国城市的一大特征得到了强化：中国城市一向都是移民城市。它们尚未形成可供外来移民融入的稳定阶级结构，因此，来自同一地区的同乡之间的情谊，便成为家庭之上唯一可靠的社会聚合力与坐标点。在社会各个阶层，我们都可以观察到这一点：无论是大学生，大多出身浙江的上海金融大亨，还是北京城里几乎清一色山东籍的淘粪工。由此来看，中国大城市不仅有横向的阶层划分，同时也在纵向上呈现出碎片化的特点。

101 　　第三，尽管有着上述特征，但是在中国社会里，超越阶级和地域界线的政治性联合仍然时有出现，这在五卅运动中便得到了清楚的反映。推动这种联合的动力主要来自大学生。他们虽然人数不多，但是在城市居民中发挥的作用就像是促使面团发酵的面肥。这些人大多出身上层，因此大体可被视为一个同质性的社会群体。由于受教育革命的影响，这群人对自身社会角色的认知仍然处在求索的状态。同时，他们也是唯一超越利益关系的意识形态代表。在他们当中，一些人早已认识到政治和社会革命的必要性。但是，所有人都有一个共同点，这就是 1919 年五四运动后伴随着民族觉醒而形成的民族主义。它的基本理念和情感也被传播给其他部分城市居民，特别是那些在与洋人打交道中积累了深刻经验的工人和商人群体。1937 年之前，民族主义是中国大城市居民中最重要的动员和凝聚力量。这种情况直到 1945 年才有所改变，当时，日本战争机器和欧洲帝国主义都已从中国的领土上消失，民族主义只能以最初并未表现出明显攻击性的美国作为直接对手。

我们必须看到，在中国城市里同时存在着两种现象：一是在不同城市环境下都可以观察到的生活方式的现代化，二是大规模人口聚集所导致的社会动荡不宁。由于缺乏强有力的国家权力，这些大量聚集的人群虽然形成了各式各样的微观机制，却未能通过某种大的宏观框架融合在一起。在这种形势下爆发的城市革命，与其说是无产阶级对不堪忍受的苦难所做出的回应，毋宁说是各种反叛力量汇聚在一起的结果。在这些人当中，有的是因为在社会上找不到安身之所，有的是为了改变自身的贫困处境，有的是出于爱国主义热情，是为了实现救国和民族复兴的政治愿景。

第三章
中国政治愿景与纲领

　　中国革命是以思想为开端的。文人是变革的原动力。是"文人"（Hommes de letters）发动并领导了世纪之交后的各种政治运动，是知识分子在寻找国家和文化危机的"症结"，并探索走出危机的路径。中国革命在很大程度上是一次有预谋的革命，只是没有人能预料，最终它将以怎样的形态呈现在世人面前。欧洲各国的革命通常是在事后，才由伟大的历史学家来探究其历史意义：英国是改革派政治家克拉伦登伯爵（Earl of Clarendon），法国是托克维尔、儒勒·米什莱（Jules Michelet）等，俄国是列夫·托洛茨基。中国却缺少如此重量级的历史编纂者，直到今天，中国革命史仍然停留于 30 年代的马克思主义官方范式。更值得注意的一点是，对中国变革的深刻反思是在革命进程中自然形成的。可以说，中国革命从一开始，便带有几分乌托邦的色彩。

　　尽管政治理念的意义是非凡的，但是我们并不能因此片面地将 20 世纪上半叶的中国历史，简单地诠释为一个思想架构被付诸实践的过程。革命的观念史总是与其所处阶段的政治史和社会史存在着某种形式的关联，这种关联不能被套入任何抽象的公式。特别是，如果单纯从理念的角度来诠释它，我们就无法解释，为什么在不同政治构想所带来的众多可能性当中，只有一种能够打败所有竞争者并最终转化为现实，这就是中国式的布尔什维主义。

在中国，就统治与治理的哲学道德基础及术谋问题著书立说，乃是一项伟大悠久的传统。所有相关的经典著作都是在中央集权式君主政体建立之前，即政治上四分五裂的"战国时期"产生的。从孔子、其后继者孟子和荀子到马基雅维利式法家学派的创始人韩非子，其生活和治学的年代都是在前 6 世纪到前 3 世纪的几百年间。此后在帝制中国出现的各种政治哲学，无一不是秉承和延续了先秦诸子的思想传统，无论其如何标新立异，也无外乎是顺应时势变化而为。

17～18 世纪，通过博学的天主教传教士，中国第一次接触到欧洲文化。但是这些接触并没有给中国带来持久影响，即使在自然科学和技术领域也不例外，更遑论哲学。直到鸦片战争后，与西方帝国主义的冲突才让中国清楚地认识到，传统的思维方法已不足以应对科技与工业时代的诸多挑战。但这绝不意味着，中国传统的道德与政治哲学——我们可以将其统称为"儒学"——在当时已经枯竭，而变得一无用处。今天，我们在很多地方都可以观察到不同形式的儒学复兴现象：[1]以哈佛大学教授杜维明和许多港台学者为代表的新儒学；亚洲政治家、新加坡前总理李光耀为抵御西方"堕落"而推行的政治儒学，我们亦可称之为"专制效率学"；以温良恭俭让等美德为核心的大众儒学，在毛泽东的集体主义时代结束后，这些传统重新得到了发扬。儒学在不同层面的回归是在现代世界的土壤上发生的，它以摧毁旧的世界秩序为前提，以经过修正的传统思想为依托，为寻找方向的现代人指点迷津。在儒学回归与看似一脉相承的皇权时代的旧儒学之间，隔断了整整一个世纪——一个与西方挑战相伴的世纪。

中国的学界和政界精英逐渐认识到，在与欧美的接触与冲突中，中国的政治理念受到了新的考验，这是以传统的价值观与思维模式无法应对的。在 19 世纪末之前，人们对在华洋人——商人、传教士和士兵——的行为进行观察，并从中得出结论。这些结论往往是负面的：西方无非是通商口岸的洋鬼子们玩的那一套把戏。在许多人看来，欧美人只是技术娴熟的工程师，在文化上是不成气候的。在1895 年对日战争失败冲击下，面对帝国主义列强的强大挑衅，这种认识才彻底发生了扭转。在世纪之交前后，一些西方思想学巨著被翻译引进到中国（在此之前，中国人熟悉的外国书籍只有《圣经》。1833 年至 1914 年，在中国印刷出版的《圣经》大约有 2000 万册）。[2] 这时，中国人才第一次看到了那些隐藏在通商口岸表象背后的事物，并对西方思想的深层结构有了初步了解。中国与西方文化的第二轮密切接触由此拉开了序幕。

哪些作品在什么时间被翻译成中文，是一项具有关键性意义的因素。个人喜好、出版商的策略以及留学地点、旅行、语言能力、与外国学者的私交等偶然因素，决定了翻译作品的选择。20 世纪初，日本成为重要的知识集散地。从 1896 年到 1912 年，从日语翻译成中文的书籍大约有 500 种，其中很多都是西方著作。[3] 经过语言的双重转换后，原文中许多细腻的表达难免会流失。特别是一些西方独有的词汇，比如说"革命"这样的概念，先是通过日文被过滤。人们曾经尝试通过音译的办法直接将西文翻译成中文，但这类尝试很少能够成功：如"科学"（sciense）曾被译为"赛因思"，但只流行了很短的时间。很快人们就采用了日文中由两个汉字组成的新词汇"科学"，[4] 它的日语发音为 kagaku，中文读作 kexue，其字面含义大致相当于德语中的"专业知识"。

日本著作通常是将西方与东方传统进行比较，并以这样的方式为中国认识西方提供启发。在直接从西文翻译成中文的作品中，影响最大的是那些能够以人们熟悉的语汇

105

将西方思想传递给读者的作品。严复的译作堪称这类作品的开山之作。严复（1853～1921）曾在英国格林尼治皇家海军学院修习造船术，他的译文是以精湛的文言文写就，并附以详尽的注释和批判性评述。1897～1898年，严复翻译出版了达尔文信徒托马斯·亨利·赫胥黎（Thomas Henry Huxley）的《天演论》（*Evolution and Ethics*），这是"自耶稣会教士以来，将西方当代思想及其深刻的严肃性介绍给读者的第一次严肃尝试"。[5]很快，严复又以其勤奋而出色的译笔将一部又一部著作介绍到中国：亚当·斯密的《国富论》（*Wealth of Nations*，1901/02年），约翰·斯图尔特·穆勒的《群己权界论》（*On Liberty*，1903年），赫伯特·斯宾塞的《群学肄言》（*A Study of Sociology*，1903年），孟德斯鸠的《法意》（*De l'esprit des lois*，1904－1909年），穆勒的《穆勒名学》（*System of Logic*，1905年）。正是在严复这些具有划时代意义并受到广泛重视的译作问世后，非宗教性的西方思想才真正被中国人"接受"。

严复的特别之处还在于，他并不把自己看作文化传播的中性媒介，而是尝试通过翻译和评述，构建中国的智性政治。在他看来，以进化论为代表的当代西方思潮，特别是作为其极端变种的社会达尔文主义，对中国具有极其重要的意义。人们甚至可以发现，它的某些思想与中国传统哲学是相通的。在将欧洲自由主义经典著作介绍给中国读

106

者时，这位才华超群的翻译家利用对语言分寸的把握，在译文中着重强调个体行为与社会需求之间的进化式和谐，而非个人的自由与权利。例如在翻译亚当·斯密的著作时，他所感兴趣的是维护秩序的"看不见的手"，而不是人类追求利润的自私本性。从严复这位卓越的文化使者的例子可以看出，中国对西方的借鉴不仅是有选择性的，即选择特定的作者、观点与理论（并同时忽略其他），而且是富于创造性的，因为中国对西方文化的借鉴，总是与当时中国政治和文化所面临的问题息息相关，对西方的纯粹模仿只是个别现象。

中国对西方政治思潮的认识也无一不是透过文化的折射。因此，若要把西方熟悉的各种"主义"——自由主义、保守主义、社会主义等——原封不动地照搬到中国，必然会遇到问题。中国现代政治理念在 1898 年到 1927 年的黄金时代里，即从第一次立宪维新运动到国共内战爆发，一直呈现出极端多样化的特点，我们绝不能贸然以欧洲的"左""右"划分来对其加以归纳。此外，欧洲的政治谱系是后革命的，它从格拉克斯·贝巴夫（Gracchus Babeuf）之后力主以政治革命推动社会革命的一派，一直延伸到试图以新的合法性程序来装点旧秩序残余的另一派。而中国则依然处于前革命阶段，其政治行动空间是由它在国际体系中受制约的地位决定的。在这里，不同派别 107

的划分标准与 1789 年之后的欧洲是有所不同的。这些标准包括对本国文化传统的态度、对未来民族国家的构想、知识先锋的政治角色，等等。各种标准之间没有清晰的界限，因此我们很难按照倾向和党派，勾勒出一幅 20 世纪头 30 年的中国政治版图。多元化身份、立场的摇摆和信仰的转变并不是个别现象，而更多是一种常态。无政府主义者变成马克思主义者，激进改革派成为旧制度捍卫者，文化保守派成为政治进步的倡导者。因此，我们无法为众多在出版物中出现的大量政治理念，整理出一份百科全书式的完整清单。同时，如果抛开历史的实际进程，而仅仅列举少数几位"伟大思想家"作为例子，也是无益的。更何况那些有着深刻思想的人，未必是在现实中最有影响力的人。例如康有为这位信奉儒学的维新派元老和乌托邦式的理想主义者，在政治上所发挥的作用并不大。相反，毛泽东尽管写下了无数指点江山的文字，但称不上一位拥有独立思想的哲学家，然而他却在中国历史上留下了自己深刻的印记。

启　蒙[6]

在短短 30 年里，中国政治理念便（经历并）完成了一场从绝对君主制思想到社会主义实践的运动，这是欧洲花费了几倍的时间才做到的。中国的思想发展史宛如透过望远镜观察到的缩影，欧洲思想史上以阶段形式相继发生的事情，在中国却在同一刻涌现。全然迥异的关于政治秩序模式的构想，也在同一时间出炉。这些构想的唯一共同点是，它们都将"民族救亡"（"救国"）视为己任。但是在何谓中华民族、其危机根源以及如何拯救等问题上，各派之间则存在着激烈的分歧。另一个几乎同样重要的共识是"启蒙"，即在倡导个性解放的旗帜下，对传统进行彻底的批判性重估。中国启蒙的代表人物是在中日战争后民族濒临危机的背景下发起这场运动的。他们将传统文化沉疴视为国家衰落的根源，并深信唯有通过文化上的净化与革新，才能为民族复兴之大业增砖添瓦。然而"启蒙"与"救国"之间的关系，未必总是和谐一致的。在一些人看来，拯救民族危亡的关键所在，并非是个体主观能动性的发挥，而是强大集体中的纪律与服从。在 20 年代后期，后一种观点最终占据了上风。随着由权威人物领导、以民族主义作为基本纲领的政党——一边是共产党，另一边是国民党——对精神生活的整肃，启蒙的萌芽在民族救亡的口号下被扼杀。[7]直到 80 年代，中国启蒙运动才重新复苏。中国在国际上的自信力越强，就越难再像以往一样以共同抵御外敌为由呼吁全民族团结，同舟共济之动力也已由民族主义转向国际市场竞争中的"现代化"。

108

中国革命：1925年5月30日，上海

"中国的启蒙"作为一种历史现象，我们又该如何理解和认识它呢？随着时间推移，在儒学体系内部也不断涌现出自我批判与打破意识形态禁锢的潮流，其方式是通过理论考证以及实践基础上的论证。由此可见，儒学并不是一个自我封闭的思想体系，而是有其内在的更新机制和一定程度的自我启蒙能力。19 世纪 90 年代由康有为提出的变法维新思想，便是一个有充分说明力的例子。但是，正如一些新儒学代表所言，康有为的维新思想仅仅是将矛头指向中国危机的表象而非根源。自 1915 年起，在《青年杂志》（次年更名为《新青年》）上出现了更激进的声音。杂志创办人陈独秀（1879～1942）对时代的急剧变迁拥有切身的体会。他曾于 1896/97 年参加科举考试，之后在日本留学多年，并与当地的中国流亡革命者有所接触。辛亥革命期间，他曾一度任职安徽公学教务长。1917 年，陈独秀受蔡元培之邀，出任北大文科学长和教授。当时，新文化运动代表人物在各种刊物上撰文宣传其思想与主张，这些刊物中最重要的便是《新青年》。1919 年，以新文化运动为源头，爆发了一场政治性运动，即五四运动。这场运动是由巴黎和会上中方要求被拒引发的。1919 年 6 月和 7 月，示威游行的大学生将新文化运动的主张带上了街头。因此，人们往往将新文化运动和 1919 年的抗议活动统称为"五四运动"。

1918 年，主编学生刊物《新潮》的学生们以重要代言人的身份，加入了以《新青年》为核心的团体。这个团体是一个知识分子的松散联盟，其成员从未在观点上达成一致，并在几年后最终分道扬镳。但这些人有一点是相同的，那就是，他们并非将中国的危机归咎于外来侵略者，无论是清廷"异族统治"还是帝国主义，而是将中国自身"封建"传统的束缚视为危机的根源。这些传统中危害最严重的，是以"三纲五常"为核心的封建礼教。从非外因决定论这一点看，中国的"启蒙"与欧洲的启蒙颇有异曲同工之处，其目的同样是"人类摆脱自我招致的不成熟"（伊曼努尔·康德语）。但是，如果说 18 世纪欧洲启蒙反抗的是教会正统神学对人性的束缚，那么可以说，20 世纪初中国启蒙运动所面对的是一个更强大、更顽固的敌人，即千百年来根深蒂固的忠孝观念。[8]因此，中国启蒙的任务不仅是改革社会体制，同时也要改变人的行为方式。要创造其理想中的"新人类"，既要尽可能通过理性和教育上的努力，但也有可能是通过极权主义国家运动的暴力方式来实现。看到由激进传统批判衍生出的这般结果，20 世纪的启蒙者们恐怕也会感到心惊。

中国启蒙者特别强调，应当由青年人肩负起国家变革的责任，而这些启蒙者本身也大多是生于 19 世纪末的年轻人。他们以口诛笔伐的形式，对恪守礼教的奴役思想、极权的政治体制、父权式家庭观念、对妇女的歧视和压迫以及虚伪的贞操观展开猛烈的抨击。他们利用高超的文学造诣，身体力行地发起了白话文运动，倡导用通俗的口语替代佶屈聱牙、需经年累月苦读方能掌握的文言文。这场语言与文学改革是"五四运动"的最显著成就，同时也是一场空前绝后、在没有任何政治支持的情况下单靠公众力量完成的大变革。

中国启蒙运动与欧洲一样，也是崇尚科学的。它提倡通过对事实不含偏见的观察与分析来认识自然和社会，并将由此获得的知识应用于实践。在引进西方科学和哲学思想的问题上，不应有任何障碍和疑义。于是，在教会大学和归国留学生的帮助下，启蒙运动的领导者开始大力推动科学知识的传介工作。其中最值得一提的，是1914年由华人留学生在美国康奈尔大学创办、1918年迁回国内的"中国科学社"。[9]很快，中国科学家便在地质学等一些学科赢得了国际性声望。由梁启超在世纪初开创的新史学——注重史料批判、借助西方新的研究方法与表述模式进行的史学研究——在经过启蒙的哲学论证后，也获得了更大的影响力。围绕着新史学，诞生了中国的实证社会科学，它在迅速发展的同时，逐渐摆脱了与基督教教育体系的关联。[10]中国启蒙运动的先驱们比以往任何一代知识分子都更加大胆地吸收和借鉴各领域的外国经验。然而由于其涉及的大多是当代的知识和思想观念，因此，中国启蒙在内容上绝非一百多年前欧洲启蒙运动的翻版。中国启蒙者欣赏罗素胜于洛克，喜欢托尔斯泰超过卢梭。但是，与 19 世纪欧洲启蒙者一样，他们的视野也是世界主义的。他们在全球寻找富于启迪的思想和理念，并拒绝将中国文化视为"本质"上比西方更尊贵的文化。

　　但是，世界主义的立场同时也成为启蒙者遭受攻击的把柄。人们指责他们缺乏爱国主义情怀，在一切以"民族救亡"为重的大环境下，这样的指控是可怕的。从民众对五卅运动的情绪化反应，就可以感受到这种气氛。中国的启蒙陷入了两难困境而无力自拔：一边是倡导哲学与科学的西化，另一边是对中国半殖民地屈辱地位的批判，在后一点上，他们的立场与民众是一致的。中国启蒙在政治倾向上的脆弱与不确定性由此得到了暴露。至少从这一点来看，要想对"中国启蒙"做出一概而论的评价是行不通的。如果说新文化运动的代表人物在文化核心问题上的看法是一致的，那么在对中国未来政治秩序的设想上，他们很早便走上了不同的道路。陈独秀于 1921 年成为中国共产党的创立者之一，而早年的无政府主义者吴稚晖（1865～1953）和伟大的教育改革家与科学组织者蔡元培则加入了国民党的反共阵营。

112

中国革命：1925年5月30日，上海

　　中国启蒙运动中最明确的政治纲领，是由少数主张建立自由民主制度的知识分子提出的。其重要代表人物是博学多才的胡适（1891～1962）。他在留学美国七年后于1917年回到国内，在北大哲学系任教。之后20年，他成为中国最富创造力的知识分子之一。他是众多学术领域的开创者，尤其在语言和文字改革方面，更是一位名副其实的先驱。胡适在哥伦比亚大学留学期间曾师从实用主义哲学流派创始人之一约翰·杜威（John Dewey，1859～1952），并由其担任博士导师。1919年5月至1921年7月，这位著名哲学家和教育家应胡适之邀来华讲学，在学术界引起了极大的反响。杜威在13个省的78所讲堂发表演说，他在北京的几场演讲被结集出版，印数超过了10万册。[11]杜威教导人们，要对所有封闭的世界观提出质疑。无论是理论还是现实中的问题，都不存在完美的终极答案。人们只能在既有的特定条件下，努力去寻找相对好的解决办法。这种不受意识形态约束的"试错法"同样也适应于政治。胡适对上述被其导师杜威称为"自由主义"的政治立场十分认同，认为"实验主义的方法是建立在对社会趋向与现实状况的理性认识之上"。[12]

　　与同时代的许多知识分子一样，胡适的愿望是把中华帝国变成一个西方模式的现代工业国家。在他看来，要达到这一目的，唯有彻底肃清儒家思想和行为的余毒，并尽

113

最大可能实现中华文明的全盘西化。[13]胡适认为，以美国为榜样在中国逐步建立自由民主制度是可行的，因为他与杜威以及 18 世纪欧洲启蒙思想家一样坚信，理性思维的适用性与可行性是不受文化环境制约的。依照实用与自由等普适性原则来建立国家政体，是解决中国问题的出路所在。然而，在原则上同样赞成自由主义的另一些人那里，胡适却备受指摘。这些人攻击他的理由包括：对许多问题表述的不确定性，对"现实状况"（这恰恰是杜威的实用主义所强调的）的忽视，对制度性问题的兴趣欠缺，对日常政治的疏远与精英式立场，在充满血腥的残酷现实面前所表现出的幼稚等。以胡适等人为代表的学院派自由主义是哲学思辨式的，而并未落实为具体可行的纲领或宪政构想。[14]事实上，从 1917 年到 1929 年，这种观点的确没有任何机会，能够成为在中国起决定性作用的一派力量。更何况在这一时期，民主在全球范围内都已陷入守势。胡适的意义更多在于其反对派姿态，在于以倡导个人自由的名义——不论是作为独立学者，还是以小型社团的形式——对国共两党的垄断野心所发出的质疑。

另外还有些政治理论家则比胡适更进一步，他们除了强调自由民主程序的重要性之外，更强调应以法律手段来保障个体在国家面前的自由。曾在伦敦经济学院受教于哈罗德·拉斯基（Harold Laski）的政治学家与出版家罗隆

114

基（1896～1965）并不像胡适一样刻意与日常政治保持距离，而是以不畏风险的态度积极投身其中。他对那些中国式"民主"辩护者的观点提出反驳：后者认为，个人自由唯有在国家法律允许的前提下才能受到保护，因而也可以轻易被收回。在1929年围绕《新月》杂志展开的一场人权运动中，罗隆基及其同僚提出了个人基本权利——包括思想、言论和新闻自由权等——先于国家且不容剥夺的原则，以此来驳斥法律之外无自由之说。罗将区别"人权"与"民权"问题引入了国内的论争，这种提法的影响是爆炸性的，它确定了不可侵犯的自由权利之存在，这些权利不能被任何有益于集体或革命的机会主义标准所左右。罗隆基的观点显然是在与1924年国民党第一次全国代表大会宣言中提出的"必不轻授此权（即民权）于反对民国之人"唱反调。[15] 由于"民国"很快就和"一党专政"画上了等号，所以凡是被党——国民党或共产党——贴上反对派标签的人，都将被剥夺受法律保护的权利。[16]

从我们今天所处的20世纪90年代的视角来看，这些既反对左翼专制也反对右翼专制的反抗者的意义在于，其存在本身便驳斥了这样的说法：自由与民主观念对中国政治文化而言是陌生的，它是源自西方帝国主义文化的非自然舶来品。事实显然并非如此。

民族主义

与信奉世界主义的中国启蒙有着密切关联的五四运动，同样将"民族救亡与独立"作为首要目标。[17]所有对政治思维与政治文化的全盘西化的追求，都必然会遭遇民族主义这道门槛。甚至可以说，民族主义是 20 世纪上半叶中国各种政治思潮在意识形态上的唯一共识。最初，民族主义只是少数身为意见领袖的精英人物的创造物，而非广大民众苦难经验的理论性表述。[18]中国的民族主义并不是一个由教条堆砌而成的封闭体系，也没有一篇类似于费希特《告德意志国民书》（*Reden an die deutsche Nation*）式的堪称中国民族主义宣言的文字。为了方便研究，我们姑且可以把中国的民族主义划分为四种类型，各类型之间有着错综复杂的关联。

一、反帝民族主义。它始于 1874 年上海法租界爆发的第一场由政治原因引发的抵制运动，之后作为中国在对法和对日战争中失败的直接反应而进一步强化。从历史发展的角度看，它远远超越了以单纯的排外情绪为主导的阶段。从义和团起义到 1945 年日本战败，中国的反帝民族主义是最易转化为政治行动（如 1925 年的五卅运动），并且最易借助纲领或宣传性手段加以传播的民族主义形式。从这一点来看，中华民族的轮廓正是在与日本和欧洲列强的对抗中变得清晰起来的。梁启超等思想家将反抗帝国主义视为民族建构的建设性基础，在他们看来，鉴于来自外部的严重威胁，在中国实行原则上值得欢迎的民主化暂时是行不通的。因为唯有强大的专制体系才有能力维护国内安定，提高国家的对外防御能力。[19] 早在 1902 年，梁启超便提出了关于帝国主义经济扩张之客观必然性的理论，他的某些思考与同年出版的约翰·霍布森（John A. Hobson）经典著作《帝国主义研究》（*Imperialism：A Study*）中的观点不谋而合。在这一问题上，他与孙中山及其追随者的看法是相左的：后者在当时将帝国主义诠释为一种政治现象，甚至不排除向列强做出妥协并与之展开经济合作的可能性。随着五四运动的爆发以及列宁的帝国主义理论（在很大程度上是受霍布森的启发）被越来越多的人所接受，从经济视角看待帝国主义的观点重新在中国占据了上风。在为数众多的文章和著作中，人们根据列宁的理论，对中国受制于世界经济所导致的后果加以分析，反抗帝国主义的斗争也由此被诠释为与所有压迫中国、希望其永远停留于贫穷落后状态的势力的较量。这不仅是中华民族自身的问题，正如列宁的帝国主义论强调的，全球扩张是资本主义在帝国主义阶段所具有的本质性特征。因此，与帝国主义的斗争不仅有利于促进中国的民

116

族利益，同时还将为中国与全世界无产者的联合创造条件。至少从这一点来看，民族主义与世界主义在理论上是相通的。

二、政治民族主义。它是对下述两方面问题的一种回应：在农业帝国衰落后，该如何通过制度化形式将中华民族这个如散沙般的共同体凝聚在一起？该以怎样的民族认同符号，来取代至尊皇权这一权力象征？所有问题的关键在于中央政权。[20]中国政治民族主义追求的目标，与世界其他地区在建设民族国家时所面对的任务是相同的：首先是设立现代化的中央政治机构，建立中央与省、地、县各级政府组织的配合运作机制，换言之，即完成政治体制的横向与纵向整合。其次是树立全民族的国家公民意识，也就是说，要在民众当中普及这样一种认知：每个人在政治上首先要效忠于自己所属的民族国家，而不再是效忠于某个王朝或皇帝个人。明治维新时代的日本是这一类民族主义思想的完美典范。梁启超根据 1898 年至 1912 年流亡日本时的切身经验，提出了所谓"新民说"。[21]其理想中的"中国之新民"应当让个人利益服从于国家利益，并以强烈的责任感，积极主动地为全民族的整体利益而献身。这种思想与从马基雅维利到卢梭的欧洲共和主义思想是一脉相承的。尽管同样强调公民道德，但是自梁启超以来的政治民族主义与瑞士或北美模式的"公民自主联合"思想

117

却是有所区别的。它是一种国家利益至上的民族主义：国家利益高于一切，国家是民族的化身，每个公民都必须为它服务。20世纪上半叶，尽管民族主义力量付出了积极的努力，但中国没有因此而出现一个实力强大的中央政权。因此，中国的政治民族主义始终停留于乌托邦的状态。消除国家分裂、实现国内的和平安定，不过是一种构想中的有可能实现的愿景而已。

三、种族民族主义。皇权统治下的中华农业帝国是一个多民族国家。只要承认皇帝的统治权并认同中国文化的正统地位，都可被视为国家的一分子。非汉族居民大多是以部族的形式散居于边疆地区，特别是南疆。在清朝，中国的权力精英是一个由满人（包括其身边的蒙古随从）和汉族官吏组成的混合体。满人始终是在被汉族同化与维护自身民族认同之间摇摆，从长远看，同化的趋势显然更强大。到19世纪时，大多数满族人已经不会讲满语。反过来看，从17世纪末到19世纪中叶，汉人因效忠明朝而发起的反抗清廷的行动，也没有被定义为汉族反抗"异族统治"的斗争。

直到太平天国期间，才真正出现了受种族因素驱使的针对满族人的大屠杀。在欧洲种族思想以及"华夷之辨"古老传统的影响下，中国早期革命者于世纪之交第一次提出了汉族臣民与异族统治者之间的民族矛盾之说。以文人

118

和激进政治家章炳麟（1869～1936）为代表，孙中山早期革命运动中的民族主义是一种以种族划分为基础的反清主义，清朝鞑虏而非帝国主义者才是中国人民最仇恨、必须以革命来驱逐的敌人。[22]

在19世纪末，以种族为定义的"民族"概念在世界各地广泛传播，因此，中国在这方面既非特例，亦非先驱。大约在1903年之后，中国开始出现了将中华民族定义为纯汉人族群的尝试。中文的"民族"一词依照其含义，既可以翻译成"民族"，也可以翻译为"种族"，它是由两个字构成的：一个是人民的"民"，另一个是生物学同源的"族"。[23]这样的民族定义与"国家"这一政治概念间的区别是一目了然的。在推翻清朝统治，成立中华民国后，革命者的注意力转移到边疆少数民族的划分和政治待遇的问题。1912年，孙中山在少数民族问题上由原先的排他性种族民族主义，转变为包容性政治民主主义，这是他早期的对手、以梁启超为代表的维新派所主张的立场。按照孙中山提出的新理论，中华民族是由汉、满、蒙、回、藏五族构成，这些民族应当和平共处并团结起来，共同反抗帝国主义。1925年孙中山去世后，国民党倾向于将"五族"看作"古老中华民族"的成员，并主张通过汉族的同化，消除其他四个少数民族在文化上的特殊性。中华民国拥有对原清帝国疆域内所有民族的统治

119 权，这一点是不容任何质疑的。共产党对此也持同样看法。很快，国民党便放弃了最初的联邦制构想，将建立"统一多民族国家"，即其所说的"自由平等的中华民族大家庭"，作为政治目标。1954年，这一条被正式写入了中华人民共和国宪法。[24] 种族意义上的民族主义作为一种有影响力的政治潮流（而非种族偏见），在中国始终只是幕间的插曲。假如这种思想成为主流，其最终导致的结果将是任何一方政治势力都不希望看到的：仅仅以汉族聚居的中原省份所构成的"小中华"。

　　四、文化民族主义。其所指并不只是赫尔德主张的将民族视为文化表达形式统一体的思想，也包含了另一种狭隘意义的文化民族主义，即认为自身所属文化在由众多文明构成的多元世界中拥有无可比拟之优越性的观点。即使在进入20世纪之后，中国仍然有一些人近乎幼稚地抱守着"中国中心主义"的古老思想，这种思想源于中华帝国（并非毫无根据地）以世界文明中心与远近"蛮夷"朝贡纳献的宗主国而自居的年代。面对来自外部的威胁，人们有意识地提出了中华文明"精髓"的概念，作为对民族特性与未来问题的解答。狭隘意义上的文化民族主义由此逐渐转变为现代意义上的文化民族主义。按照西方人熟悉的概念，我们可以将中华文明"精髓说"称作一种前现代"文化主义"。中华文明圈所有成员（不仅是汉

族）严格信守的传统礼仪与皇权的神圣光环，都为这种
说法提供了支撑。1911 年帝制结束以及五四时期的激进
反传统主义思潮兴起后，人们必须以新的理论来代替旧的
符号象征与文化自明性。自 20 年代之后，中国文化民族
主义的基本信念就是：唯有激发中国传统文化所特有的活
力，才能实现民族强盛，并在国际生存竞争中立于不败之
地。但是，与信奉世界主义的反传统启蒙思想明显背道而
驰的文化保守主义立场，却未必与政治上的保守主义有着
必然关联。即使一个人以中国古代的等贵贱、均贫富思想
作为倡导现代社会主义的依据，他也仍然脱不开文化民族
主义这个大的语境。从"国粹"到"国民性"的种种说
法，其立足点都无外乎此。无论各方的观点有多大差异，
在下述问题上，大家的看法是一致的：中华民族拥有独特
超群的历史经验，其在伦理和道德方面的优越性是精神上
落后的西方远远无法企及的。[25]

120

相较于政治民族主义与反帝民族主义，文化民族主义
更趋向于以"想象的共同体"（imagined community）来达
到民族同质化的目的。以此为视角的史学研究——以保守
派史学大师钱穆于 1940 年出版的《国史大纲》为代
表——并非将社会冲突作为重点，而是强调道德观念
（即钱穆所说的公德意识）在不同历史阶段的渐进式发
展。[26] 从这一角度看，中国历史的精神与形式是独一无二

的, 其思想内涵是无法通过西方的普遍历史模式与架构做出透彻解释的。即使对中国共产党来说, 这种文化民族主义的倾向无论是过去还是现在都同样并不陌生, 尽管阶级斗争使其一度被冲淡。面对尊重人权这类以普适性价值为基础的要求, 中共往往是以强调历史文化特殊性的"本土主义"话语予以反驳。另外值得一提的是, 在民国时期还出现了一些借用西方理论来论证中国国情特殊性的悖论式做法。张君劢(1887~1969)便是一个例子。他以留学柏林期间, 特别是在耶拿从鲁道夫·奥肯(Rudolf Eucken)那里所接触到的德国哲学思潮, 作为其观点的论据。这一派德国哲学家是以"德意志本质"(deutsches Wesen)的优越"内在性"(Innerlichkeit)来反对所谓的西欧文化霸权。[27]张君劢这位深受"1914年理念"(Die Ideen von 1914, 德国知识阶层于一战爆发之际提出的理念, 以"责任、秩序、公正"来对应法国"自由、平等、博爱"的所谓"1789年理念"。——译者注)影响的保守文化民族主义者, 同时也是在中国引进议会制与多元政治的积极倡导者。中国过渡时期政治与文化立场的复杂性与矛盾性, 由此亦略见一斑。[28]

从政治理念的角度看, 各种形式的文化民族主义是胡适等人所倡导的世界主义启蒙的真正对手。[29]它通常——但并非绝对——是与其他类型的民族主义同时出现。所有

"中国化"（Sinisierung）现象，即将国外引进的思想转化为与中国文化特殊性相关的语言，都是建立于文化民族主义的基础之上。即使在帝国主义威胁结束，政治民族主义的某些目标已经实现之后，文化民族主义仍然称得上中国民族主义当中影响最广泛的形式，并构成了中国人自我认同的核心。

三民主义

对于孙中山政治思想的地位和作用问题，人们一向不乏争议。在中国大陆和台湾，孙中山都被尊为爱国主义领袖和理论家并享有崇高的威望，然而在西方的中国史研究中，他却通常被定性为一个失败的政治家和浅薄的思想家。尤其重要的是，作为一位受西方教育的医学博士，他的中国传统文化根基相对较浅；此外，对实用主义和机会主义的推崇，也使其不必像许多学贯中西的同时代知识分子一样，在传统和现代的冲突下苦苦纠结。但同时，他也因此而失去了许多汉学家的尊敬。另外，西方一些人将他吹捧为第三世界伟大思想家的夸张做法，对提高他的声望也有害无益。作为一位政治理论家，孙中山实际上是充满 122 矛盾且缺乏原创性的。许多被冠以其名的思想其实是出自他身边的一些年轻同人（宋教仁、朱执信、章炳麟、汪精卫、胡汉民等），这些人自 1905 年同盟会和《民报》在东京创立后，便始终追随其左右。[30]但尽管如此，在孙中山身上有一点却是不容低估的，这就是他的整合归纳能力，是他透过异彩纷呈的思潮、寻找与时代相适宜的中国现代化路径的折中主义尝试。在他所提出的不同版本的中国现代化方案中，最后一种是他在晚年仓促写就的"十六讲"：1924 年 1 月至 8 月，他在广州发表了 16 次演说，并于同年以"三民主义"为题将这些讲稿付梓出版。这是他为自己的政党留下的一份遗嘱。这篇内容广博的"遗教"很快便成为国民党的最高政治纲领，直到今天在台湾仍被国民党奉为圭臬。[31]

孙中山对中国民族主义纲领性发展的重要性在于，他在中国内外交困的危急时刻，以其独到的方式将不同的思想流派聚合在一起。首先，他将中华民族定义为一个以多民族联合为形式（国家）的人类群体（民族）。对于生活在东南亚偏远地区、一生大部分时间都在帝国疆土以外的华人圈度过的移民后裔而言，这样的民族定义可谓深得人心。因为唯有这样，这些海外游子才能在异乡保持其与故乡间的联系。孙中山觉察到，民族与国家之间的纽带正在逐渐松动，数百年来，中国人的爱国意识越来越淡漠，从而变成了"一盘散沙"。[32]在他看来，中华民族的复兴不能自上而下，通过强制的手段来实现，而只有自下而上，从家庭这一社会基本细胞着手。为此，必须弘扬中华民族的文化遗产，即以儒家道德观为代表的"民族文化精髓"。 123 西方文明当然不能完全被摒弃，特别是西方的先进科技，更是值得引进和借鉴的。在这一问题上，1924年的孙中山与19世纪末以来的保守改良派的基本主张是一致的，即"中学为体，西学为用"。[33]在传统批判之风盛行的年代里，他明确地采取了与反传统激进派相对立的立场。然而当他以激昂的语调痛斥帝国主义时，却又完全融入革命的时代精神之中。他警告同胞们，自世界大战以来，西方列强已不再谋求以殖民手段瓜分中国，而是采取经济侵略这一更危险的方法。孙中山的反帝国主义态度尽管在宣传上取得了良好的效果，但并不彻底：自1915年以来对中国构成最严重威胁的日本，不仅没有被列入敌人之列，甚至还被视为建立泛亚联盟共同抗击白种人的未来伙伴。

三民主义的第二条是"民权主义"。由于找不到更合适的词汇，人们通常将其译为"民主主义"。这样的译法很容易造成误解，因为这会让人误以为，孙中山的主张与倡导自由民主思想的胡适或罗隆基是相似的，这完全是大错特错。对适于中国的国家治理形式的讨论，孙中山的贡献在于他所提出的中国化的自由宪政国家模式。从普遍意义上讲，可以说，他为毛泽东后来的中国式马列主义开了先河。孙中山的出发点并不是公民及其权利，而是国家。

他的民主观念与世纪之交的改良派一样，也是将国家利益置于首位。尽管他同时也强调人民做主的原则以及由此带来的历史进步，但是在他看来，在当前和未来短时间之内，个人自由必须服从于国家的自由。"个人不可太过自由，国家要得完全自由。到了国家能够行动自由，中国便是强盛的国家。要这样做去，便要大家牺牲自由。"[34]国家的民主化应当暂时被置于反帝国主义斗争之下。孙中山对地方自治，特别是1920年前后人们热议的"联省自治"方案，[35]采取坚决反对的态度，并明确宣称其政党的主张是建立中央集权、由一个中心所统治的单一制国家。

1912年，孙中山作为短期执政的中华民国第一任总统，对议会制国家治理形式获得了直接的体验。在此后的12年间，他目睹了中国从自由民主萌芽到军阀统治的逆转。1924年，在苏联顾问的影响下，他开始对民主主义采取保留的态度。在他看来，人民做主只能以虚拟的形式存在。精英人物的开明统治即使在没有具体的合法化形式的情况下，仍然可以领导国家实现强盛和富足。国家权力的功能性分工（孙中山以五权分立来替代西方的三权分立）主要是为了提高国家机器的效率，而非了通过"分权制衡"来达到有控制的平衡。在夺取政权后，革命军政时期首先要以"训政"作为向宪政的过渡。孙中山有时甚至暗示，国家应该服从于政党，即国民党。他从未公开赞成过专制，但是他对国家权力的强调以及在谈论民主监督机制时的含糊其辞，却是一目了然的。正因如此，后来的各种威权体制才能在没有严重歪曲的情况下，以孙中山的思想来为己辩护。

　　三民主义的第三条是"民生主义"。孙中山对这一问题的阐述远不及另外两条清晰，这是由其 1924 年时所处的困境决定的。当时，他一边面对的是苏联顾问和共产党盟友，另一边是国民党党内的保守势力。如同在他之前的思想家一样，孙中山一方面希望实现中国的经济现代化，同时又想避免欧美资本主义发展过程中所经历的无产阶级贫困化现象在中国重演；另一方面，他不愿接受社会主义的理念，将中国看作一个阶级社会，他反对马克思主义的阶级斗争不可避免说，反对通过剥夺有产者的方式实行资产的革命式再分配。他认为，要解决贫困这一中国社会经济的主要问题，绝不能通过政治上规定的平均主义，而只能在国家长远规划的引导下，通过生产力的提高逐步得以实现。这正是邓小平 1980 年所奉行的理念。孙中山当年心目中的榜样是明治时期的日本及其偶像俾斯麦的政策，他的理想是没有资本家的资本主义。[36] 但是，他显然忽视了本国私人资本主义的蓬勃兴起。国民党与中国企业家之间自始至终充满矛盾的关系，在其政党创始人的思想观念中便已埋下了伏笔。

中国革命：1925年5月30日，上海

自 80 年代中国实行经济改革以来，孙中山的某些思想显现出它的强大预见性。包括利用外资推动公共基础和工业发展建设的想法，也是由孙中山 1912 年最早提出的。1921 年，孙在其英文著作《实业计划》（*The International Development of China*）中对此做出了详细阐述。这个宏伟计划当时几乎没有受到任何人的重视，如今回过头来看，它更像是一个预言而非不切实际的空想。[37]另外富有预见性的一点是，相对于财富的分配平衡，孙中山更看重的是经济增长。在 1924 年的中国，孙中山的这种观点所代表的是一种谨慎乃至保守的立场，尽管他同时也曾间接表示过对"共产主义"的信仰。依其所见，除了要遏制城市的土地投机之外（他早在 1906 年便发出这样的呼吁），中国的社会关系状况不应有太多的改变。另外同样令人感到惊讶的是，作为一位来自广州的穷苦农民子弟，他对农业问题并没有太大的兴趣。"实现耕者有其田"之类的口号式主张，并没有通过具体的农业规划得到落实。毋庸置疑的是，孙中山对社会问题的关注，远远超过了其他同时代的、和他一样经历和推动了清帝国衰亡的政治理论家。然而在毕生的时间里，他却从来没有提出过任何与建设"中国特色"的非列宁式社会主义相关的想法。

孙中山对其创立的政党国民党后来在意识形态方面的发展并没有直接责任，但是从大的脉络来看，这些变化的基础却是由他奠定的。1927 年国民政府在南京成立后，其学说中的威权主义一面被国民党继承，党内倾向于民主的"左派"力量逐渐失势。在反共的大环境之下，国民党及其周边势力内部的政治思潮——称之为"理论"未免有夸大之嫌——可以大致划分为三个派别：一是军事上的新传统主义，它以 19 世纪信奉儒家思想的太平天国镇压者（尤其是曾国藩）注重纪律的思想为师承，为使其形象更鲜明，我们不妨称之为中国式的西班牙佛朗哥主义；二是法西斯流派，这些人深受墨索里尼政权的吸引，并强调国民党作为一场"运动"的本质；[38]三是精英与技术官僚一派，它支持计划经济，主张在专家领导下实行现代化专政，对斯大林主义中所谓的效率推崇备至。[39]这三个派别都将孙中山思想作为自己的旗号。

社会主义与共产主义

自 1905 年起，特别是在与梁启超这种对进步日渐悲观的维新派的论战中，孙中山及其同人开始逐渐将其对中国未来的设想转化为纲领。1915 年后的文化革命者对孙中山的理念并没有太大的兴趣，对孙中山其人也鲜有尊重。当时，在这些人眼中，后者不过是一个失败的政治家。1924 年，当孙中山就三民主义发表一系列演讲时，

127

中国革命：1925年5月30日，上海

形势又一次发生了根本性变化。孙中山在投身国民革命的军事领袖陈炯明的帮助下，在广州成功地建立了根据地。同时，他还得到了年轻的苏联政权的支持。苏联领导层将孙中山视为中国资产阶级进步势力发展的保障，并从1918年夏天起，便开始考虑与其结盟。[40] 1923年秋天之后，孙中山在苏联民事与军事顾问的帮助下，改组国民党，以使之成为有效率的精英型政党，并组建起自己的军队。[41] 1924年1月27日，当孙中山就三民主义发表第一次演讲时，正值重组后的国民党召开成立大会之时。会议确立了一年前开始酝酿的与1921年成立的中国共产党组建统一战线的政策。一些共产党员加入了国民党，并在党内重要部门担任职务。在中央执行委员会和监察委员会中，除了占大多数的为孙中山效力的国民党要员外，还有莫斯科派遣的职业革命家鲍罗廷（Michail Borodin，1884～1951）、共产党的理论家李大钊（1889～1927）以及来自湖南的党组织负责人和中央执行委员会委员毛泽东。

国共两党虽然在组织上彼此靠近，但在意识形态上仍然相互保持着距离。这一点是由这两股政治力量的不同出身决定的。国民党的前身可以追溯到中国第一代激进主义，即后帝制时期的革命运动；而共产党则是新时代的产物，假如没有五四运动以及十月革命对中国的影响，它的出现是无法想象的。20年代中期出任中共中央总书记的

是著名人物陈独秀，他曾是新文化运动最有威望的代言　128
人。共产党的成员中，很大一部分都是参与了五四运动的
学生积极分子。值得注意的是，许多中国启蒙的先驱人物
为什么会在短短几年后摇身一变，成为一个布尔什维主义
政党中纪律严明的骨干呢？换一种提法讲，这里所涉及的
是有关中国共产主义的起源问题。需要强调的是，这一问
题既无关乎社会主义理念在中国的吸引力，也无关乎党的
意识形态的复杂变化，甚至也无关乎中国共产党日后取得
成功的原因。为了准确地回答这个问题，必须把注意力集
中于 1919 年至 1923 年这几个年头。由于历史研究对这一
难题迄今尚未找到令人满意的答案，因此我们所能做的，
只有从假设出发对此做一番梳理。[42]

在中国，社会主义理念并不是在新文化运动时才出现
的。摆脱个人利益和国家强权的束缚、实现“大同”社
会的乌托邦思想，早就植根于中国传统之中。康有为在其
著作《大同书》中对此曾做出详尽阐述。这本书大约在
1902 年便已写作完成，但鉴于其所述观点的激进性，在
康有为的有生之年，此书一直未能出版。直到 1935 年，
全书才最终付梓发行。[43]大约在世纪之交时，欧洲各种类
型的社会主义理论逐渐传播到中国，其主要渠道是通过日
本方面的评述和译介。此外，巴黎的中国留学生对西方的
各种叛逆性思潮也有着敏锐的感知。其中反响最大的莫过

129　　于无政府主义。但这里的无政府主义，并不是以巴枯宁（Michail Bakunin）为代表的无政府主义行动派，而是俄国亲王彼得·克鲁泡特金（Pjotr Kropotkin）宣扬的温和无政府主义学说，即消除国家强权，实现自由联合下的互助式生存。当新文化运动开始时，没有其他任何一种社会主义思潮可以与无政府主义的影响相抗衡。新文化运动并不是一场宗教式自我封闭的运动，而是一场波及广泛的知识界浪潮，它对这一时期方方面面的争论都产生了影响。无政府主义思想的重要意义体现在两个方面：其一是对一切政治权威的批判——不仅是儒学，同时也包括梁启超等维新派以及像孙中山这样的政治革命家就新中国所提出的设想；其二是作为一种具有普遍性的潮流，以及对一切固有事物提出质疑的精神。[44]1915 年之后掀起、在 1919 年五四运动时达到高峰的这场文化革命浪潮，实际上是由无政府主义者最早酝酿的。

　　新文化运动并没能形成明确的政治方向。其代言人首先关心的是对儒家思维方式和生活秩序的批判，而非对中国政治前途的规划。这场运动的重要理论家们都对自由、平等、民主的价值观抱有向往之情，但没有进一步考虑该如何将其落实到政治体制的实践之中。即使胡适也是如此。[45]这些人对社会问题的关注，主要是针对家庭的束缚和对妇女的压迫。

俄国十月革命并不像中国的历史写作长期以来所描述的那样，是促成中国广大知识分子政治觉醒的伟大信号。关于俄国革命的消息传播得十分缓慢，间或传来的零星消息也总是令人将信将疑。即使对马克思主义的了解，也是片面和不完整的。人们对马克思主义的历史观——历史唯物主义——也所知甚少。在 1906 年马克思的零散篇章被首次翻译成中文之后，在接下来的一段时间里，再没有相关的译介作为后续。马克思主义最初是被理解为经济基础决定文化和政治"上层建筑"的学说，这种认识一部分是通过考茨基（Karl Kautskys）的文章获得的。1917 年，当彼得堡突然提出"无产阶级专政"一说时，在中国，人们对此感到一片茫然，不知该做何反应。然而俄国革命本身，则得到了许多人的齐声喝彩。这场给僵化的旧世界带来新曙光的革命，在满怀抱负但对中国政治局势深感失望的观察者当中引起了共鸣。1918 年 7 月，新出任北大图书馆主任的李大钊在首批来自中方的表态中，对俄国革命表示欢迎，并称之为世界史上人道主义新时代的开端。[46]协约国对俄国内战的武装干涉更唤起了人们对这场革命的同情。在人们看来，这是俄国人民为反抗帝国主义列强的侵略而展开的英勇斗争。

从对一起外国政治事件的赞同，到把一场发生在千里之外的政治运动所代表的目标作为自身的奋斗追求，这两

130

者间当然还有着很大的距离。直到 1919 年下半年，才有少数人开始放弃原有信仰，皈依马克思列宁主义。一个重要的转折点是：1920 年 9 月，陈独秀发表《论政治》一文，在文中公开表达了自己新的信念：赞成阶级斗争和使用革命暴力。[47]而就在同一年春天，陈还明确表示反对社会革命，倡导工业界的和谐关系。《新青年》杂志由此从民主精神激励下的文化批判论坛，转变为在与其他社会主义派别的论战中宣扬共产主义的工具。与此同时，激进的反传统主义者也纷纷背弃通商口岸的商业伦理，而这曾是此前所有中国现代化支持者几乎一致认同的原则。人们不再寄望于通过渐进的资本主义发展来完成"救国"大业，从此，与中国资产阶级的联盟只有作为战略性考虑才有可能被接受。

从一些人的个人经历中，我们可以清楚地看到转向共产主义信仰的变化过程。[48]但是，我们不能将这种潜移默化的转变一律都夸大为像陈独秀、李大钊等少数著名人物所做出的历史性抉择。1920 年，在上海、北平、巴黎和少数省会城市的大约由两百名知识分子组成的小圈子里，

131　人们通过持续不断的讨论，决定放弃西方式的民主观念以及各种非布尔什维克式的社会主义理念。这群人构成了中国共产主义组织的核心。

许多外部因素也对上述变化起到了促进的作用。第

一，五四运动爆发一年后，即在政治层面上宣告失败。军阀统治与帝国主义在中国的地位，并没有发生任何改变。对反抗者的打击和镇压有增无减。就连中国最著名的政论家陈独秀，也于 1919 年 6 月至 9 月身陷囹圄。政治上的所有希望都濒临破灭。和平的手段和松散的结盟显然已不足以改变中国的命运，只有准军事队伍的组建或许还能为人们提供一条出路。第二，文化革命的启蒙者们附带思考的社会问题，如今成为关注的焦点。正如后来的五卅运动一样，1919 年，在大学生和教授们举行示威抗议活动的同时，愤怒的城市工人群体也令人意外地行动了起来。世界大战期间的特殊经济形势，给工业化发展带来了巨大的动力。新兴无产阶级不再是一支单纯的可被外界动员的力量，而是形成了自己独有的面貌，并对自身物质处境有了清醒的认识。以往甚少有人提及的有关中国社会阶级性的视角，首次唤起了众多知识分子的关注。第三，从俄国传来的消息，让人们注意到了这个与中国一样相对落后的国家在社会改造上所取得的巨大成就。此外，苏联革命政府发表声明，愿意单方面放弃沙俄帝国主义在华享有的特权（1919 年 7 月 27 日签署的《加拉罕宣言》），更博得了中国人对莫斯科政权的高度赞许。值得一提的是，这种赞许是有失偏颇的，因为苏联政府的大度承诺后来只是得到了部分兑现。第四，至少有一条列宁主义信条，即使在许多

中国革命：1925年5月30日，上海

132 对社会主义并无好感的中国知识分子当中，同样也能得到很大程度上的认同。这就是：应当将革命"先锋"的角色交与政治精英来承担。这一点与后者自视为民众导师与领袖的使命意识十分合拍，尽管中国共产党在运动初期并没有表现出列宁主义先锋说中自命不凡和操纵一切的倾向，而是对"人民群众"自主的政治觉悟发展予以充分的尊重。[49]

上述任何一项因素如果单独拿出来，都不足以解释中国的共产主义者坚定这一信仰认同的原因，即这些人为何放弃其他选择，接受思想的教条化，并一改自身形象，从"自由不羁"的知识分子，变成了为运动服务的积极分子。不过正是这些因素，为这种信仰转变构建起外部的框架。假如没有莫斯科及其世界革命组织——共产国际的直接干预，共产主义在中国的政治组织化是难以实现的。1920 年 4 月，由维经斯基（Gregor N. Vojtinskij，1893 ~ 1953）率领的共产国际小型代表团来到北平，拜访了李大钊，并由其引荐，在上海与陈独秀会面。维经斯基以后来的历任共产国际使者所不具备的卓越感染力，让中国同人对布尔什维主义的思想与组织模式坚定了信心。1921 年 7 月，以全国各地的马克思主义研究会作为铺垫，在上海秘密召开的第一次全国代表大会上，中国共产党宣告成立。这正是共产国际代表团的努力所带来的直接成果。然而直到在一年后召开的第二次全国代表大会上，中国共产党才最终确定将布尔什维主义作为发展方向，党的性质也由此被确立。此时，共产国际在对中共的态度上，已经由友好的顾问转变为发号施令者。[50] 从组织和意识形态等细节来看，中国共产党真正成为一个布尔什维克式的精英政党，自然又经历了许多个年头。

1920 年至 1921 年，布尔什维主义在部分中国知识分子当中受到了极大的欢迎。但是，党建的组织形式几乎完全是由共产国际直接输入的，党的纲领性目标在很大程度上也是如此。党的重要创始人陈独秀和其他一些人都清楚地知道，共产党的成立并非建立在对中国未来前途的透彻理论分析与清晰的构想之上。当时中国没有一位能够与普列汉诺夫（Plechanov）和年轻的列宁比肩的马克思主义理论家。后者曾花费大量精力，对俄国近现代社会史和经济史进行深入的研究。概括地讲，在中国，共产党组织的建立是在意识形态成熟化之前完成的。像陈独秀这样学贯中西的学者，在相当长的时间里，对马克思主义和列宁主义的认识也仅仅处在小学生的水平。就连对中国旧社会的分析，即将其定义为独具特色的"封建制"并逐渐向"半殖民地"转型的社会，也是从列宁那里照搬过来的，其中甚至也不乏偏颇的成分。这一论断是列宁于 1912 年在论述中国社会发展问题时提出的。直到 30 年代初，人们才开始借助马克思主义的理论工具，对中国历史做出真正高水准和独立的分析。

在整个 20 年代期间，由于共产国际和苏联在政治纲领上的霸权，中国共产党很少有机会发出自己的声音。各种讨论都是围绕着如何与其他富于竞争性的社会主义思潮，特别是无政府主义划清界限，并以这种清除异己的方式为党的自我布尔什维克化起到了促进作用。各派争执不休并且始终没有解决的一个难题，是民族革命与社会革命的关系问题：反抗帝国主义的斗争与反抗国内统治阶级和剥削阶级的斗争，究竟哪一个更重要？另一个同样存在争议的问题，是对党的重要伙伴和对手——国民党的"阶级属性"的判断。20 年代末，第三个问题又凸显出来，这就是城市革命与农村革命之间的关系。然而在所有领域中占首要地位的，更多是有关战略问题的日常争论。至于说在人们想象中，当革命取得政治上的成功后，中国会是什么样子，却没有任何人能够说得清楚。

134

第四章
政治乱局与扩张型政府

20 世纪中国所有政治思潮都有一个共同的目标，就
是要实现中华民族的富强，不再受外敌欺侮。为了实现这
一目标，除无政府主义者之外，所有派别都谋求建立一个
有行动力的强大政权，为此，它们大多也都愿意将某些带
有专制色彩、未经民主途径获得合法性的权力赋予这一政
权。不过，在 1916 年至 1949 年，这样的政权在中国始终
未能出现：无论是军阀混战时期（1916 ~ 1928），还是
1928 年至 1937 年中国最重要的政治势力国民党执政南京
的国民政府时期。至少可以确定地讲，当时没有一个作为
中央统治机构的政府，也没有一套能够控制整个中国——
哪怕只是内地十八省——的国家机器。即使在民国时期政
治上最稳定也最幸运的一年——1936 年，蒋介石领导的
南京国民政府所拥有的权威，也无法覆盖中国的每一个省
份。不受其控制的地区包括共产党统治区，以及独立军事
政权盘踞的最后堡垒，例如山西。直到 1935 年 11 月实行

中国革命：1925年5月30日，上海

货币改革前，中国还没有统一的货币，而这次改革实施不久便因为战争而中断。银锭、各式各样的银圆和铜钱、各地军阀政府发行的纸币，还有外国银行发行的钞票以及周边殖民地的货币（如香港的港元和印度支那的皮阿斯特［Piaster］）等，在市场上混杂流通，给国内市场的一体化带来了严重困难。另外不能忽略的是，直到 1945 年，中国的一些地区仍然是处于外国的直接统治下。1943 年废除最后的不平等条约以及 1945 年日军投降后，中国人才在丧失部分主权一个世纪后，重新成为自己国家的主人。

应当如何恰当地描述民国时期的中国政局和政治"制度"呢？对这一问题的探索，有两种不同的路径，这两条路径都难尽如人意。其一是关于"乱世"的说法，这种说法不无道理。民国与中国帝制历史上那些内乱迭起、诸侯割据、群雄鼎力的时期十分相像，这种局面经常会出现在强大王朝统治下的和平年代之间的间隔期。我们甚至可以发现，这样的"乱世"往往是激发文化创造力的良好土壤。但是，"乱世"并不意味着一切都由偶然所控，而是有其独特的结构和机制，与秩序年代相比，要想了解这些机制则困难得多。"乱世"要求我们必须将目光从中央政权所在的一目了然的"高地"，下移到区域和地方政治的层面。"乱世"同时还代表着社会行为暴力化的加剧，因此在这里，历史学家打交道的对象不仅仅是抽象

136

/ 上海工部局大楼。（上图）//
/ 1928 年的上海外滩。（下图）//

/ 上海公共租界旗。左上：英国、美国、法国、德国；
右上：俄国、丹麦、意大利、葡萄牙；底部：挪威－瑞
典、奥地利、西班牙、荷兰。旗上拉丁文的意思为多国
合一（All Joined in One）。（上图）／／
/ 法租界会审公廨旧址。（下图）／／

/ 上海震旦大学大门。//

/ 1927 年，"白色恐怖"期间一名疑似共产党员被国民党和青帮联合势力逮捕。//

/ 中国买办和洋商洽谈。/ /

/ 20世纪二三十年代上海黑帮组织头目，其中
右一为青帮头子杜月笙。/ /

/ 1917 年至 1949 年在山西独霸一方的军阀独裁者
阎锡山。//

/ 湖南长沙时务学堂的维新人士，左二是谭嗣同。 //

/ 1901 年清政府与助力平定"拳乱"的八国联军成员国签订《辛丑条约》。/ /

/ 中国近代历史最早的大规模出国留学是在1872年到1875年，当时在曾国藩、李鸿章、容闳等洋务派的主持下，清政府先后派出四批，共120名幼童赴美国留学，其中50多人进入了哈佛、耶鲁、哥伦比亚，麻省理工等著名学府深造。（上图）//
/ 1934年10月，长征参与者。（下图）//

/ 1902 年，北京大学里的一堂课。（上图）/ /
/ 1931 年 11 月 7 日在江西瑞金，中华苏维埃共和
国成立大会召开。（下图）/ /

/ 严复《天演论》手稿。严复翻译赫胥黎《进化与伦理》的前两章，编写为《天演论》。（上图）//
/ 20 纪初中国留学生在日本东京创办宣传新思想的进步刊物。（下图）//

的"统治"，还包括一种极端具体的现象，这就是暴力。

第二种研究路径是将政治体制的形式作为观察对象。这种方法虽不能对实际状况做出精确的描绘，但也有它的好处，因为它让我们了解到，中华民国是一个立宪制共和国，这一地位是受到外国承认的。1911 年 12 月，中国制定并颁布了第一部临时宪法性文件——《临时政府组织大纲》，此后，一直到 1946 年，又陆续推出了另外至少 5 部宪法或准宪法。人们可以从这些宪法中，对其制定者在政治上的自我认知获得了解。但是，现实往往与这些政治体制的基本构架大相径庭。民国政府虽然通过宪法的形式确立了国家机构，并建立了中国历史上前所未有的类似权力分立式的制度，但实际的权力却很少出现在宪法所规定的地方。例如，1928 年后蒋介石的实际地位与其担任的官方职务无关，他始终是世人眼中的中国最高政治首脑。在长达 20 余年的时间里，他也的确是民国最有权力的人物。民国时期的一大政治特征是军队的统治地位，而当时的任何一部宪法都不曾做出过这样的规定。

137

另外，还有一种观察 20 世纪上半叶中国政治制度史的方式，是探讨国家统治对社会生活的影响。这一问题对中国尤其重要。帝制时代的国家政权即使在权力巅峰时期——例如 15 世纪或 18 世纪——也并非一个恣意妄为的独裁"巨兽"，但是，作为一种无处不在的强大秩序力，它对中国人的生活有着经久不衰的影响：作为收税人、法律保障者或是慈善事业的实践者。例如为赈灾救荒而设立的"义仓"制度，直到 19 世纪初，这一伟大创举才逐渐衰败。[1]1949 年后，中国进入了中国共产党建立的人民共和国时期。这两个历史阶段之间，中国到底经历了怎样的变化？对过渡时期的国家政权，我们有哪些了解？在事件史的风云背后，有哪些长期的持久性因素在发生作用？其中最重要的一点，或许是国家的军事化。

军事主义

在帝制时期的中国，"战争君主的军事'卡里斯马'（Charisma，早期基督教观念，原意为'神圣的天赋'，后引申为领袖的超凡魅力。——译者注）"[2]一直是帝王的专利，但在现实中很少得到真正的施展。最后一位向人们展现这一魅力的君主，是 18 世纪征服中亚的乾隆皇帝。在中国，并没有形成雇佣军领袖或野心勃勃的军事冒险家等历史人物类型，即使有，也只是改朝换代时昙花一现的现象。正如毛泽东所说的"党指挥枪"一样，军队始终是被文官组成的官僚体系所控制。文官执政虽然并不能避免战争和其他形式暴力的发生，却能遏止军队为所欲为、一手遮天的趋势。鉴于上述背景，20 世纪上半叶中国政治和社会的军事化就变得更加引人注目。

并非对军事力量的每一次改革或重组，都会促使军队赢得政治生活中的主导权。军事本身并不必然会产生军事主义。将中国近代史上军事势力的崛起归结于军队改革的早期试验，这样的观点虽然很诱人，却未必经得起推敲。尽管如此，要阐述这一问题，就必须从这里入手。正如其他领域一样，清朝末年的"新政"也是军队现代化的起点。新政的推出，是在1898年康有为和梁启超领导的"百日维新"遭到镇压，以及1900年义和团起义失败之后。义和团的覆灭，使朝廷中的反改革势力在赢得胜利短短两年后彻底跌入了谷底。其背后靠山、擅长审时度势的慈禧太后，决定改变施政路线：1901年，清廷准备听取巡抚张之洞和袁世凯（1859～1916）等具有远见卓识的朝廷要员的谏言，着手实施改革。这些改革措施中的许多内容，与1898年维新派提出的建议是一致的。近来甚至有观点认为，1901年至1911年的新政可以称得上中国"明治维新"的开端，至少其激进程度超过了1949年之前的历次改革尝试。这些原本可以经过积累，发展成为某种意义上的"新政革命"的现代化萌芽，因为1911年爆发的政治革命而中断。[3]这种说法虽然不乏夸张的成分，但合理地指出了20世纪第一个十年所具有的重要意义。这十年并不仅仅是辛亥革命的前奏，同时也是决定未来走向

139

的种种变化的酝酿期。1949 年在共产党旗帜下诞生的实行有计划干预的强大国家政权，早在帝制末年就已埋下了伏笔。

新政改革的实施，为中国现代军队的建立打下了基础。清廷的旧式军队是由两个几乎无法协调的部分组成的：满人的"八旗军"和以汉人为主的"绿营军"。19 世纪中叶时，这两支部队都已兵力涣散，面对太平军的进攻毫无招架之力。太平天国和其他起义之所以被平息，完全是归功于一个原因：中原地区的一些清廷高官成功将原有的民间武装与新招募的兵力集合在一起，组建起一批新式部队——"勇营"。在这些部队中，以同胞情谊为基础的将士关系，取代了低效无能的官僚指挥机制。但是，这些勇营部队并没有因此而变成割据一方的地方军队，它们对朝廷的忠心始终是坚定不移的。

真正意义上的军事改革是从朝廷发起、在全国各地展开的新军建设开始的。这些军队的组织采用了西方，特别是德国的军队模式。在这些新型军队中，最重要的一支是由袁世凯率领的北洋军。1906 年，北洋军的兵力大约为 6 万人。[4]依照北洋军的模式，1904 年后在日本顾问的大力帮助下，全国到 1911 年时共组建起 14 镇"新军"。[5]在新军中，部队与指挥官之间个人关系的作用不像在勇营中那样重要，并且也没有形成半自治军阀统治所依赖的权力基础。事实恰恰相反：朝廷逐渐将大部分新军部队纳入了自己的直接控制之下。[6]这一时期，军队在社会上的威望大大提升。在世纪之交后的民族主义氛围下，军队被视为民族的支柱，习武从军的吸引力空前高涨。辛亥革命前夕，新军已成为朝廷最重要的军事机构。这时，由于旧式军队依然存在，中国并没有形成一套统一的、中央集权化的军事体系，就像明治维新后的日本一样。军队的碎片化是帝制遗留给民国的后患无穷的一笔遗产。

140

1911 年，在多种因素的综合作用下，新军被推到了与朝廷——其自身缔造者——为敌的一方。这些因素包括：革命力量对军队的有目的渗透，官兵们日益膨胀的索求与清廷财政窘境之间的矛盾，这种困境使后者的承诺越来越难以兑现。[7]在孙中山出任民国大总统的短暂插曲之后，1912 年 2 月，袁世凯在南京召开的国民大会上被推选为中华民国临时大总统。袁世凯这位清朝末年的军事改革者，并不是一位军事家。在仕途的大部分时间里，他都是出任文职，其声望主要归功于他在众多领域作为管理者和改革者所取得的成就。[8]袁世凯是 1949 年前中国的最后一位君主，1915 年前后，他几乎统治着整个中原地区，并在不单纯倚仗武力的情况下掌握着对军队的有效控制权。即使当他于 1913 年 7 月颁布戒严令，镇压议会主义，并对异己——尤其是国民党内的反对派——实施血腥的恐

怖行动后，他也仍然称不上是一位军事独裁者，而更多是
一个官僚式暴君。1916 年，袁世凯恢复帝制、建立自己
王朝的尝试以失败告终。西南各省由共和派策划发动的军
事起义，是导致其倒台的直接原因。另外，当兵变爆发
后，袁手下的其余将领也纷纷倒戈，不愿为保卫他而与叛
军作战。同年 6 月初，步入穷途末路的袁世凯撒手人寰。
随着这位中国近代史上最臭名昭著的人物的去世，一个历
史时期被画上了句号。这是一个中央权力集中化的时期，
一个政治压制的时期，同时也是某些领域——例如教育事
业，以及由文官掌握对军队的控制权等——着手实行谨慎
改革（其势头随着时间逐渐低落）的时期。袁世凯试图
以粗暴野蛮的手段，来遏制自辛亥革命后开始的国家分裂
化。随着袁的倒台和去世，中国的中央政权彻底瓦解。与
此同时，国家权力被私人瓜分，[9]军阀时期由此拉开了
序幕。

　　与德语中的"Kriegsherr"（军事主宰者，威廉一世即
被称为"德意志人民的最高军事主宰"）有所不同的是，
英文的"warlord"从一开始就带有强烈的贬义色彩。因
此，后者更适合用来翻译中文的"军阀"一词。这个具
有批判意味的新词是 1918 年从日文引进的，用以描述一
种中国历史上前所未有的新现象。[10]军阀作为军事领袖，
掌握着一支他亲手打造、听其指挥并由其供养的军队，并

依靠军队的力量来谋取和实施对某个地区的统治。最简单的情况是，一个地位相当于省长的军阀在较长时间内对某一单个省份实行管辖。1917 年至 1949 年在山西独霸一方的阎锡山将军（1883～1960）便是一例。他在山西建立"模范省"的尝试虽然成果有限，但他成功做到了使该地区在整个军阀时期免受战乱之苦。[11]在其他情况下，尤其是在中国北方，军阀往往控制着包括几个省份在内的大片领土。华南和西南地区的情况则相反。在这里，一些省份——例如四川——被分裂成一块块由不同军阀分别掌控的"袖珍统治区"。另外还有一种情况是，某些军人领袖虽然在军事上大权在握，却未能做到在某个地区长期落脚。曾一度受到苏联扶植的"基督徒军阀"冯玉祥（1882～1948），就是一个例子。还有受传统教育出身、曾一度被孙中山劝说与之携手合作的吴佩孚（1874～1939），也是这样一位流动军阀。[12]当时在全中国，一共有十几个大军阀，另外还有几百个准独立的小军阀。

1916 年以及之后数年，政治的军事化与碎片化之势席卷整个中国。1926 年的中国政治版图所呈现出的形态，有些地方可以令人联想到前拿破仑时期中欧旧帝国诸侯割据的局面。从某种意义上讲，这种体制是无政府主义式的，因为没有一个高高在上的中央政权能够以裁决者的身份，在彼此竞争的地方利益之间进行协调并加以规制。但

142

是在这些军阀的心目中，国家统一的意识仍然是强烈的，因此，从没有哪一个军阀曾经认真地思考过，要脱离民国的宪法框架，不再受北京中央政府（北洋政府）的控制。北洋政府逐渐变成了掌控京城的历任军阀的内阁，而这位军阀则由袁世凯统治结束后重新恢复的议会以选举形式，任命为中华民国大总统。但是，在无意让中国陷入分裂的列强面前，北洋政府仍然扮演着全国性外交代表机构的角色，同时也为掌控它的人提供了获得额外的国家财政收入和外国贷款的便利。在军阀时期，中国虽然处于割据状态，但国家并没有分裂，这不仅是由于古老的中央集权传统与新兴民族主义之间的密切关系，同时也是因为数百年来，中华帝国成功做到了与各大地域[13]间由地理因素决定、因社会文化因素而强化的差异相融并存，并以官僚体系的国家大同意识对其加以整合。军阀们并没有发明中国的地方主义，而是在有意或无意间，将自身植入古老的地方主义旧格局之中。

1916年后，军队为何能够攀升为中国最具决定性的政治要素呢？依照目前的学术研究水平，人们还很难对此做出解释。要解释这一问题，必须考虑的前提是：中国的军事主义首先并非是被其他势力利用的工具；我们既不能把军阀看作统治阶级的奴仆，也不能视之为受帝国主义列强操纵的傀儡，其目的是通过他们发动代理人战争，以争

夺对中国的影响力。早在清朝末年，许多省份便出现了军
阀与地方精英的联盟，这与朝廷加强中央集权的努力是背
道而驰的。为满足地方精英的参政诉求，清廷于 1909 年
下令成立省级民意代表机构——谘议局。在议员选举时，
参与投票的人数还不到男性人口的百分之一。许多军官正
是来自从这项改革中获益的精英家庭。由于在辛亥革命的
同时，中国并没有发生社会革命，因此，这场革命没有使
清末的精英群体——由传统士大夫和城市中的新兴贵族所
组成的士商阶层——受到冲击。马寇德（Edward
McCord）在一项考据严谨的个案调研中指出，在辛亥革
命的起源地湖北和湖南两省，军队势力是经过一个渐进的
过程才得以超越民间势力，并最终占据了主导。[14] 通过革
命，武力的使用虽然升级成为政治目标，但最初起决定作
用的仍然是文人政治家，这些人掌握着包括解散军队在内
的多项权力。此后，袁世凯独裁统治末期国内政治的暴力
化，袁世凯称帝野心所导致的政治两极化，以及中央政权
与各省地方精英的自治诉求之间日益尖锐的矛盾，才最终
打开了军事主义这个"潘多拉魔盒"。军队从此被赋予了
裁决者的角色，这些军队恰恰是文官们为了解决政治权威
的危机而亲手创建的。由此我们可以发现，在 1915 年和
1916 年，中国出现了双重意义上的权力转移：一是北京
中央政府的政治权威向各省转移；二是在各省热衷政治的

上层人士中，政治权威由民间势力向军事势力转移。

各地军阀政府一俟掌权，便利用各种手段横征暴敛，以扩充自己的军队。全国各地武装力量的人数由 1916 年的 50 万，迅速扩大到 1925 年的 200 多万。[15]几乎所有的军阀政权都以牟取短期利益为目标，在其统治的地盘上过着寄生虫式的生活。他们不仅通过直接摊派和肆意编造税捐名目——例如四川所谓的"预征"，强迫百姓提前数十年缴税——等方式对百姓进行盘剥，同时还利用货币贬值等手段来压榨百姓。他们抢走农民耕地用的牲畜，强迫其种植利润丰厚的鸦片，从而使粮食生产受到了严重影响。20 年代的几场大饥荒中，有不少都是由军阀破坏农业生产造成的。军阀部队不仅是使农民陷入悲惨境遇的元凶之一，同时也是从中渔利的受益者。它们不需要为了征兵而去拉壮丁，因为对那些穷苦的农家小伙而言，军队至少可以保证他们有饭吃，参军往往是他们摆脱农村苦难生活的唯一出路。因此，这时的军队事实上变成了一种"增长型产业"。[16]

大多数军阀政权并没有足够的能力，对经济实行系统化干预。因此，他们给现代化行业只能带来局部的损害。工业受到的破坏很少是军阀的直接掠夺造成的，而更多是因为基础设施的瘫痪乃至被毁所致。铁路和轮船被用于兵力运送，无法再从事商业运输。交通长时间中断的现象时有发生。天津、汉口等大城市有时在长达数周甚至数月的时间里，陷入与内地相隔绝的状态。尽管铁路网扩大了三分之一，但 1930 年的铁路运输总量退回到 1912 年的水平。[17]致力于建设的军阀政权作为个别现象，也是存在的：在地处东南部的广西，以后来的爱国主义英雄李宗仁（1891～1969）和白崇禧（1893～1966）为首的一群思想开明的将领，制订并实施了一项志向远大的改革计划，该计划与南京国民政府同期推行的现代化改革相比也毫不逊色。[18]

那些常见的寄生虫式的军阀政权，为其属下的军事首领及其家属和亲信提供了发财致富的绝好机会。20 年代富可敌国的富豪们都是依靠对军队和国家机器的控制发迹的，其中一部分是通过对现代领域——如银行业和采矿业——的投资。北方大城市天津正是由于军阀资本的注入，才给工业化带来了额外的动力。[19]于是，在地方精英当中——军阀体系的繁荣主要是仰仗这些人的帮助——出现了两派分化的现象：少数有门路和多数没有门路从国家强取豪夺所获暴利中分一杯羹的人。国家就这样沦为了私人利益的牺牲品。

军阀的胡作非为所造成的最严重后果，并不是打着国家旗号的抢劫和掠夺，而是整个中国社会暴力化程度的上升。正如袁世凯的大清洗一样，在军阀统治下，政敌和少数民族群体遭到了无情的剿杀。最迟自 1924 年起，军阀间的混战已不再是小打小闹式的争斗，而是转化为充满血腥的大屠杀。在混战中，没有任何一方会遵守《海牙公约》的约定，也没有任何人会把救治伤员当作需要考虑的问题。[20] 大规模部队的组建自然而然地导致了准军事化土匪势力的兴起。1930 年时，全国大约有两千万名土匪，他们以匪帮的形式组织在一起，其中人数最多的有可能达到 3000 人。[21] 这些土匪经常见风使舵，投靠某个军阀；反过来讲，一些部队被解散或吃了败仗后，也有可能会选择落草为寇。维持秩序与扰乱秩序的两股力量之间，界限往往模糊难辨。另外，各地都有匪军，即被官府认可或收编的土匪队伍，这些人往往是被剿灭部队的残部，因为走投无路而只能依靠抢劫来养活自己。

要反抗军阀体制，就必须依靠自己的力量。孙中山及其同人从这一理念出发做出决策，首先在其根据地广州成立黄埔军校，然后再以此为基础，组建自己的军队：这是一支训练有素的精锐部队，它一方面继承了清末以来的军事精英传统，另一方面也吸纳了苏联顾问传授的经验和理论。这些拥有精良的武器装备和明确政治志向的战士，与军阀手下的一群颓废潦倒的乌合之众展开了对峙。孙中山去世后，身为黄埔军校校长的蒋介石，接替其成为国民革命的领导人物。1926 年 7 月，北伐从广州开始。这是一

146

场以统一全国为目标的讨伐行动。1928 年 6 月，随着国民革命军进入北平，北伐正式宣告结束。国民党在南京成立了自己的国民政府，取代了北洋政府。全国近半数省份的军阀，开始接受国民党政权的管辖。北伐的代价当然也是高昂的。一群黄埔军校出身的新式军官，借北伐之功，成为国民党内部和南京政权中的一支强势力量。北伐的胜利不仅仅是在战场上赢得的，它部分是通过谈判达成妥协，或是用金钱买来的，因此，某些军阀连同其属下的部队，都被并入了南京时期结构松散的权力体系之中。例如，统治山西的军阀独裁者阎锡山在投靠蒋介石阵营后，派兵与东北军阀张作霖的部队作战，并得以在国民党和南京政府中出任要职，以作为犒劳。他的"小王国"山西作为他的地盘，则仍然保留不动。于是，整个国民党体系都被新老军事主义势力所控制。从下面的例子可以看出，国民党政权最初在地方势力面前是多么弱小无力：1928年，国民政府不得不把土地税——中央政府历来的主要收入来源——让给当时大多仍由军阀掌控的各省政府。1928年后，仍然有许多军阀残部有能力做到在国家层面上使自身利益得到贯彻。军阀的命运，并没有随着北洋政府的倒台而覆灭。在 1936 年之前，蒋介石频频对半自治的地方军事武装展开讨伐，并通过这种方式使华中和华南的统一得到推进。与此同时，日军开始以东北地区为据点，对华

147　北部分地区进行渗透。此前，日本在东北成立了以末代皇帝溥仪（1906～1967）作为象征性首脑的"伪满洲国"——一个不被国际承认的傀儡王国。[22] 蒋介石在南方辛苦赢得的权力，最后又丢在了北方。

　　中国军事主义导致的连锁反应在整个民国时期一直没有停止。1916年后，军队成为中国政治的主导。为了打击军阀势力，国民党不断地扩充军队。中国共产党在1927年8月被赶出城市后，创建了自己的武装力量——红军，并于1931年至1934年针对国民党的反共围剿战争展开抵抗。与此同时，越来越多的中国领土被日军侵占：不仅是台湾和东北地区等地，另外还包括河北、山东、福建、内蒙古等。随着1937年7月日本对中国发动大规模侵略，在至少长达两年的时间里，中国成为全世界最大的战场。1949年后，中国共产党的重要成就之一便是恢复国家和平，换言之，即实现中央政府的权力垄断。对其而言，这一成就是用残酷代价换来的。

　　20世纪初，军队成为中国政治主导力量的问题，既不能被解读为太平天国时期地方军事化的必然后果，也不能从道德角度被判定为阴暗的军阀势力对年轻民主势力的剿杀。它是中央政权瓦解所导致的结果。与1917年的俄国和1979年的伊朗不同的是，中国在旧政权被推翻后，并没有一个组织完善的反对派政权能够填补由此出现的权力真空。直到 1949 年，中国才终于具备了这样的条件。
在俄国，内战是新政府在夺取中央权力之后，为巩固政权
而发动的一场战争。在中国，从 1915 年反袁运动（这是
20 世纪中国的第一次内战）到 1948～1949 年国民党的溃
败，其间几乎未曾中断的各种内战，让人不禁联想到欧洲
的三十年战争。如果从 1949 年发生的事件往前追溯的话，
可以说，1928 年之后的中国内战是一场由革命运动发起
的自卫战和夺权战。中国共产党是在政治冲突暴力化的气
氛下诞生，并在经历内战和反帝国主义战争的无数考验后
最终赢得了胜利。

148

在 1911 年或者说 1916 年皇帝被赶下龙椅之后，帝国
政治秩序赖以维系的纽带从此断裂。在纵向维度上，中央
政权与老百姓之间的紧密联系也不复存在。1912/13 年昙
花一现的精英议会制没能使这种联系重新得到恢复。它既
没有广大民众公开或默认的拥戴作为基础（在历史上，
除了各个王朝的衰落期之外，老百姓始终对朝廷抱以忠
心），也缺少有效的权力手段来抵抗分裂势力，从而使政
治制度得以维系。这样的议会，就像是游离于民众与残余
旧制度之间的漂浮物。作为"新政"产物的军队此时势
头正劲，于是便借机填补了权力的空缺。在当时的中国，
它是唯一能够避免更大动乱发生的"黏合剂"。但是，与
官僚士大夫体系有所不同的是，军队向来不是由中央统一

组织起来的，因此，它无法做到将中国横向联系在一起。军队有能力控制的地盘，充其量只能覆盖两三个省。最好的情形是，几个省份或地区睦邻相处，能够在文武共治下建立联盟。然而，帝国的中央集权传统、民族主义的时代精神，以及各地区在资源争夺过程中不断增大的发展差异，却对上述联合形成了阻碍。20年代时，内战的频率和规模不断扩大，从而使军队作为"黏合剂"有可能发挥——并在广西、山西等地取得一定成效——的有限积极作用化为乌有。

149　　在这种情况下，唯有通过军事手段才有可能重新恢复国家的统一。1926年至1936年，蒋介石为此做出了第一次尝试，并取得了虽不彻底但也堪称大范围的胜利。他所拥有的优势包括：一支由苏联——后来是德国——军事顾问培训出来的素质较高的军队，在思想意识上要为实行"训政"的中央政权效忠的强烈责任感，西方列强的支持，成功抢占中国最富裕的几大省份，即东南各省、包括上海在内的长江三角洲和长江中游地区等。与先辈孙中山不同的是，对蒋介石而言，军队已不再是为实现政治目标服务的工具。无论从气质秉性还是世界观来说，蒋介石都是一个军人。1928年至1937年统治中国的蒋介石，并不是一个独揽大权的军事独裁者。这是因为南京时期，在由复杂的利益制衡因素所构成的权力体系里，文官势力仍然十分强大。但是，即使军队并不能全面操控中国的政治，却也没有任何一方——包括一党执政的国民党的文人领导层——能够掌握对所有军事力量的控制权。

经过为统一国家而发动的一次次讨伐后，蒋介石的势力变得更加壮大。自 1931 年侵占东北地区后，日本对中国施压不断增大，这使保家卫国的任务变得越来越紧迫。因此，在战争爆发前，军队在中国政治中的地位没有丝毫削弱的迹象，同时，孙中山在其政治理论中提出但迟迟未能付诸实践的从"训政"到"宪政"的过渡，也没有显现出任何苗头。建立由军队控制的国有重工业——位于长江中游的军工一体化基地——的宏伟规划，反而使军队地位的进一步提升变得顺理成章。[23]国民党的新型军事主义延续了军阀旧式军事主义的老传统，只是因多了一重现代化改革的色彩，而显得略有不同。

150

官僚体系

自秦始皇建立统一帝国以来，在中国，统治者从来都无法单纯凭借"刀剑"来完成对国家的治理，而必须依靠"笔墨"的辅佐，即由文人士大夫组成的官僚体系。在汉语的语境里，"官僚制"的含义与欧洲略有不同。欧洲的官僚体制是在近代早期，作为方兴未艾的君主专制的行政机构出现的。官员扮演的角色，是维持国家机器运转的执行者。统治者的意志即是法律，这一点在中国比在欧洲更为突出。但是，中华帝国的扩张以及文人士大夫阶层——这些人都是经由规范统一的教育和科举考试招募而来的——对行政知识的垄断，导致了中国官僚统治的形成。除少数勤于朝政的统治者（如18世纪的三位清朝皇帝）之外，中国的帝王往往是将国家——特别是各个省份——的政务，交给朝廷的高官要员去打理。那些由军事征服者建立的王朝，例如在蒙古人占据皇帝宝座的时期（元朝，1279～1368），也有着相同的经验：官僚体系是不可或缺的。那么对民国时期而言，这一点又意味着什么？在1905/06年废除科举制度和1911年辛亥革命之后，帝制时代的庞大官僚机构——帝国的钢铁骨架——究竟落得个怎样的结局呢？在有关中国近代史的诸多重要话题中，人们对这一问题的了解可谓寥寥无几。但如果换一种方式，这个问题或许并不难回答，这就是将问题的范围放宽，将重点集中于非军事势力在中国政治秩序中的整体地位的变化。

帝制结束后，清廷的许多高官仍然担任着国家公职，当然，他们当中只有极少数人直接受聘于当时名义上的中央政府，其余都是在各路军阀的小块地盘上任职。当然，这些前朝遗老已不可能再独揽国家的统治权。科举制的废

151

除为人们开启了许多新的升迁路径，虽然通过国家的选拔考试走上仕途仍然是读书人的理想，但是从今以后，要成为上层权力精英中的一员，不再只有一条路可走。民国时期的一大特点是，国家缺乏一套选拔政治顶尖人才的规范机制。袁世凯曾试图以改良和注重实用科学的方式，恢复国家考试制度，但是这项改革尝试因军阀混战而落空。[24]南京政府仅仅在口头上拥护孙中山所主张的文官考试制度，但在实际生活中，"关系"仍然是进入迅速膨胀的行政机构的最重要条件。[25]民国初期的动荡局势，为热衷个人奋斗和冒险的人们提供了空前的良机。军队成为社会垂直流动的主要渠道之一。20年代时，在真正掌握实权的一小撮人当中，既有军队将领和前朝官员，也有少数新发迹的后起之秀。令人惊讶的是，这些后起之秀中也包括不少农家子弟。[26]

这一小撮人并不完全等同于清末的"地方精英"，即在充满坎坷的经济现代化过程中获益的士绅阶层。这些人为萌芽中的公共政治空间提供了土壤，并在清末最后几十年中逐渐将一些准政府职能担了自己肩上，尤其是在慈善事业方面。早在1911年之前，地方精英就赞成在政治上实行自治。他们拥护朝廷在清末改革中设立谘议局的举措，但对1901年后推出的各种旨在强化中央政权的新政主张持反对态度。1912/13年，以浙江省为例，在全国各

152　县都相继成立了参政议事的民意机构（县议会），它所享有的权限远远超过了辛亥革命前作为前身的谘议局。但是早在1914年，县议会便被袁世凯下令撤销，直到1921年才重新恢复，其权限则大大受到限制。假如当时地方精英能够取得成功，那么中国或许会有可能发生一场类似"资产阶级革命"式的运动。然而事实上，自民国成立以来，官治与自治的两派观点便一直争执不休。[27]从长远来看，主张官治的一派最终再度赢得了胜利。1911年，瓦解的只是中央政权，而非国家本身。地方精英谋求解放的努力，一如既往地受到来自上层的打压：最初是袁世凯，之后是军阀和国民党。

　　1916年到1949年执政的所有非共产党政权的一个共同特点，是缺乏治理的规范性。帝制时代的传统官僚体制在很大程度上是有章法可循的。拥有数百年传统的日常行政运行机制与严格的官场道德操守，对此发挥了决定性作用。从局部看，民国政府的表现或许比皇权时代的朝廷更强势，对社会的操控程度也有可能更深，但它无法在宏观范围内做到这一点。这个省是治理有方、秩序井然的军阀统治，但在相邻的另一省，却是一盘散沙的无政府状态。这种全局把控上的疏漏，是民国政府的一个突出特征。另一个特征是将个人利益等同于国家利益的倾向。传统中注重公共利益的官僚体系与贪图私利的个人之间的理想制衡关系，早已失去了作用。国家被私有化，成为当权者手中的掠夺工具，其极端程度就连帝制时期都无法与之相比。

由于国家权力太过无能，因此人们很难对那些行使权力的官吏及其主子抱以期待。于是，各种非官方的社会组织变得比辛亥革命前更加重要，例如同乡会、行会、帮会、职业协会和同学会，等等。如果国家无法保障人民的安全和幸福，这些组织往往就会自行联合，成立"前国家"性质的联盟。假如把这些一律都看作多元主义和中国"民间社会"的表现形式，难免有失偏颇。这些组织当中，有许多的确属于这种情况，但其他则是出于自卫目的，为反抗政府的专制和不公而成立的保护性组织。[28]

人际关系在政治上同样也扮演着重要角色。在帝制时代的官僚体制里，总会不断形成各种利益或宗派团体，朝廷必须随时施加干预，以压制这些势力。辛亥革命后，帮派现象以不可阻挡的势头蔓延，并担当起利益保障者和庇护人的责任。除国民党之外，早期的帮派组织更多是以私人关系为基础结成的"派"，而非依照纲领而组建的"党"。就国民党而言，派系现象已经内化，或者说已在党内深深地扎下了根。1928年国民政府成立后，这种现象依然得以延续。我们甚至可以将当时的南京政府看作一个由不同派系组成的不稳定联盟，它们完全是依靠蒋介石

153

的个人威信走到一起的。[29]就连军阀也划分成不同的派系。其他类型的人际关系同样具有重要的意义。袁世凯和蒋介石被尊为"老师"，如众星捧月般受到追随者的拥戴。共同的战斗经历往往可以造就一生的情谊：无论是黄埔军校的各期毕业生，还是参加过中国共产党长征（1934～1936）的人，无一不是如此。长征的亲历者们成为革命元老，一直到90年代仍在掌控着中国的命运。此外，同乡关系在政府中的影响也是不容小觑的：在军阀时期，福建人和华北人分别把持着海军部和陆军部，财政部的大权则掌握在安徽籍官员的手中。

154　　　国民党在成立南京国民政府时，曾立志要以合法和高效的方式治理国家。国民党治国理想的形成有着不同的起源：首先自然是孙中山的著作和儒家思想中的相关内容，同时还包括对世界各地国家干预行为的观察——从意大利、日本到苏联，以及美国的罗斯福新政（New Deal）。国民政府抨击军阀政权的原始寄生性，并承诺要以合理的国家管理取代旧的制度。这一点在税收这一基础领域表现得尤为明显。南京政府颁布一系列措施，目标是建立一套以西方为模式的所得税和营业税制度。其中包括裁撤厘金，降低由间接税（如盐税和烟草税等）造成的税负，遏制腐败，清理牙商、掮客和其他中介人，从而将课税权完全收回到国家手中。[30]在战争爆发前，上述措施只有很少一部分得到了兑现，一方面在于政府缺少有效的手段，但更多是在于良好意愿的匮乏。但是这些计划毕竟让人们看到，国民党是如何自视为国家现代化改革的推动者，并努力以此来打造自身形象。最有机会实现上述设想的，是那些刚刚被国民党成功控制的地区。但是，这些地区因情况和环境的不同，其结果也存在很大的差异。在四川，蒋介石于 1935 年剿灭当地军阀后，开始强力推行具有现代化色彩的各项改革。在江西的某些地区，情况则大不相同。几年前，中共在这里建立了"苏区"，并着手对财产制度实行彻底的变革。1934 年秋，蒋介石军队占领这些地区后，推出了一系列反动保守的政策措施：恢复旧秩序，实行白色恐怖，用伪儒家思想教化民众等。在四川和江西，蒋介石政府向人们展现出其改革和保守的两副不同面孔。[31]

从总体来看，在整个 30 年代期间，反西方、反自由的军事势力在国民党内部占据了上风。其突出表现是，国家企图将中国社会中两个最重要的非国家领域，纳入其威权统治之下：一是私人经济；二是教育与精神生活。自广州发生商团叛乱并于 1924 年 10 月在孙中山领导下被平定之后，国民党与私人工商界的关系便蒙上了阴影。1927年蒋介石掌握实权后，两者间的关系进一步恶化，并随着1935 年私人银行业国有化而达到了低谷。[32]"官僚资本主

155

义"盛行，特别是在金融业，一小撮与政治领导层关系密切的派系和家族从中大肆渔利。对工业和贸易这类集中化程度相对不高的领域，政府则采取较为收敛的态度。它很少为其设置障碍，但也不采取任何保护或鼓励性措施，而这本应是一个有意识地推动资本主义发展的政府需要做的，也是许多私人企业家所呼吁的。在这些措施当中，有一些措施——如反日关税政策——是政府因缺乏权力手段而无法做到的。[33] 由此可见，国民党在南京的战前统治时期并没有为中国民营资本主义开辟道路，在某些领域，它甚至步其痛斥的军阀政府之后尘，走上了为少数特权阶层牟利的社会财富再分配的道路。[34]

教育领域，尤其是大学和中学，也受到了严格的控制。政府通过审查、监管、整顿乃至血腥的暴力手段，对学生中的反对派实行打压。不受欢迎的高校老师受到刁难。国民党政府对新闻自由的限制，与军阀统治时的苛刻程度不相上下。[35] 从总体来看，南京政府对社会团体的自主行动越来越抱以戒心。值得一提的是，那些令政府尤为反感的行业，是在中国与西方密切接触的地区发展起来的：无论是民营资本主义，还是具有西方特色的高等教育，都是集中于沿海通商口岸所在的"蓝色"中国。就连国民党及其前身组织，也是在海外侨界和政治流亡者当中以及通商口岸的环境下发展壮大起来的。1927 年，蒋介石完全是依靠与上海的大资本家和黑帮的秘密结盟，才成功战胜了统一阵线的合作伙伴共产党。上海同时也是一个窗口，在这里，南京政府在一些有见识的外交官和银行家——如蒋介石的大舅子、毕业于哈佛大学的宋子文（1894～1971）——的辅佐下，一度成为其英美资助者眼中的亚洲西化榜样。但与此同时，国民党却在通过德国军事顾问，为从沿海地区的现实和象征意义上的撤离做准备。这些德国军事顾问为国民党对抗共产党和残余军阀势力提供了援助。[36]当时，不仅仅是共产党在向本土、排外、正统的"黄色"内陆中国撤退，作为共产党死敌的国民党南京政府，特别是其日渐壮大的军事队伍，也在30年代中期开始向内地转移。国民党与共产党之间的一大区别是，前者始终未能在农村社会中扎下根来，也从未赢得或努力去赢取广大农民的拥护。早在日本将"蓝色"中国纳入其势力范围之前（这一过程随着1941年12月日本占领香港和上海公共租界而宣告完成），中国政治的两大对手均已退守内地。

概括地讲，国家权力的强化从许多方面看都是不可避免的，因为唯有这样，才能逐渐改变国家内部四分五裂、对外缺乏自卫能力的状况。以梁启超、孙中山为代表的政治理论家和纲领制定者都清楚地认识到这一点。1928年国民党掌权后，统治中国的是这样一支政治力量：它不像大多数军阀那样，只看重眼前的目标，而是将建立一个实行计划性干预、促进社会和经济建设的国家政权作为蓝图。这样的主动型政府在扩张中必然会碰壁和遭遇反抗。南京政府以牺牲城市经济界和知识界自由为代价，实现了自身的扩张，并以此成为1949年之后共产党专政的先驱。同时，对农村地方政府的官僚干预也有所加强。后者是一个历时漫长的过程，它早在南京时期之前就已经开始了。

正如上层的全国议会制一样，在地方政府层面上，1912年和1913年同样也是两个短暂的黄金年头。康有为、梁启超等人曾以理论形式详加阐述的地方精英自治，此后再未能像这两年一样，如此接近于现实。但是，自袁世凯1914年下令停办各级地方自治后，这种精英自治不仅受到来自中央政权的质疑，在农民们眼中，它也是一个只会带来麻烦的"恩赐"。不仅是"地方恶霸"由于缺少国家官僚体系制衡而胡作非为，一些出于良好意愿的现代化项目也遭到了农民的激烈反抗，并且往往是通过暴力的形式。地方精英在各地热心推广的以传授西方知识为宗旨的"新式"学堂，便是一例。它的收费比传统私塾高，有些农家子弟也有机会进私塾接受教育，可这些高级的现代学堂却是他们高攀不起的。而兴办学堂的所有开支，最终却被强行摊派到农民的头上。[37]在国家和农民的上下夹击中，精英自治是没有出路的。无论是军阀还是南京政府时期，那些勉强得以维系的自治团体，充其量不过是官僚体系的点缀。

民国时期，在国家权力向农村层面扩张中，出现了一项重要革新，它同时也为后来共产党的农村动员创造了条件。过去，在衙门所在的县城以外，朝廷只是偶尔以收税者的身份出现。自 1908 年起，在中国官僚制度史上，第 158 一次在"县"级之下设立了更低一级的地方行政管理机构——"区"，其主要职能是收缴捐税。在村镇的区公所里，有一名上级委派的官吏和手下的一小群办事人员。办事人员中还包括警察，这些人经常到村子里四处巡视。于是，区级官吏与村民代表之间的交往，变成了"国家"与"社会"的联络点。地方精英和乡绅在县衙与村民之间所扮演的传统中介角色，因此变得多余。在局势动荡的 20 年代和 30 年代里，身为宗族首领或寺庙长老的传统精英的地位，大多被新的人物替代：这些人从保护或代表村民利益出发，与往往以敌对面目出现的"国家"进行交易。[38]扮演封建家长式首领角色的缙绅儒士，经常不得不让位于那些厚颜无耻甚至向百姓索取保护费的地方恶霸。这种现象的出现还有一个便利条件，这就是：在帝制时代里，那些拥有科举头衔的地方乡绅与行政长官依靠对传统文化的共识而彼此达成默契，其社会地位也因此（几乎）是平等的。但如今，这种共识已被彻底摧毁。没有人会指

望那些民国时期的下层地方官能和乡绅儒士们一起吟诗作
画，谈论书法。

　　警力的扩充是国家权力扩张的一个明显例证。在帝制
时代，与现代警察制度相对应的是对家庭的编制，即将居
民以"百户"和"千户"为单位进行人为划分和编整。
这种所谓"保甲制"的目的在于，通过老百姓的彼此监
督与治安责任的集体分担来维护社会秩序和缉拿凶犯。[39]
按照儒家的治国理论，这并非是一种强制手段，而是一种
互助型机制。国家不会对家庭的内部权威结构施加干预。
从西方视角看，这种通过家庭或团体的责任制来保障秩序
的做法似乎是古老过时的，然而在皇权与父权合一的中国
文明中，却是不乏逻辑的：行为不端的个体并不会被逐出
门户，家庭内部仍然是完整的。在民国时期，这种状况出
现了两大变化：一方面，通过制定法律，家庭和团体的责
任被转移到个体，并由此导致惩罚与家庭的脱钩，家庭不
再拥有惩戒和制裁的权力。各家庭间的相互监视，被警察
对个体的监管和处罚，以及对部分人在西方－日本式监狱
中的"改造"所替代。[40]

　　另一方面，是建立农村地区的警察网络，其密度依地
区不同而存在差异。这项举措早在 1901 年之后，当袁世
凯担任直隶总督时，就已经开始了。在南京政府实行
"剿匪"行动——其中既包括真正的土匪，也包括共产

党——的地区，警察和其他治安力量的规模尤其壮大。当然，直到民国末期，中国也没有形成一支清廉公正的司法队伍。特别是乡村巡警，其本身便成为令农村居民饱受困扰的另一大祸患。人们没有任何有效的法律手段，可以用来防范警察的恣意妄为。警察们一心只贪图更好的报酬和待遇，虽然薪俸微薄，但他们有很多门路可以捞取外快。民国时期，特别是 1928 年后的南京政府时期，"国家"以农村和城市警察的形象深入社会，但与秉公执法的秩序力量的角色相去甚远。这样的角色是所有警察制度改革者的乌托邦。在上海，警察与黑帮分子沆瀣一气；在农村，他们则成为帮助地主向农民催租逼债的爪牙。

在国家权威薄弱和分散的状况下，国家行为能力在不同地区是参差不齐的，许多规划和法律只是一纸空谈。尽管如此，从清末新政到 1937 年后，人们仍然可以从中清晰地观察到一个并未因政权更迭而中断的长期趋势，这就是国家官僚体系控制的逐渐加强，不仅是在城市，而且也包括农村。由此人们可以看出一种隐蔽的关联，如果仅仅将政治事件史上的重大变化作为观察对象，这种关联是很难被发现的。国家向社会的缓慢渗透是一个基础过程，其间中国虽然经历了许多历史性转折和高层政治的路线转变，但这一过程却贯穿始终。当然，这种现象堪称现代化发展的一种近乎全球性的特征，在欧洲和日本都有过类似

160

的情况。中国非同寻常的特点在于，国家权力的扩张是在领土分裂和内战式无政府状态的背景下发生的。在 1949 年之前，中国虽没有像日本一样，成功实现国家建设与民族和平统一的和谐发展，但是到后来，当中国共产党在极短时间内建立起"强大"的国家机器时，却不至于面对一盘散沙而从零做起，因为一些前提性条件早在清末和民国时期便已打造完成了。

第五章
农民与农村社会

30 年代，中国人口总数大约为 5 亿，其中 73% 生活在以农业为生的家庭里。这与 1789 年法国大革命时的情形颇为相似。[1]当然，百分比数字并不能说明一切。绝对数字也是必须一提的。中国是全世界最大的农业社会，这一点是毋庸置疑的。但是，这个拥有近 1 亿城市居民的国家，同时也是一个城市之国，正如近代早期到中国旅行的欧洲游客意外所见一样。

在中国所有省份中，农民都占据人口多数，从这一点来看，中国整体上是一个农业国家。农村中国开始于大城市的边缘，并通过成千上万的流民和逃荒者，一直渗透到了城市的核心区。尽管农村无处不在，但是与占人口少数的城市居民相比，人们对中国农民的世界却了解甚少。借助于传统教育，再加上零星的现代学堂教育，几乎每个村子都有识字的人，这些人大部分也会写字。在以表意文字而非表音文字构成的汉语体系中，一个人语言水平的高低取决于其掌握的汉字数量。因此，相较于字母文字体系，文盲与非文盲的界限在这里更难判断。[2]民国时期最具可信性的调查显示，在30年代所有7岁以上年龄的男性农村人口中，有45%受过一定程度的学校教育，大约30%拥有阅读能力。[3]据推测，19世纪末的比例大致相仿：这一结果明显超出了前现代时期其他地区的水平。但尽管如此，中国的农民群体——特别是女性——始终是沉默的。在历史文字资料中，他们的主要发声渠道是俚语和民间文学，以及1949年后收集的"口述历史"（Oral History）。有关民国时期农业和农村社会的重要史料，无一不是来自外部世界的观察：如报刊报道、早期民俗学的农村研究、系统化的实证调查，其中包括1938年至1944年日本学者在华北日占区农村所做的调查，这是对当今学术研究而言尤为珍贵的资料来源。[4]直到最近几年，中国才正式对外开放档案，其中有关刑罚和法庭文书的部分可以为我们提供极其重要的帮助。

如果说这些原始资料少得可怜，未免有些夸大。人们对某些地区了解颇多，但对另外一些地区却所知寥寥。由于各地农村社会状况存在巨大的差异，因此，人们很容易犯下的错误是草率地得出普遍化结论。1927年，毛泽东在著名的《湖南农民运动考察报告》中所描绘的状况，并没有发生在北方的省份。后来正是在这些省份，共产党

162

成功动员了农民。中国学者的早期田野调查主要是针对南方地区进行的，他们在此基础之上，描绘出一幅在农村社会中占支配地位、对佃农实行剥削的"地主"阶级的图景。[5]西方历史学者则根据上文提到的日本人在华北农村的研究资料，获得自己对中国农村的印象。在这里，地主与佃农之间的关系并不占重要地位，农业社会的形态与南方截然不同。于是，学者之间往往会出现激烈的争执，每当有人宣称"自己"的研究案例具有代表性，并从中大胆地得出普遍化结论时，就会有其他研究者站出来，对其提出反驳。

163

主要差异是在两条轴线上。其一是生态和经济的南北轴线。它是以长江以北两三百公里、大致淮河的位置为界，将中国划分为南方的稻米种植区和北方的小麦种植区。这种划分与"大区域"的划分部分重叠。在革命爆发前，北方农户的种植面积通常是南方的两倍，自耕农的比例远远超过佃农。直到今天，水稻文化和人工灌溉仍然是南方农业的特征；而30年代在北方，人工灌溉的耕地面积不到总数的10%，其用水主要取自水井。在南方，由河道和运河组成的密集水系为大宗货物运输提供了便利；而北方的运输则主要是依靠牲畜、手推车和挑夫，速度既慢，成本又昂贵。因此，铁路给北方带来的变化超过了南方。华北中原地区是辽阔的平原，从长江一直延伸到长城脚下。这种地形特点有利于形成文化同质性和政治上的控制。而南方的地貌则以强烈起伏为特征，被大山隔开的相邻地区，在方言和风俗习惯上很可能存在着巨大的差异。

第二条轴线是核心聚居区与边缘的分隔。每个省份和每个大区域都有自己的边缘地带。但重要的是，仍然存在着真正意义上的"边疆"，虽然在20世纪时，其数量要少于18世纪和19世纪。这些垦殖边界可供人们开垦新的耕地，并因此吸引了大量来自人口密集的核心区的移民。华中和华南的山区，尤其是东北地区，都有很多这样的"边疆"。铁路开通后，东北地区的大片土地成为华北人口过剩地区的移民和季节工的目的地。1928年，当中国又一次迎来移民潮高峰时，涌入东北地区的移民人数超过了130万，其中约半数在当地落户。[6]与人口聚居区相比，这些边缘地带的社会关系较为开放，受传统的约束较少，但正因如此，这里的社会关系对整个中国而言也相对缺乏代表性。

在下文的叙述中，我将努力在普遍化与地区差异化之间探寻一条窄径。过分强调地方特点，会使整个图像产生扭曲；将全中国看作一个整体，并以粗线条对其加以描绘，则有可能让人们忽略一个事实：最终波及每一个农民个体的共产主义农民革命，最初是作为一种地方现象开始的。

劳动与所有制

在核心地区以耕种为主的中国农业，大多是采用小规模经营的方式。在南方，平均耕种面积是 1.13 公顷。[7]这些分散化耕种的小片农田，一般还被分成更小的地块，零星分布在各处，因此一户农家同时耕种几块不相连田地的现象并不罕见。虽然北方的耕种规模平均为南方的两倍，但是由于拥有地理上的优势，南方的生产率要比北方高得多，也能提供给农民更好的食粮。北方是中国农村相对贫困的地区。由于这里没有可供开垦的新土地，因此，人们只能采用精耕细作的方式，以有限的耕地来养活不断增多的人口。与土地匮乏相对应的，是劳动力的过剩。因此，这里的人们对使用节省劳动力的机器没有太多兴趣。其他一些有利于提高生产率的科学成果，如化肥、农药、精选良种等，只有少数农民才有渠道获得，而且价格十分昂贵。中国在历史上经历过数次"农业革命"，最近一次是16 世纪从美洲引进新的水果品种。但是在 30 年代时，中国农业仍然停留在清朝鼎盛时期的发展水平。

近几十年来，人们对中国农民生活水平问题始终争论不休。[8]"悲观论者"认为，中国农民一直处于贫困状态，而"乐观论者"则认为，在民国时期，经济总体上呈现

165

出增长的势头，农村人均收入也有明显提高。中间的答案，也许最接近事实。据估计，到 1937 年战争爆发前，中国农民的量化平均收入基本与清朝末年相当，从数字来看，甚至低于 18 世纪初期的水平。农业与人口增长的速度大致持平。有据可查的是，农民的棉布消费量连续几十年不断增长，这些棉布通常都是农家自己纺制的。不过这种平均状况当中，也包括了两种极端情形：一种是在极度贫困地区，尤其是西北，人们只能用粗粮（红薯、玉米、高粱和小米）来糊口，很少能吃到白面和大米，更不用说吃肉了；另一种是在传统富裕地区，如广州一带或长江三角洲。长年持续的饥荒在中国并不典型，但是很多地区的情况却与英国经济史学者托尼（Richard H. Tawney）研究中国农业后得到的结论相符：许多地方的农民就像水淹到脖子的人一样，只要再多一滴水，就足以溺毙。[9]

166 农村地区人口的平均寿命极低，据粗略估计，20 世纪初，女性平均寿命为 24 岁，男性是 25 岁。三分之一的婴儿在出生后第一年夭折。[10]造成高死亡率的因素并不是营养匮乏，而是卫生条件落后和缺少医疗设施。最常见的死因是疾病，如伤寒、霍乱、痢疾、天花、白喉、肺结核和寄生虫等。在某些省份，一些疾病以瘟疫的形式出现。例如在东北地区，1910～1911 年暴发的一场肺鼠疫造成了 6 万人死亡。拥挤不堪的居住环境，以人类粪便作肥料的旧习俗，健康知识的缺乏，以及许多接生婆的无知等，导致了高死亡率的延续。传统中医很难有效对抗这些疾病，受过西方教育的医生很少踏足农村地区，即使他们这样做，也得费尽口舌，来消除人们对西医治疗手段的抗拒，更何况现代药品也是农民根本负担不起的。[11]

如果在更深层的社会经济环境下进行观察，20 世纪的农民们可以被视为身兼各种角色的多元体。首先，他们必须要为维持生计和养活家人提供基本保障。活命是头等大事，其余一切都是次要的。其次，他们要和市场打交道，做买卖，筹措贷款，签订契约。要做好这些事情，必须要有精明的生意头脑，甚至是企业家的智慧。再次，他们是周边文化环境的构成者之一，其周边包括三个部分：村庄，通常超越村庄范围的宗族，还有距离村子最近的市集城镇，后者不仅是货物交换的中心，同时也是通信与服务业的中心。最后，农民还要与缴纳部分劳动产出的对象打交道。其中既包括向农民出租土地的地主，也包括向他们征税的国家代理人。

上述第四点因素对农民的政治倾向具有至关重要的影 167
响，特别是决定了他们是否愿意投身反抗，甚至于革命。中国共产党的宣传，从一开始便为人们描绘出一幅地主阶级不劳而获、依靠残酷剥削穷人为生的寄生虫形象，并且宣称，正是这种越来越不堪忍受的掠夺和压迫，促使

中国革命：1925年5月30日，上海

"广大群众"投奔共产党的领导，并在其保护下，向"封建制度"的受益者报仇。这种对现实的戏剧化解释，后来通过包括中国历史学家在内的多方努力，已经得到了纠正。在这方面，有关土地所有权分配的问题，长期以来一直备受重视。30年代时，中国的土地分配确实非常不均。然而与欧洲相比较，人们就会发现，像大革命前的法国或20世纪革命前易北河以东的欧洲，甚至在今天的英国仍然可以看到的庞大地产，在中国却十分罕见。30年代的一次全国性调查显示，在接受调查的所有家庭中，只有0.02%的家庭拥有超过60公顷面积的土地（平均约100公顷）。拥有600公顷以上土地的人，更是凤毛麟角。这些仅有的例外，大多是把从政或经商积累的财富拿出一部分，用于土地投资。农业创造的收益是有限的，无法带给人们可观的财富。19世纪和20世纪时，比大地产所有者更罕见的，是类似中东欧的农庄或拉丁美洲种植园式的大型经营者。另外，如前文所说，中国也不存在世袭贵族，可以将万贯家产一代代传承下去。简言之，中国土地分配不均的情况，并不像革命前的法国和俄国社会那样严重。农村社会等级秩序中最底层与最上层之间的社会差异，同样也不及后者。

168 　　由于统计资料不全，我们很难对农村资产分配情况获得更准确的了解。更具潜在风险的问题，是那些对社会结

构类型做出貌似精确的划分，并由此得出的结论。这是
20 年代以来的中国农村调查中常用的分类方法。该领域
的一位优秀专家在对各种考察报告进行认真比较后，绘出
了全中国土地所有权分配的比例关系表：[12]

按阶级成分划分的中国人口与土地所有权（20 世纪 30 年代，估测数据）		
	农户（%）	土地（%）
地主	4	39
富农	6	17
中农	22	30
贫农	60	14
雇农	8	—
	100	100

　　在表中相对清楚的概念是"雇农"。他们是没有办法
得到土地的人，无论是作为地主，还是佃户。他们是农村
贫困的真正代表。在最糟糕的情况下，他们甚至算不上村
子里的固定成员。他们是穷人中的穷人，是没有视角的社
会阶级，他们往往没有能力组建自己的家庭，也无法传宗
接代。

　　农村社会中其他阶层的划分，则比较难界定。在研究
中，人们通常结合了两个标准：耕种土地的规模和雇用长
工的数量。"贫农"的耕地面积不到 0.6 公顷，并且完全
依靠自家劳动力进行耕作。"中农"的耕地面积在 0.6 ~　169

1.8公顷之间，偶尔雇用自家之外的劳动力作为帮工。"富农"的耕地面积超过1.8公顷，由家庭成员和雇用的长工共同耕种。鉴于中国南方和北方耕地规模的差异，上述田地数量不过是形式意义上的平均值。租耕地与自耕地之间的关系，并不是由这张简单的图表决定的。在所有农户中，大约三分之一都是没有自己土地的佃农。他们当中既有"中农"，也有"富农"，即现代西方农业中所谓的"大佃农"。"贫农"中除了"小佃农"之外，还包括数百万"小块土地所有者"。他们是北方农村最常见的农民类型，特别是在河北和山东，因为这里的租耕地仅占耕地总面积的10%~12%。[13]从全国来看，大约半数农户都与地主存在租佃关系，其中五分之三是"全佃户"，另外五分之二是"半佃户"。

那么，哪些人才是"地主"呢？按照当时中国的语言习惯，地主是指这样一些土地所有者：他们从不让农活弄脏自己的手，而是把所有田地都租给他人耕种。这些"有闲阶级"〔托斯丹·凡勃伦（Thorstein Veblen）语〕的成员从共产主义农村革命一开始，便被树为人民公敌。在共产党统治区，这些人被剥夺财产，很多人被处死。在社会革命的高潮期，所有在政治上不受欢迎的农村社会成员——在没有社会学严谨划分的情况下——统统被扣上了"地主"的帽子。中华人民共和国成立后，地主家庭的子女在数十年的时间里一直受到迫害和歧视。如今的"地主"是一个大的概念，其背后既包含了多种形式的租佃关系，也包含了土地所有权的不同类型。

在地主经济发达的地区，如江苏和广东等较富裕的省份，地租约占收成的一半。30 年代时，全国的平均地租水平大约为44％。[14]中国也像其他农业社会一样，有着不同的地租缴纳方式：按照收益分成（share-cropping），按照预先约定的实物数量或固定数额的现金。以"劳役"抵租的做法——就像在近代早期的德国——在中国十分罕见。正如欧洲旧制度时期的常见现象一样，合同之外、约定俗成式的送礼行为（例如在地主生日时送猪作为贺礼）在中国也有一定的影响。

收益分成式的缴租方式约占总数的四分之一，主要集中在生态环境不稳定的地区，如华北和西北的干旱地带。按照这种做法，佃户和地主共同分享农作物收获（通常是五五开），也共同承担风险。双方虽然都有收获，但没有一方有意愿进行投资。就算收成不好，也不会减少地租。就像大革命前的法国南部一样，收益分成制度下的佃户相当于农村的无产阶级。

按照约定农产品数量缴纳地租的佃户，日子要明显好过得多。这种做法主要流行于南方富裕地区，约占全国所有租佃关系的半数。在有长期契约保证的情况下，它能够

170

刺激佃户不仅通过劳力的投入，同时也通过对农具、牲畜和种子的投资来扩大收成。选择这种收租方式的地主，通常关心的并不是如何获得更多收益，而是希望农民能用心耕种自己的土地。在收成不好的时节，地主通常会减少甚至免收地租。在第三种方式，即征收固定租金的体制里，佃农必须卖掉部分收成，以换取交租用的现金。由于佃户很少有存款和贮存粮食的条件，因此他们通常要在收割季节结束时，把收成拿到市场上去卖，这时也恰恰是粮食价格最低的时候。这种收租方式主要是在商业化程度最高的地区流行，如大城市的郊区，还有其他种植棉花、茶叶、桑树（丝绸）、水果和蔬菜等经济作物的地区。

租佃关系的压迫性和剥削性，以及佃农自身对此的感受如何，是不能一概而论的。这不但取决于租金的高低、租约的期限、签订契约时支付的押金数额（通常是一年的租金），同时还取决于地主是否为佃户提供农具和牲畜。在最好的情况下（约占所有租佃关系的10%），佃户拥有对土地的长期使用权，并且可以世代相传。佃农拥有土地的耕作层，而表层之下的土地则归地主所有。这种情况常见于国家土地、寺庙属地以及新开垦的边疆，在这种制度下，佃农的地位相当于土地的准所有者。此外，在决定租佃关系的因素中，供求关系同样也具有一定的作用。地主并不总是能够让对方完全接受自己的条件。他也不是在任何情况下，都能把契约规定的租金真正拿到手。但是从总体上讲，佃农的命运是与风险紧密相连的，这一点并不仅仅是由经济因素决定的：当佃农与地主发生纠纷时，他们很难有机会为自己讨回公道。

　　因此，地主与佃户之间的关系总是形形色色的。即使是对两者间潜在和公开的冲突，也必须分别加以评判。导致农民家破人亡的吸血鬼式的地方恶霸，的确是存在的，但是也存在夸大了这种情况的代表性的问题。在有些地区的农村，不同社会群体之间的关系总体上是和睦的，民族学家费孝通在 1936 年的乡土调查中，曾在上海腹地开弦弓村看到了这样的景象，并对此做出了描述。[15] 这种情形是可信的，当然也同样不能被普遍化。在这里，只需零星列举几种其他可能性的范例，便足以说明问题：在江苏南部富裕的无锡县的一些村庄里，居住着人数众多、彼此没有太多联系的小地主，还有一群拥有长期土地使用权的佃户。在同一个县还有一个小镇，其政治和经济是由同一个宗族控制，当地 68 个地主中，有 61 个是属于这个宗族。但是，镇上佃户们的日子也过得并不差。在相对贫困的苏北地区，情况却截然不同：这里佃户占居民总数的比例较低，但地主却凶狠残暴，他们欺压农民，甚至毒打拖欠地租的佃户。距无锡几公里之遥的苏州及其周边地区，采用的是与上述暴力催租不同的"现代"高效方式：大多数

172

地主都住在上海或其他城市，很少在村子里露面。因此，经常有佃户连地主的姓名都不知道。收租事宜被托付给专业的管理机构，这些机构往往能够得到当地警察强力和有效的协助。在这里，佃户面对的并不是村中恶霸或受人尊敬的施主，而是近乎匿名的代理人。[16]在云南，费孝通观察到的现象是，有一些拥有少量田产的地主，他们情愿以微薄的地租来维持并不奢华的闲逸生活，而不肯通过对土地的亲自经营，来获取双倍的收益。[17]

如果说作为个体的地主是中国北方农村的特点，那么在南方越靠南的地区，土地归集体所有的现象便越常见。这些作为土地主人的团体包括宗族、寺庙，偶尔还有学堂和书院。宗族虽然在北方也很普遍，但只有在最南部，才谈得上真正的宗族社会。在这里，宗族是核心家庭以外占主导的社会化形式。宗族有可能与村庄重叠，这时候，全村每一户人家都会有相同的姓氏。在香港的农村——"新界"，人类学家迄今仍在对这类现象进行研究。宗族也有可能同时覆盖几个村庄，并成为连接乡村和城市的纽带。在中国南方，由上千甚至更多成员构成的宗族并不少见。宗族是依据男性成员的谱系排列所构成的家族团体，这些人全部源自同一个祖先。每个宗族通常都有一份文字记载的家谱。族谱中记录的亲缘关系是否准确无误，或者说是否有一部分是出于虚构，是无关紧要的。无论在任何年龄段，一个人都可以通过收养或过继，成为宗族的新成员。[18]

典型的宗族大多是由几百名成员构成，这些人通过在祠堂中对祖先的供奉和祭祀被组织在一起。宗族内部开展公益互助活动，资助贫困的家族成员，抚恤鳏寡和孤儿，为预备参加科举考试者以及 1905 年后在现代中学和大学就读的人提供助学金。作为团体，宗族拥有自己的不动产：房屋、耕地、果园、鱼塘，等等。其中大部分农田是租给佃户耕种，有些是租给外族人，有些是以优惠条件租给本族成员。租金收入归整个宗族所有，这些收入部分被用于再投资，部分被用来支付各类开支。宗族中家境优越、富有威望的家庭掌握着宗族财产的管理权，并作为宗族代表对外进行交涉，这些家庭同时也是地主和有独立账目的土地出租者。从纵向角度看，宗族可以被划分为单个的世系和分支。从横向角度看，宗族内部成员在财富、权力、教育和威望上存在着巨大的差异。有些拥有特权的首领群体甚至利用宗族，作为攫取权势和致富的手段。但即使如此，宗族对外仍然是作为内部团结的社会团体出现的。各宗族都有自己的武装，彼此间不断发生争斗。清朝时，福建的某些地区便曾因宗族间的战争而闻名一时，就连朝廷也对此束手无策。20 世纪初，在其他很多地区都出现了类似的无政府状态：一个个村庄筑起了围墙，一座

174

座田庄像壁垒般森严。宗族的传统凝聚力是如此强大，以至于由客观家境所决定的社会阶层"归属"也被消解。另外，宗族还强迫其成员遵守严格的族规。然而宗族内部的贫富分化越严重，就会有越来越多的农民加入超越宗族和村庄范围的秘密团体。20世纪初，在传统的宗族省份广东，便曾出现过这样的情况。其中势力最广的是三合会，亦被称为"天地会"。它于18世纪末兴起于台湾和福建，并很快发展到广东和广西。[19]

人们对"纵向"的宗族团体的忠诚度，远远超过了对"横向"的社会阶层或阶级的效忠。这一点对革命的进程有着重大的意义。运转良好的宗族机制对外界动员形成了强大的抵抗。这不仅是因为按照马克思主义观点，宗族机制妨碍了人们对自身阶级处境的认知，同时也是因为，这种机制的确为许多人提供了最基本的生存保障，它是传统的一种沿袭，没有人愿意轻易拿它去冒险。长江下游和东南部地区的社会稳定程度之所以超过北方，除了地理条件相对优越以及物质生活水平总体较高等因素之外，强大的宗族组织同样也发挥了重要作用。这些南方地区的农民不像北方那样分散，土地所有权也较少在短期内发生变更。没有自己田地的人，只占很小的比例。当然，宗族并不是社会凝聚力的唯一保障。在南方，核心家庭作为经济单位的表现也比北方更活跃。凡是要以革命铲除旧制度的地方，首先必须要扯断宗族这根纽带。只有在宗族关系从内部开始瓦解时，外部动员才有可能找到切入点。

　　从上述例子可以得出结论：清末民初时，地主在中国呈现出形式多样化和地域差异性的特点，尽管这些人并没有形成全国统一的"剥削阶级"，但他们的确给中国农村社会烙上了深刻的印记。不过，我们是否可以称之为地主"阶级"，却是一个疑问。地主这个概念所指，与其说是一种社会地位和政治权力，倒不如说是一种经济功能（土地出租）和由此产生的依附关系。一个"中农"的遗孀将继承的 1.5 公顷土地租给佃户耕种；一位富商或军官拿出部分资产，为自己购置 400 公顷收益微薄但相对稳定的田产。这两种类型的人在形式上都可被视为"地主"，在革命如火如荼的年代里，也都的确得到了这样的"待遇"。但是，他们之间的共同点究竟在哪里呢？还是让我们回到"地方精英"的概念，这对于从社会史的角度来阐释近代中国将更有裨益。大多数精英家庭也是地主，然而当清朝末年"士商"阶层出现后，这些人在经济生活中又承担了许多其他方面的职能：例如作为商人、工业和采矿业的投资者、金融和信贷业的投机者、律师等自由职业的实践者，等等。反过来看，并非所有地主都属于地方精英。要成为地方精英需要具备的条件有：一定数量的财产，能够借此过上富裕安逸的生活（最好是在城里）；超

175

出村庄范围的政治上的关系；文化上的抱负，在民国时期的主要表现是，送子嗣到有名的中学和大学接受现代教育。

在帝制时代，位居地方精英之上的，是由官吏及其家属构成的国家精英。在民国时期，取代后者位置的是主要以军事权力为基础的新型"国家阶层"。其成员是一批掌握国家权力体系的社会新兴力量，这些人不惜利用官僚制度的一切可能性来牟取私利。当时屈指可数的超级大地主多数都出身于这个新兴的政治阶层，另外还有一些人是来自南方几个大的宗族。这些宗族拥有庞大的共有田产（就像欧洲教会组织一样），这些田产并没有因遗产分配而被分割，而是世代相传，甚至在规模上不断扩大。

说到底，该向谁缴纳地租，对农民而言是无关紧要的。他们关心的是租佃关系的具体条件。除了地租外，他们还有别的烦恼，况且有租佃关系的农户毕竟只占总数的一半。借贷是农民普遍面对的另一个负荷，特别是那些不用缴租的自耕农。30年代初，全国约44%的农村家庭负有债务。[20]由于缺少现代化的农业融资体系和债权法，合作社制度也还停留在起步阶段，因此农民不得不忍受私人放贷者的各种敲诈和盘剥。平均年息大约为30%，在经济落后地区甚至更高。借来的钱只有一小部分被用于农业生产。有些借款是为了支付按照传统习俗必须大操大办的红白喜事的费用，其他则是用来应付急需：如粮食歉收、生病或家庭中突然丧失了主要劳动力。无力偿还的债务是导致土地出让和赤贫化的普遍原因。反过来看，在 30 年代的华北地区，无力赎回的抵押田产成为城市商人致富的主要财源，很多人正是通过这种方式积累了庞大的田产家业。[21]借债和高利贷是中国农村最严重的两大社会问题。

商品化与经济停滞

20 世纪初，农民首先要考虑的问题仍然是如何维持家庭的生计，然而此时的农业已不再是自给自足的纯自然经济。在帝制时代的最后几百年里，已经出现了大宗货物的跨地区贸易，其中包括粮食、棉花、食盐等。在 17 世纪和 18 世纪，一些地区成为丝绸、棉花、茶叶和瓷器等专供欧洲出口的商品产地。1842 年中国的开放为贸易发展带来了新的动力，几十年后，轮船运输与铁路的开通为进一步开拓内地市场提供了便利。世纪之交时，中国内地省份的市场对伦敦和纽约的商品价格变化，反应十分敏感。国外需求的增加，带动了国内贸易的发展。农业商品化不断向前推进，这一点从农产品销往周边市场的比例便可看出。30 年代时，全国所有农产品中，进入地区贸易的比例平均约为 30%，跨省贸易为 10%，对外贸易为 3%。[22]

177

对商品化的事实及其程度，专家普遍没有异议，然而对商品化的后果却看法不一。有些人认为，日益强化的市场关系导致了农民对销售垄断和世界市场不确定性的新的依赖；另一些推崇定量分析法的人，则对经济因素以外的关联和农民的精神世界漠不关心，他们把中国农民看作乐于冒险的小企业主，并自信有证据可以证明，农业生产率和农民平均收入都呈现出增长的势头。在他们看来，这都是生产专业化和贸易发展所导致的结果。[23]美国历史学家

178　黄宗智（Philip C. Huang）提出了对中国近代农业史的综合性分析，使上述两种观点间的矛盾部分得到了化解。这些分析虽然又引发了一连串新的问题，但暂时为人们提供了一种较为完善的解释模式。黄的第一本著作是以华北作为研究对象，之后另一本论著所探讨的内容则是针对长江下游地区。[24]

黄在对华北地区的研究中发现，该地区经历了一个从清朝初年一直持续到20世纪中叶的漫长发展过程，按照黄的说法，这是一个以人口不断膨胀、经济停滞不前为背景的社会分化过程。其特点在于，当时的中国经济有着十足的动力，但这股动力一直处于搁浅状态而无法得到释放。这股动力的主要来源是商品化，其两种主要表现形式都步入了死胡同：第一种形式是手工业的扩张，更具体地讲，是小农经济式的家庭工业（"原始工业"），特别是棉

花加工。尽管农村家庭的传统纺纱因为成本因素，而沦为进口的机器纺纱和后来通商口岸纱厂棉纱生产的牺牲品，但是廉价的棉纱供应却刺激了以满足自需和国内市场为目的的家庭织布业的发展。正如欧洲常见的情况一样，原始工业并没有为真正的工业开辟道路，而是借助成本优势，成为后者的竞争对手。

第二种形式是在华北——小自耕农集中的传统地区——出现的一种新的农业经营类型：农场（managerial farms）。30 年代时，这些农场的耕地规模通常为 6 ~ 12 公顷，占华北耕地总面积比例为 9% ~ 10%。这些由具有企业家眼光的"富裕"农民经营的农场，原本可以成为农业全面走向资本主义化的起点（就像在英国一样），但现实却并非如此。尽管农场在生产效率上明显超过小的家庭单位，其收益也比单纯依靠地租的地主要高得多，然而从长远看，它们却面临着双重的压力：一方面，这些农场主永远不可能做到像小规模家庭式经营一样，把劳动力成本压缩到零。后者拥有各个年龄段的充足劳动力，尤其是在收获季节以外，除了最基本的吃、穿、住之外，基本上是"零成本"。一个花钱雇来的农工，总不可能像一个帮自家干活的老奶奶那样便宜。另一方面，无论是在民国还是在帝制时期，财富与权力永远都来自农业之外的渠道。因此，农场主一旦发了家，就会想方设法脱离农业，进入到

179

商业、信贷业、政治等更高级的行业，到城里去享受"不在地主"（absentee landlord）的奢华生活。在这些还处于襁褓期的农业资本家身上，上层的吸收机制再次发挥作用。19世纪时，这种机制是商人群体没能进一步发展壮大，从而演变为资产阶级的重要原因之一。

当农场经济在经济与社会意义上一直处于不稳定状态的同时，在小农家庭式经济领域，被黄宗智称为"内卷化"（Involution）的过程也在延续。为了维系生计，农户们想尽各种办法对家庭最宝贵的资源加以充分利用，这种资源就是劳动力。这些办法包括：让男孩子到农场去打工挣钱，或到东北地区去闯荡。其结果是华北大部分农民的"半无产化"，以家庭多种经营方式相结合为特征：耕种自家田地，给他人作帮工，妇女在家织布卖钱，等等。"内卷化"在这里的含义是，尽管投入了越来越多的劳动，但经济却仍然停滞不前，社会虽然出现了内部分工细化甚至是现代化的迹象（如农场主阶层的形成），但并没有发生根本性演变，即"进化式"地过渡为充分发展的资本主义社会。

黄宗智的第二本论述长江三角洲地区的著作，仍然是将在以农村家庭式生产为特征的社会中出现的农业商品化作为主题。长江下游是近代早期最重要的出口区，在这里，农村家庭式生产有着比其他地区更为悠久的历史，在

179

20世纪初时仍然十分发达。[25]农户几乎没有剩余的劳动力，因而没有可供"农场"发展的空间。出于同样的原因，华北地区常见的农民"半无产化"现象在这里也没有出现。然而，各家农户并没有把自我剥削的劳动力以及合理利用资源的能力用于生产性投资，而是用来完成缴纳地租的义务。因此，商品化的结果是使占主导地位的租佃体制变得更加巩固。出租土地的地主这一边，也没有理由向土地的企业化经营过渡，即自己去开办农场。其结果是，体制始终是在自己内部打转，这种现象甚至比北方更明显。黄同时强调，与华北农村不同的是，在30年代世界经济危机前，长江下游——从某种意义上讲，甚至是整个华南地区——并不属于贫困地区。他没有以道德口吻对地主制度提出谴责，斥责他们对农民实行剥削。他也没有发现南方具备革命的条件。因此，在黄宗智看来，1949年后铲除地主"阶级"和实行农业集体化，并没有使农村的"衰退式"基本结构发生太多变化：人们仍然注重大规模劳动力投入——只是组织形式从自下而上变成了由上至下，但经济依然没有实现足够的增长。

黄宗智试图用一种概括性解释模式，对中国经济不容忽视的局部商业化以及同样明显的停滞状态做出阐述。这种尝试虽然具有说服力，但我们也必须要看到，他在分析相关问题时，并没有顾及中国的边疆、山区和荒漠地带。

正如在其之前的许多历史学家一样，他强调南北之间的贫富差距，以及由此而导致的社会稳定程度的不同；但是在中国，还有一些比华北平原和山东更贫穷的地区：如华中和西北地区。在这里，农业的功能仅仅是维持生计，农民的劳作所得也仅限于满足自身的基本需求。许多西方经济史学家所说的中国农民有计划的企业经营行为，由于缺少动力和机会而根本无从谈起。[26]

不稳定性与灾害

最迟在阿历克西·德·托克维尔（Alexis de Tocqueville）对法国大革命做出阐述后，人们开始对"生存状况恶化本身即会促使人们走向激烈的对抗"这种幼稚想法抱以怀疑的态度。乍看起来，下述猜测似乎很合乎情理：严重的贫困化迫使部分中国农民走上了革命之路，但这种猜测却未必符合事实。贫困化并不是用以解释革命的逻辑上的必要条件之一。从实证分析的角度看，中国的贫困化程度究竟如何，人们很难断言。黄宗智否定了南方存在贫困化的现象，但却十分强调华北的半无产化状况。在当时中国和西方的文献资料和叙事文学中，有许许多多令人触目惊心的有关中国农村悲惨状况的描写。然而统计学的"宏观数据"并不能证明，（当时的中国农村）出现

181

了生存条件严重恶化的现象：农民人均收入既没有大幅下降，地租和土地集中化程度也未见明显增长。但是从总体上看，所有迹象更多是肯定而非否定了下述观点：并不是1937 年爆发的战争才是农民灾难的开端，早在战争前的十年里，很多人的生活已经陷入水深火热之中。这是由危机现象的积累造成的，这些现象之间并不是环环相扣的链条式关系，而是以一种错综复杂的方式彼此关联。民国时代尚未开启，"王朝"衰落的恶兆便已露出端倪。

20 世纪头几年，对中国各地百姓来说，生活的不稳定性和不可预测性大大提高。暴力肆虐是最明显的标志。尽管没有出现过整个国家都陷入内战的情形，类似太平天国的暴力程度直到 1937 年后才再度重演，但军阀和土匪的猖獗却达到了前所未有的水平。1917 年至 1937 年，中国农民所经历的杀戮和掠夺，与 19 世纪中叶和此前清兵入关时的情形相仿。通商口岸作为与村庄和城镇相比较安全的地方，吸引来了大量来自内地的富人和穷人。资本向大城市的流动反过来又给整个经济带来了不良后果：它使农村经济变得更加萧条，并在西方势力所在的沿海地区受益的情况下，加剧了国内各地区间的不平衡。

另一大祸患是自然灾害。[27] 这一时期，自然灾害的发生尤为频繁，尤其是在 1931 年、1934 年和 1935 年。很多问题明显是人为造成的，例如对水利设施和堤坝维护的不重视。没有人愿意为此承担责任，无论是国家机构，还是那些失去了传统（理想化的）儒家思想所推崇的公德心、一心追逐私利的地方上层社会。当全国各地的农民在武力威逼下，被迫去修筑军事公路时，那些伴随着中华文明一步步发展起来的基础设施，却在一天天破败。据比实践中的行动者更能综观全局的历史学家估计，其造成的经济损失高达天文数字。[28]对几起严重的自然灾害，特别是旱灾而言，除了人为因素外，气候周期性变化也是重要原因。如 1928 年至 1931 年发生在偏远和贫穷的陕西省的大饥荒，就是由于持续干旱和突降暴雨所导致，而土匪、兵患、蝗虫和鼠灾更令其雪上加霜。经过这场饥荒，陕西人

183 口减少了近 300 万。[29]20 年代和 30 年代时，就连帝制时期由朝廷划拨的赈灾款也没了踪影。传教士和国际援助组织提供的资助，对救灾而言不过是杯水车薪。

农村危机的一个明显特征是逃荒人数的增多。他们当中的大多数人并不像现代社会中的正常流动人口一样，是为了寻求更好的谋生机会，在经过深思熟虑后做出离乡的决定，而是被生活所迫，因绝望而踏上了逃难之路。每一场旱灾，每一次洪水，每一次有部队路过村庄或土匪来袭，都会引发难民潮。在个别情况下，当农民因地产抵押或无法履行租佃合约而失去土地时，也有可能出现类似的现象。尤其是在世界经济危机时，沿海地区居民向海外移

民的传统模式一时失效。超过半数的移民都将大城市作为目标。有的是全家出动，但更多的是青壮年男子。据估计，仅在 1933 年一年当中，就有 5% 的农户和 9% 的男女青年离开了自己的家乡。[30]

除了暴力和自然灾害外，世界经济危机更进一步加剧了农村的困境。[31]这场危机对中国的冲击始于 1931 年，与日本占领东北地区几乎同时。经济大萧条与白银的外流有关（1935 年之前，白银一直是中国通行的货币）。国际市场上高昂的白银价格吸引这种货币金属从农村流向城市，然后又从城市流向国外。其结果导致农村地区严重的通货紧缩，佃户的地租负担和土地所有者承担的赋税实际都大大增加。欠债和由债务导致的失地现象越来越普遍，许多小地主也把家产输给了那些更具危机抵抗力的竞争对手。导致农民收入水平恶化的另一个原因，是中国出口商品在国际市场上的价格暴跌。商品化的阴暗面由此暴露。一些曾经养活了成千上万个家庭的行业——如养蚕、缫丝等——纷纷破产。在日益激烈的国际市场竞争中，中国丝绸敌不过日本产品，因为后者借助国家监督和标准化的优势，可以在相同价格的条件下保证更好的质量。广州、上海等城市丝织业的崩盘迫使高度专业化的蚕农不得不砍掉桑树，在有条件的情况下，改种水稻或甘蔗，原来养殖的蚕被丢进池塘喂鱼。茶叶的命运也与此相仿，只是程度略

184

轻，因为很长一段时间以来，印度竞争者在国外市场上已然对中国形成了挑战。[32]

农村形势恶化的另一个原因是赋税的增加。在广东、江苏等省份，田赋在清朝末年缓慢下降，但在民国初年却又逐渐开始上涨，自20年代末起更是大幅剧增。当蒋介石击退军阀，或以类似"银弹政策"的温和暴力手段将其并入自己的政权体系后，南京政府也将军阀巧立名目、滥征苛捐杂税的恶习一并接手。很多税种虽被冠以临时性应急措施之名，但通常都会一直延续下去。与军阀时期相比，只有一点发生了变化：这些税收的名目听起来还不算太荒唐，而且还多少反映出一个立志改革的现代化政权在意识形态上的追求。例如设立教育和公益税项，而不再征收"鸡捐"或"锅头捐"等。几乎所有的捐税收入都流入了军队的腰包，甚至还出现了以"剿匪戡乱"——镇压共产党——为名的附加税。受害最深的是农村人口中的弱势阶层，因为富人和有权势的人总是想方设法，把部分新增的捐税负担转嫁到他们头上。另外，政府还提高了食盐、火柴等生活必需品的间接税额度。1934～1935年，185 每户农民需要缴纳的各种捐税加在一起，按实物计算，比1931年高出30%～50%。[33]这些搜刮来的资金中，只有少量得到了建设性使用，其余一部分被南京政府时期依然猖獗的贪污腐败所吞噬，还有一部分被用于作为税收人的官僚体系的自身扩张。每增加一项新的税收名目，就给百姓带来了更多造反的理由，政府则要耗费巨大的开支去镇压。由此便形成了一种因赋税压力导致社会动乱，然后由军队和警察出面"平定"的恶性循环。

纵览历史，我们会发现，提高赋税并不是一件稀罕事。在欧洲现代化进程中，也曾出现过国家税收连续数十年甚至数百年增长的现象。因此，如果非要从积极的角度来评价的话，我们也可以把国民党统治时期的变化看作一种现代化成就的标志。但与欧洲相比，有一处明显的差别：中国政府财政权力的扩大，是与农村日益严重的无政府状态并行的。国家从农村社会榨取财富的能力，远远超过了控制和改造它的能力。这种情形与农业"衰退"的状况颇为相似。"国家衰退"的表现是，在"现代"国家机构扩大并向新的社会领域渗透的同时，政府没能建立有效的国家权力垄断机制，肩负起以公益为目标的改革责任，以期实现社会的稳定。[34] 因此，国家以缺乏系统性、顾此失彼的方式对社会实行干预，其效果必然是弊大于利。国家并没有把力量集中起来，变成一种面向未来的改革性政策，就像1868年明治维新给日本带来的变化一样。尽管国民党政府一直把改革挂在嘴边，但国家机器始终只是一个各派势力的大杂烩，这些势力为了争夺农村资源而彼此交战不休。

186 　　20 年代和 30 年代中国农村的变化，还包括精英结构的重组。上一章结尾曾经谈到士绅家庭与宗法伦理的衰落，以及精英阶层在地方社会与中央权力之间的传统中间人角色的丧失。这主要是军事化与商业化共同作用的结果：两者一个作为推力，一个作为拉力，把士绅从农村带到了城市。最迟到 30 年代，那些对自身名望与地方权威角色视如珍宝的后儒家式尊长，被排挤到了边缘。两种新势力加入了进来，甚至取代了他们：第一种是行政中介人，如受"不在地主"委托的租佃代理人或牙行经理，这些"不在地主"中既有从农村搬到城市的乡绅，也有拿出部分财产到农村投资的商人和政客。第二种是暴发户，一些依靠纯粹暴力或政治关系发迹的人，他们不顾廉耻、肆无忌惮地为自己和背后的靠山牟取私利。这些人和传统的宗族往往没有任何关系。在当时中国人的口中，这些"土豪劣绅"——一个有很强随意性的标签，而非精确的社会学概念——一直被斥为农村社会关系野蛮化的元凶，其罪行包括贪污腐败、敲诈勒索、蔑视传统习俗和义务（比如在饥荒时也不许佃户延迟缴租）、走私货物、肆意征收税捐，尤其是无节制地滥用暴力。[35]他们在农村散播怀疑与仇恨，拒绝接受以农民与精英间平等互利为原则的传统"道德经济"的制约。后来，当共产党管控区出现"阶级斗争"的场面时，这些人便成为轰轰烈烈的批斗对象。

　　帝制时期以士绅家族为主体的农村传统上层社会，在平安度过了辛亥革命的风云后，一度产生了这样的幻想：从今往后，一个挣脱束缚的士绅统治的黄金时代就要开始了。然而在军阀混战和后来国民党统治时期，士绅阶层却在多条战线上都陷入了守势：第一，在凶猛嚣张的军阀势力面前，他们几乎得不到任何保护。这些军阀并不把地主之间的阶级同盟看在眼里，不论是富人还是穷人，一律成为掠夺和欺压的对象，其结果往往是灾难性的。第二，在经济危机最严重的时期（尤其是 30 年代初），他们不得不面对来自底层的不断增大的压力，特别是农民对减租减息的要求。国民党也曾谨慎地推出有关减租的方案，但在 1928 年后却没能将方案真正落实。另外从整个时代背景看，也出现了一些危险征兆：左派知识分子的反"封建"宣传浪潮，20 年代在华南和华中地区轰动一时的农民运动，蒋介石在"剿共"方面所表现出的无能，等等。第三，很大一部分精英也在世界经济危机中受到冲击而被削弱；第四，一些地主对国家政权产生了极度的依赖。国家官僚体系向农村社会的渗透——特别是在 1928 年后——是以牺牲地方精英形式上的权力地位为代价的，但这些精英却自以为可以从中获得好处，至少在对长江下游地区的调查中，可以印证这一点。他们请求新的警察机构代表，帮自己向佃户催租，因为这些警察机构的主要职责便是向各类土地所有者征缴赋税。如此一来，他们把自身变成了令农民畏惧的地方官吏的同谋，同时也把自己在农民眼中作为乡村和地方传统领袖的合法角色，全部当成了赌注。于是，在农民当中，反抗政府与反抗地主这两股潮流首次汇合。在中国某些地区，地主精英便以这种弄巧成拙的方式，落入了国家与农民之间的陷阱之中。[36]当几年后战争和土地革命相继到来时，这些精英势力早已衰弱得不堪一击。

188　　　20年代和30年代时，中国农村社会面临的状况如果用"结构性危机"来形容，难免会过于空泛和抽象。其问题主要体现在三个方面：第一是地方性暴力，它以极端粗暴和直接的方式对农村的经济与生存环境产生影响，使人们的生活变成了赤裸裸的生存之战。第二是生产力的低下，人均收入始终没有明显提高，农业衰退和停滞成为普遍现象。第三是土地分配制度，尽管按照国际标准来衡量，中国的土地分配并没有明显不均或不公平，但是在这一制度下，仍然存在着两种极端现象：一种是农民的彻底无产化与贫困化，另一种是地主寄生虫式的生活。因此，只有通过一系列翻天覆地的变革，才有可能使危机从根源上得到解决。

　　　第一是恢复国家和平，实现整个中国社会的去军事化；

第二是实行"绿色革命"：以科学方法大幅提高农业产量，在控制人口增长的同时，大力发展工业建设，以吸纳农村剩余劳动力。

第三是调整农村的所有制关系，以法律和经济手段（如提供优惠贷款）稳定农村中产阶层，并尽可能将农户间富有持久生命力的合作形式作为辅助。

说到底，这些不过是历史学家的后见之明。在当时，和平安定、生活水平的提高、土地改革等，都还没有被列入历史的日程表。1937 年，一个新的时代拉开了序幕，这是各种矛盾力量迸发的时代：战争、经济崩溃和革命。

第六章

共产主义动员阶段

　　一场受马克思主义启迪的政治运动，能够在一个半殖民地性质、经济几乎还没有步入现代化的亚洲国家兴起、壮大，并最终夺取政权，这是科学社会主义创始人无论如何都无法料到的。即使是对殖民世界格外重视的列宁，也只是把中国视为世界革命的战略后备区，而发达的欧洲才是这场革命的策源地。共产主义的崛起为何能够在中国取得成功，这是 20 世纪史的重大课题之一。[1]所有以哗众取宠为目的的简单解释，对此都不适用：共产主义既不是中国集体主义和权威主义古老传统的延续，或是中国本土政治文化的恰当表达，也不是由外界强加给中国，或通过险恶的阴谋成功夺取政权的一种制度。

　　我们想要搞清楚的问题究竟是什么？是 20 年代共产主义运动的兴起？是 1925～1927 年"大革命"时期这场运动在城市居民中引起的共鸣？是它为何能够在 1927～1945 年与国民党和日本帝国主义的残酷斗争中坚持下来？

还是 1949 年秋天中国共产党的胜利？这场胜利虽然在某种意义上是"预先规划"的，但是从事件史的角度看，在 1947 年之前，却并非一个不可避免的结果。这些历史问题当中，每一个都需要人们努力思考和理解，每一个都需要用独特的模式来解释。

　　问题的另一个症结在于中国共产主义革命所处的国际环境。在这场革命的三个阶段，国际环境都发挥了极其重要的作用：第一是中国革命的早期阶段，中国共产党正是在这个阶段发展壮大起来的。帝国主义列强对中国的压迫，激起了民众的愤怒，1919 年的五四运动便是在这种形势下爆发的。这种民族主义情绪对大规模抗议活动——如 1925 年的五卅运动——产生了巨大的激励作用。第二个阶段是 1937 年后，战争的爆发为力主抗日的中国共产党提供了重塑自身形象的机会：不仅是作为社会弱势群体的代言人，而且是更具影响力的中华民族利益的代表。第三是 1946 年到 1949 年的内战阶段，中国共产党借助内战最终夺取了政权，然而假如脱离了冷战日益加剧的国际背景，这一结果是不可想象的。与美国和苏联的实际干预（在军事上的关键阶段，其干预是有限的，并没有起到左右战争走向的作用）至少同等重要的因素，是内战双方对世界政治局势的判断，以及双方为加入国际联盟所做出的尝试。[2]

190

中国革命：1925年5月30日，上海

但是，国际维度远不止是单纯的框架和背景。共产主义革命在很大程度上要归功于从西方输入的文化和政治理念。马克思主义是与其他一系列社会主义学说和世界观理论一起，从欧洲和日本传入中国的。在这里，马克思主义还未来得及找到多少对它抱有兴趣或愿将其作为信仰的人，苏维埃革命政权派遣的特使便为其赋予了组织上的形式——布尔什维克式的精英政党。这个政党与中国传统没有任何内在关联，也无法从古典马克思主义理论中找到依据。难道说，中国共产主义革命是一场外来革命？甚至是一个世界共产主义的阴谋，正如蒋介石自50年代后所宣称的，以及西方某些人对其私下所言的那样。事实恐非如此。中国共产党之所以在20年代（并于40年代重新）赢得广大群众的拥护，除与其过人的组织才能有关之外，还在于它为许多人指明了摆脱中国所处危机的出路，这是其他政治力量不曾做到的。另外，关于中国共产主义革命是受莫斯科遥控的说法，最多也只适用于革命的最初阶段。中共往往是在不接受或不理会莫斯科的指示时，才会取得惊人的成就。毛泽东的最大功绩之一，就在于他使中国共产党摆脱了斯大林专横跋扈的指挥。尽管如此，有一点却是不能忽略的：在"马克思主义中国化"阶段（该理论在哲学上虽无建树，在政治上却成就非凡），中共也从斯大林体系中借鉴了不少元素，特别是领导层的职务和级别设置。

尽管中国革命受到了外来的影响，却不能被误认为一种非本土的舶来品。中国共产党的崛起和成功，很大程度上只能用清帝国瓦解后中国的特殊形势来解释。将中国革命作为"范式"移植到其他国家的尝试（从阿尔巴尼亚到秘鲁），无一不以失败告终。从这些失败的例子可以看出，以毛泽东主义为化身的中国革命与其成长的环境是紧密相连的。与此同时，人们也要小心避免过度"本土主义"的解读，以为共产党领导不过是帝王"专制"的再现，是所谓中国传统极权主义更有效率的新版本。[3]简言之，中国共产主义革命包括两个方面：它既是自产的，也是输入的。在尝试对中国革命问题做出解释时，必须避免将自己的视野框定在单一维度，而是要努力在各种对立性之间保持张力：内和外，与以往中国历史的延续性和非延续性关系，客观结构性分析以及对偶然性和主观性的考虑。

本章并非要讲述中国共产党所经历的曲折历史，[4]而是将着重探讨下述问题：中国共产党如何处理与政治和社会环境之间的关系，如何从中调动资源，以及在赢取民众拥护方面的得失关系。本章标题中的"动员"一词意在提示一点，即共产党的干部很少会被一时的革命浪潮冲昏头脑。他们必须要为革命事业去争取"人民群众"的支持，要让民众了解党的口号与其自身生活的困境是息息相关

192

的。动员必须有主动和被动的一方，即动员者和被动员者。两者之间是一种非对称式的互动关系。动员者要想取得成功，必须要拥有学习的意愿和能力，并且要顺应时变，随时对自身做出调整。动员只要没有被国家专政变成有组织的群众运动，它就不会流于纯粹的操纵，而是通过现实的愿望和需求，实现民众的联合。

实验与失败：1922年至1936年

1925年的五卅运动为共产党奠定了广泛的群众基础。在南京路上的枪声响起之前，这一切还只是梦想。短短一年间，共产党员的人数从1925年1月的994人增长到1万人，并于1927年4月达到5.8万人。1925年秋天时，党员中80%是工人。[5]党员中的学生积极分子为运动赋予了舆论的声音，并在1925年夏天成为组织全国大罢工和抵制活动的重要力量。工人在这些运动中发挥了支柱的作用。对中国共产党来说，他们并不是一群没有组织的乌合之众。早在第一次世界大战结束时，工业和交通运输业的新型工人团体便已出现，并在不久后成功组织了多次罢工行动。城市抗议示威的传统——其中最有代表性的是手工业行会——与1万名从欧洲兵工厂归国的华人劳工带来的国际主义思潮汇合在一起。[6]1925年，仅广州一地便有160

193

多个工会组织,其中最活跃的是"广东机器工会",其成员大部分是铁路工人。无论是国民党还是共产党,都想方设法地要把这些不受党派制约的团体掌控在自己的势力之下。这两个于1924年初结成统一战线的政党,都在努力争取让工人们退出原来的工会团体,加入到自己的组织中来。因此,无产阶级动员并不是从零开始的。正如后来人们经常看到的那样,中国共产党努力的方向,在于让民众摆脱古老的忠孝观念,树立以自身目标为理想的信仰。这绝不是一朝一夕可以做到的。例如在上海,许多工人都与无所不能的青帮和其他黑社会组织有瓜葛。这些组织虽是共产党的仇敌,然而为了建立广泛的行动同盟,共产党却常常不得不对其做出某种让步(五卅运动时便是如此)。[7]

在统一战线旗帜下,国共两党间的竞争悄然展开。两党的纲领性诉求是截然不同的:共产党强调阶级斗争;国民党则呼吁建立和谐的劳资关系,为实现经济现代化共同努力。两党以此吸引了来自不同方面的人群:国民党在上海得到了未经训练、低学历、低收入的工人们的强大支持;而拥护共产党的人,大多是从事手工业的专业工人、技术员和职员(如邮局职员)。1927年4月12日,当蒋介石为首的国民党右翼取消与共产党的合作,并在不久后与军阀联合,在近乎全国范围内实行白色恐怖,镇压共产党及其群众性组织时,[8]共产党已经成为工人群体中颇有分量但尚未占据绝对优势的力量。在 1927 年之前，共产党领导的工人运动还没有形成独立的政治气候，因此不得不**194**做出战略性让步，特别是在内地城市，它必须要依靠精英分子中的爱国力量，要让他们支持对外国企业的反抗行动，甚至不惜忍受抗议活动在街头和本国企业中所引发的骚乱。[9]1925 年至 1927 年，城市中风起云涌的"无产阶级"革命是一部神话，它仅仅是由于对国共统一战线的过度信任，才遭受失败。

1927 年的血腥之夏过后，共产主义运动被迫退出了大城市。这时，共产党以往在农村政治工作中积累的有限经验，变得格外宝贵。与工人运动一样，农民革命运动在中国的历史也比共产党要久远得多。20 世纪初，农民组织有着各种各样的形式：从颠覆性秘密团体和地方精英控制的农民协会（农会），到地主的民间武装组织（民团）。这些组织的共同点是，它们都是将乱世中的自我防御作为宗旨。在整个民国时期，全国各地的农民暴动此起彼伏。虽然没有相关的数据统计，但据猜测，这类事件大约有数千起，其中大多是为了抗租抗捐、反抗劳役或征兵，另外还包括发生在宗族或村庄间的争斗。除此之外，还有因绝望而引发的象征性个人行为：如欠债者到债主门前自尽，以这种方式让对方丢脸；还有不少人跑到衙门或调解机关告状，要求讨还公道。当时的中国农村，是一个社会纠纷异常活跃的舞台。

可以说，自发性农民运动是农民日常抗议的主要形式，它具有以下几点特征：[10]首先，这些抗议活动并不是以明确的阶级意识作为基础，农民并不把个人问题视作社会普遍矛盾的典型，因此他们很少会想到，要与其他生活处境与自己相近似的人结成更广泛的同盟。其次，抗议活动大多局限在一地，而没有一步步扩大，形成"燎原之火"。即使是相邻的村庄，也多是各自为战。这为当局镇压暴动提供了极大的便利。再次，这些抗议几乎无一例外，都是针对特定的压迫和不公——特别是在赋税方面——所做出的防御性反应，而从未将矛头指向社会秩序本身。这些前共产主义的农民运动，最终都被镇压。其领袖依照对待叛民和逆贼的残酷手法被处以极刑，其他参与者大多在受到警告和训诫后被赦免。农民运动从一开始便是力量悬殊、毫无胜算的。过去曾经推翻过封建王朝的传统造反手段，在现代环境下变成了虚妄的幻想。法国历史学家毕仰高（Lucien Bianco）曾经这样写道："20 世纪中国农民的行为和装备与 17 世纪的先辈毫无分别，但此时，政府手中掌握的却是 20 世纪的武器以及运输和通信手段。"[11]

共产主义革命在农村地区的传播总是困难重重。人们尽管可以用传统的抗争形式作例子，但革命的目标和策略对农民的世界而言却是陌生的。因此，动力必须来自外部。20年代初，城市知识分子开始在农民群体中进行政治宣传。其中最著名的人物就是毛泽东。[12]与大多数共产党创始人不同，毛并非出身于精英家庭，而是来自农村中产之家。他曾在李大钊负责的北京大学图书馆担任助理员，也曾在老家湖南教书。1921年，毛出席了中国共产党在上海召开的成立大会，并被任命为湖南支部书记，负责在当地组织工会和罢工。自1923年起，毛出任中共在广州和上海的各种要职，在国共成立统一战线后，还曾在国民党高层中任职。早在1922年底，共产国际第四次代表大会便发出了在东方各国建立农民革命组织的呼吁，但在刚刚接受共产主义理念的五四运动后继者中，却没有得到太多的回应，因为这些人对中国农村问题尚缺乏足够的认识。1925年，毛泽东在湖南获得了对农民政治工作的最初经验。同年在广州，他在1924年7月创办的国民党农民运动讲习所中担任教职。1925年底，当华南和华中各地纷纷成立农民协会后，毛开始认真研究农村革命的问题。

毛泽东是共产党早期农民运动的组织者之一，其独一无二的贡献在于，他是中共党内第一个对共产国际的"工人阶级领导权"理论发出质疑的人，并早在1926年9月便将农民问题列为"中国革命的首要问题"。[13]这是他第

196

一次公开阐明关于革命重点应当由城市转向农村的思想。后来，毛很少再以这种片面和非正统的方式来论述自己的观点。当我们按照习惯说法，用"农民革命理论家"来形容他时，一定不能忽略这一点。毛始终坚持党和"无产阶级"领导的原则，但同时指出，革命的命运是由农村决定的。中国革命并不是一场纯粹的农民革命，但或许称得上一场以农民为基础的革命。

1926 年秋，毛泽东亲历了一场大规模农民暴动的兴起。这场暴动是由各地共产主义积极分子策划，时间上与北伐的脚步紧密相随。1926 年 7 月，国共统一战线的国民革命军在蒋介石率领下，从广州出发，开始北伐。短短数星期后，革命军便攻克了湖南省会长沙，并于同年 10 月，在攻破军阀的强大抵抗后，夺取了华中地区具有重要战略意义的大城市——武汉。凡是国民革命军经过的地方，如广东、广西、湖南、江西、湖北等地，农民就会组织起来：大多是自发，有些则是在随军政治军官的帮助下。农民们的要求最初仅限于一些常规性诉求，如减租减息、稳定粮食价格等，但很快便发展为没收地主土地，打倒"土豪劣绅"和"贪官污吏"等。1926 ~ 1927 年，仅湖南一地，有组织的农民人数便达到 150 万。这些组织并不完全是由共产党控制。它们当中有很多与"哥老会"之类的秘密团体有密切的关系，另外还有一些是受地方精

197

英操控。后者把原来由其领导的农会，贴上符合时代气息的激进标签。这时的共产党正陷于进退两难的尴尬境地，共产国际的那些空洞说辞并不能帮助他们走出困境：一方面，共产党的生存和未来政权都要依靠群众运动的力量，如今这股力量已经扩大到了上海、广州和其他大城市以外的地区；另一方面，共产党必须要谨慎行事。过分激进的土地政策，会吓坏统一战线中的国民党党员，还有那些出身地主家庭的国民革命军军官。农村激进主义将使国共两党原本脆弱的联盟受到破坏。在 1925 年 3 月 12 日孙中山逝世前，国共合作一直是靠这位革命领袖的威望和魅力来维持的，苏联及其操纵的工具——共产国际，也把整个中国战略与孙中山个人绑在了一起。此后，两党之间的矛盾日益加剧，并最终导致 1927 年 4 月统一战线的破裂。农民运动也是促成这一结果的因素之一。

毛泽东在 1926 年秋天发表的文章中，也对共产主义农民运动的真正先锋彭湃（1896～1929）在海陆丰地区领导农民运动的经验做出了评论。[14]海丰和陆丰是广东的两个县，地处香港以东约 150 公里。农民运动在这里呈现出如火如荼的势头，其猛烈程度已经远远超出了北伐伴生现象的程度。彭湃在他的农村实验区里，把共产党的战略顾虑全部抛在了一边，这些顾虑是统一战线中的中共代表们一直为之困扰的。海陆丰农民运动始于 1922 年 5 月，

198

并于 1928 年 2 月遭到了残酷和彻底的镇压。这场运动是城市职业革命家与中国农民群体的第一次重要接触，它为后来的农村动员创造了条件，同时也带来了困难。

彭湃出身于富裕的地主家庭，彭氏家族在海丰拥有 27 公顷田产。他在日本留学期间与革命运动首次发生接触，1921 年回国后，便积极投身于广东激进知识分子的政治活动之中。在行动上，他比其他人走得更远：不仅从儒家的"中庸之道"走向以口诛笔伐为手段的激进主义，同时也从茶馆走向了田野。他对五四运动没能取得任何政治上的成果深感失望，并由此做出决定，将目光转向"真实"的中国，即广大农民。这位理想主义的地主后代与贫苦农民第一次相遇的历史性场景，在他的笔下是这样描述的：他"穿着白的学生洋服及白通帽"来到村子里，跟一脸惊慌的农民讲，要和他们"做好朋友"。[15] 彭湃很快便纠正了自己在开始时的笨拙。他穿着朴素的衣服，学习用农民的语言讲话，和他们一起劳动、生活。就这样，他慢慢开始劝说他们加入自己亲手创立的农会。越来越多的人加入到这个组织中来，真正吸引他们的并不是彭的口才，而是农会给成员们带来的现实好处：委托有才识的精英成员作为利益代表，协助调解纠纷，保护农民免受商贩和收租者的刁难和盘剥等。通过这种方式，在经常要为租地问题进行抗争的佃户之间，建立起彼此团结互助的

199

机制。

这种充满克鲁泡特金精神的温和改革试验并没有持续多久，彭湃便一改宣传基调，鼓动人们将剥削百姓的土豪劣绅作为打击对象。为表明自己的态度，他将彭氏家族的田产拿出来，分配给农民。地主、宗族和政治权贵的抵抗，导致了暴力的恶性循环。1926年，海丰县陷入了内战的气氛。1927年，运动达到了高潮。当全中国都被白色恐怖笼罩时，在只有3万平方公里的海陆丰地区，"苏维埃政府"宣告成立。所谓政府，实际上是彭湃的一人专制。在接下来的日子里，地契被销毁，地主的田地和财产被没收和重新分配，地主宅院被扫荡一空，然后被放火烧毁。暴力的泛滥，几乎达到了无以复加的程度。至少有5000名"阶级敌人"被处死，很多是通过令人发指的酷刑。数万人逃往广州和香港。[16]在中国历史上第一个共产主义政权被镇压的过程中，无数人成为牺牲品：仅在1928年春天的第一波大清洗浪潮中，就有大约15000人丧生。惩罚行动一直持续到1933年，整个海丰县变成了一片满目疮痍的乱坟岗。1929年8月，彭湃在蒋介石的命令下被处决。

海陆丰运动带有明显的传统农民起义色彩，尤其是其破坏性特质，与近代早期的欧洲农民暴动颇为相似。[17]一旦农村的底层民众被煽动起来，并确定不会受到报复，对地主、官吏乃至其他宗族成员的仇恨就会被点燃，其势头之猛烈使暴力的泛滥变得难以控制。中共领导层将这类事件定性为"左倾冒险主义"。彭湃的计划及其早期实践，显然并不符合当时中国农村的紧迫需求，但无论如何，他的这些主张的确迎合了贫苦农民的愿望。1928 年 1 月土地分配结束后，"耕者有其田"的平均主义梦想一时间似乎已成为现实。社会主义集体化和技术的现代化，当时还很遥远。[18] 在动员群众方面，彭湃无疑找到了能够取得奇效的方法。但是，海陆丰运动最终不过是历史上一段悲剧性插曲，一场孤立的革命实验。在当时中国军阀统治的权力格局下，这场实验注定将以失败为结局。

同一时期发生在中国城市中的革命，情况也与此相类似。长久以来，人们一直在争论，到底是哪些战略和策略上的误判，让共产党如此轻而易举地落到了蒋介石的屠刀之下。人们将主要责任归咎于陈独秀的幼稚，以及从莫斯科发号施令的斯大林和共产国际的傲慢无知。按照这种说法，当时的中国共产党应当及时与国民党划清界限。但是在 20 年代时，中国根本没有独立开展共产主义革命的任何现实机会。就像共产国际所想象的，俄国革命怎么可能在其他国家重演，特别是在中国这样一个资本主义尚不发达的国家里？1925 年到 1927 年在中国政治舞台上演的群众性运动，是建立在充满不确定性的基础上。在工人运动的动力问题上，爱国激情所发挥的作用至少不亚于对社会不公的认识。正是这样的工人运动，构成了全国性阶级斗争有效策略的脆弱基础。而此时的农民运动却还停留在前现代的反抗形式上，它所依靠的更多是扎克雷式（Jacquerie，法语乡巴佬之意，译注）的短暂热情，而非对自身利益的清醒意识。从外在来看，20年代的群众性运动最终还要依靠中国真正有权力的势力的容忍才能得以存在，因此只有在外国领地和狭小的范围里，或在武装力量的保护下——就像1926年北伐时一样——才有可能短暂出现。1927年，在蒋介石的领导下，军阀、上海大资本家、有组织的犯罪集团和国民党内的军事派系结成了临时性同盟。在这些势力面前，共产党和追随其后的知识分子、工人、农民以及苏联顾问们，根本没有任何机会。左派没有自己军队这一现实，又一次显现出它的恶果。它证实了1938年①毛泽东所言"枪杆子里面出政权"的正确性，在军阀统治下的中国，这并不是什么了不起的新发现。同时得到证实的还有另一点：上海公共租界并不是一个法治天堂，只有在半殖民性质的上海工部局允许的前提下，中国激进派的安全才是有保障的。但是当国民党1927年发动反共大清洗时，在这里几乎没有遇到任何阻碍。

------

① 此处有误，应为1927年。——编者注

此后，中国共产党足足等了十年，才终于等来了下一次机会。1925 年至 1927 年大革命时期中共群众基础的薄弱性，从 1927 年下半年三次草率的起义中也充分得到了证实：南昌起义、湖南起义和广州起义。它们是共产党在斯大林鼓动下发动的。在这三次起义中，工人和农民都采取了袖手旁观的态度，而共产党原本确信自己能够得到他们的帮助。起义失败后，共产党变得如此脆弱和孤立，以至于不得不把 1928 年 6 月至 7 月召开的第六次代表大会挪到了莫斯科，因为在整个中国，找不到一处安全的会议地点。毛泽东带着几百人撤退到江西和湖南交界的井冈山，那里有高山为屏障的山谷可供容身。1928 年 4 月，朱德（1885～1976）率领"第四军"千余人抵达这里。朱参加过清末科举考试，先前是云南军阀手下的将领，之后曾在哥廷根大学短暂就读。后来，他成为中国共产革命的最高军事指挥官，以及除毛泽东之外最重要的游击战理论家。在井冈山一处旧的土匪巢穴里，与恶劣的自然环境相伴，形成了日后以毛泽东为首的领导核心。

红军正是在这时诞生的。最初，它的壮大主要是依靠从流匪、民团成员和白匪逃兵中招兵买马。这些人通常没有任何政治动机，只是希望能在红军中得到和以往相比较好的待遇——在这方面，结果的确没有让他们失望。毛把这些人称作"流氓无产者"，这是从马克思理论中借用的

202

概念，从感情色彩看，多少透着些同情的味道。[19]这些流氓无产者都是出色的战士，却严重缺乏纪律性。于是，朱德把他们先送到军事学校，去接受基础训练。除正规部队之外，还成立了不穿军装的游击队：著名的"小规模战争"策略就此诞生，其榜样是19世纪时的农民起义军——捻军。但是在当时，面对强大的军阀和国民党白匪军的围剿，毛朱部队还不具备与之抗衡的能力。1929年1月初，他们率领4000名士兵离开了井冈山根据地，向东穿过江西，最后在江西与福建交界的一处偏僻山区再次驻扎下来。在那里，他们把瑞金城变成了新政权的中心，这个新成立的政权以"中华苏维埃共和国"之名被载入名册。在瑞金根据地周围，还有十多个小的根据地，成为白色政治版图上的一个个红点。党和红军将它们作为大本营，在权力辐射的周边区域展开行动。

从这时起，中共开始接受暂时与中国大城市失去联系的现实。瑞金中央苏区约有3万平方公里，与勃兰登堡州的面积大致相当，人口在500万到600万之间。在这里，共产党有史以来第一次行使领地管辖权，并逐步建立正规的国家机构。[20]与此同时，其政策则陷入了生存与革命的矛盾之中：应当如何协调这两者间的关系？要做的第一件事是壮大红军力量。党的军事化最初是被敌人所迫，如今却成了因祸得福。自1929年12月毛泽东对"单纯军事观

203

点"提出批评，并颁布有关军队政治化的纲领后，[21]党对军队实行绝对领导的原则再未受到质疑。但尽管如此，军队的地位仍然是非同小可的。在俄国布尔什维克夺取权力前的历史上，从未出现过类似的情况。因此，到20年代末，中国独特革命之路的三项要素已经全部具备：农民革命、党的军事武装、在后方建立根据地的策略。

30年代和40年代，战争、内战和革命彼此相交叠。人们很难分清楚，哪一个是从何时开始，哪一个又是在何时结束。中国共产党追求自身目标的过程，是在当时全球军事化程度最深的社会（之一）中进行的。自井冈山时代以来便是由正规军和游击队组成的军队，变成了毛泽东所说的"人民战争"的工具。人民战争与军阀和帝国主义的战争是全然不同的，它不仅是从抗击反革命力量的防御目的出发，而且是从一开始便被确定为夺取政权的方法。由于红军比当时的其他军队更依赖百姓的支持，因此它努力在士兵中形成纪律严明和亲民的风气，与中国旧军队和同时期其他军队的土匪恶习形成鲜明对比。红军就像是农民子弟的大课堂，通过培养和教育，把纪律和热情注入他们的血脉。此外，红军还坚持自力更生的原则，并为此积极参与劳动生产。于是，在军队和周边环境之间，形成了一种互帮互助的共生关系，这在中国是史无前例的。204从有关红军形象的令人眼花缭乱的宣传中可以看出，有很多创造的确是全新的。1923 年至 1927 年，苏联军事顾问曾经为国民党打造了一支训练有素的小型精锐部队，其职业化程度甚至超过了清末"新军"中最优秀的部队。毛泽东和红军领导者没有忘记这些经验，同时还把自己对军民关系的新认识补充了进来。要让老百姓对"自己"的军队有好的印象，并产生认同感。当然，在现实中，"做"比"说"总是要难得多。

1929 年至 1934 年的江西苏维埃是有史以来最大规模的一场农民政治化实验。在清末和辛亥革命时，中国城市精英第一次与现代政治发生接触。20 年代时，政治化的影响开始向城市中的工人群体渗透。如今，土地革命已经走出了海陆丰运动时的原始暴动阶段。在江西，中共可以利用其掌握的权力手段，将"打土豪、分田地"等原则性决策付诸实施。1931 年，中华苏维埃共和国颁布土地法，按照共产国际的愿望做出规定，"所有封建地主豪绅军阀官僚及其他大私有主的土地，一概无任何代价的实行没收"，"无论自己经营或出租"。[22] 这是一种相当激进的立场，人们对此也一直不乏争议：各种社会出身究竟该如何定义，特别是"富农"？是不是该像地主一样，全盘没收富农的土地，还是应当留一部分给他们？如果留，又该留多少？那些鳏寡老人或孤儿为谋生而出租的土地，又该做何处理？还有宗族和寺庙的公有地，是应当没收，还是只要求减租减息？

在土地重新分配后，是否允许土地交易？土地抵押可否获

准？是应当允许私人交易继续存在，还是以国家或集体性

质的交易取而代之？这些问题既可以用"左倾"教条主义，

也可以用"右倾"机会主义的方式来回答。

　　1931 年 11 月出任中央苏维埃共和国人民委员会主席

的毛泽东，倾向于以宽大的态度对待"富农"，认为富农

作为联合对象和生产保障，其重要性是不容低估的。毛的

上述判断是在对该地区农村社会充分了解的基础上做出

的，这些了解是他在 1930 年对赣南寻乌县的一次全面调

查中获得的。[23] 1933 年，他战胜了中共领导层当中反对

派——受莫斯科支持的"28 个布尔什维克"[①] 小集

团——的激进路线，开始推行相对温和的土地改革。在当

时，激烈的"阶级斗争"无论如何都是行不通的。即使

在江西时期，共产党也不是一个由贫苦农民组成的战斗性

组织。很多领导人都是出身上层家庭的"五四"一代知

识分子，在江西，他们也在努力与受改良思想影响的地方

乡绅拉近关系，由于文化背景相似，与这些人的相处要比

和农民打交道容易得多。在为实现目标而进行的漫长斗争

过程中，无论何时何地，中国共产党总是离不开与革命核

心——贫苦农民和工人（在中国内陆地区，又能有多少

---

　　① 此处有误，应为"二十八个半布尔什维克"。——编者注

工人呢？）——之外的力量间的合作或妥协：除部分地方精英外，特别是各种秘密社团，一些精英人士恰恰也在这些社团中扮演领袖的角色。共产主义的扎根和传播，不能依靠轰轰烈烈的革命行动，而只有通过微妙的、在不同地区以不同形式缔结的地方同盟才能完成。

在江西，稳定局面大约持续了四年的时间。之后，灾难降临了。蒋介石派遣军队对苏区发动了四次"围剿"，均以失败告终。在第五次"围剿"时，他投入 150 万重兵，并采用了德国军事顾问制定的经济封锁和军事围困战术。整个苏区被重重碉堡和铁丝网围起，包围圈不断向里收缩。面对这样的封锁，凭借移动和迂回取胜的游击战术变得无计可施。[24] 蒋介石的德式战争策略使苏区经济陷入瘫痪，饥荒和瘟疫蔓延。一个范围狭小、与外界完全隔绝的孤立区域，靠什么来养活这里的两百万居民和十几万士兵？多一个农村青年参军，就少了一个种田的劳动力。因此，从 1934 年春天开始，领导层就开始秘密商议根据地的转移问题。当原则确定后，剩下的便是战术性乃至道德上的难题：哪些人可以参加撤退？哪些人该留下来，等待敌人的报复？10 月 16 日清晨，8.6 万名男子和 35 名女性离开了被困的小小瑞金苏区。他们当中有 5 万至 6 万名士兵，其余是干部和挑夫。后来成为传奇的长征就这样开始了。有人说，当时人们就知道长征必定会成功，因此，其

206

英雄式的悲壮色彩其实是人为赋予的。然而在 1934 年 10 月时，长征无疑是一场绝望的冒险。

在留下来的人员中，有一支由熟悉当地情况的人组成的留守部队，在整个华南地区约有 4.5 万人。在之后几年中，他们对国民党军队展开了英勇的抵抗。另外，留下来的还有伤员、兵工厂工人、妇女、儿童和老人，其中包括许多中共领导人的家属。套用毛泽东 1927 年关于革命的名言，江西的温和土地革命并"不是绘画绣花"，[25] 但是，国民党剿灭苏维埃政权的残酷性却远在其之上。1928 年镇压海陆丰运动的惨剧再次重演。多亏了周恩来（1898～1976）的战略——从包围圈西南部的薄弱处突围，对敌人发动突袭——中共领导层才侥幸得以逃脱。但是，中国共产党却无力为大多数群众提供保护：那些曾在其指引下推动土地革命并从中受益的人。多年来辛苦积累的信任资本，就此被付之东流。任何对中国革命深层根源的结构性分析，都不能否认这一点：1934/35 年，共产主义在中国的命运与 1927～1929 年时一样，又一次濒临生死边缘。

1935 年 10 月 20 日，在出发 370 天后，毛泽东和另外 9000 名幸存者（邓小平也在其中）抵达陕北吴起镇，并受到当地游击队的欢迎。在穿越 12 个省的征途中，他们抗住了军阀和蒋介石部队的追杀、国民党飞机的轰炸，以及非汉族敌对人群的攻击。他们一路渡过 20 多条汹涌的

207

河流，翻越了 18 座高山——其中 5 座终年被积雪覆盖，越过甘肃境内险恶的沼泽地，在徒步走过 9000 公里后，终于获得了暂时的安全。[26] 在长征途中，毛泽东成为集体领导中的领袖。这也是 1927 年陈独秀被解除总书记职务以来，共产党高层最团结的时刻。[27] 但是，中国的共产主义运动却仿佛又回到了井冈山时的"零点"。1936 年 12 月底，共产党把总部迁到了长城以南约 150 公里的小城延安。这时的红军兵力大约有 20 万人，却被兵力超出 10 倍的国民党和军阀部队团团围住。蒋介石正在积极筹划，准备向红军发出致命一击。在"剿匪"行动中，蒋介石强化了自己在华中和华西地区的军事地位，并铲除了当地残余的军阀，他的下一个目标是成为日本势力范围以南的全中国领导人。消灭共产党，似乎只是时间问题。

抵抗与扩张：1937 年至 1945 年[28]

208　　日本自 1915 年向袁世凯总统提出最后通牒式的"二十一条"后，便开始对中国实行侵略性政策。此后，只有在断断续续的几段时间里，其对华态度表现得相对温和。[29] 1925 年的五卅运动，便是在这样一段过渡期发生的。因此，中国的抗议民众一度认为：英国才是更具威胁性的帝国主义强国。最迟到 1931 年 9 月日本突袭东北地区，并在 1932 年初进攻上海，人们才清楚地看到这一事实：日本才是对中国最大的威胁。西方列强的反对（当然并不是以义正词严的方式），也无法阻拦其向亚洲大陆扩张的决心。1931 年至 1932 年的满洲危机，是国际外交上的重大事件，也是中国近代史上损失最惨重的一场战争的开始。自 1932 年 3 月成立未获国际承认的"伪满洲国"傀儡政权后，日本对中国的侵犯便一刻也没有停息。借助挑衅、渗透、勒索等政策手段，日本首先把内蒙古，之后又将华北大部分地区变成了自己的实际统治区。1935 年中，蒋介石领导的国民党政府不得不把包括北平在内的重要省份——河北——让给日本。[30] 1937 年 7 月底，当蒋介石面对日本的一系列挑衅，终于下决心采取军事反击时，抗日战争（中国对这场战争的称谓）打响了。[31]

战争拯救了中国共产党，使它成功摆脱了在边缘挣扎乃至被歼灭的命运。在抗日战争爆发前，共产党不过是由一支由 4 万名武装逃亡者组成的小股队伍，落脚在偏远、荒凉和贫穷的西北黄土坡，整个地区的人口只有大约 150 万；然而到 1945 年 9 月日本投降时，它已经拥有 270 万名党员[①]和 19 个根据地，在根据地生活的居民人数近 1

209

[①]　此处有误，1945 年中共党员人数应约为 121 万。到 1947 年底，人数达到 270 万。——编者注

亿，占全国人口五分之一。其军队的规模超过了 100 万人，士兵们个个都身经百战。[32] 在根据地以外的其他地区，很多人也把共产党视为代表和维护自身利益的最佳选择。如此迅速的崛起究竟是如何做到的？

早在战争开始前，共产党就成功脱离了政治上的孤立处境。1931 年秋，日本占领东北地区，大大激发了中国民众的民族主义情绪。在接下来的几年里，日本每一次新的侵略行动，都会在具有政治意识的人群当中燃起强烈的怒火。学生和知识分子是抗日示威的主要组织力量。国统区的各种禁令，并不能阻止他们公开表达对蒋介石"攘外必先安内"政策的不满。在上海，艺术家、学者、金融业和企业界人士牵头，发起了"抗日救亡运动"。1935 年 12 月 9 日，数千名大学生走上街头，抗议国民党对日本的姑息行为。军警的残酷镇压，也无法阻挡一周后新一轮示威活动的爆发。发生在五卅运动十年后的"一二·九"运动，成为新一代学生政治力量觉醒的标志。战争爆发后，他们当中的许多积极分子或奔赴延安，成为共产党队伍的一员；或前往相对自由的昆明（云南），在"西南联大"继续求学。[33] 日本军队之所以要不惜一切毁掉中国的大学，绝非无缘无故之举。

国民党军队中，对蒋介石消极抗日的不满情绪也日渐高涨。这时的国民党军队仍然算不上编制统一的正规部队，而更像是一支由地方武装力量拼凑而成的杂牌军。军中的爱国一派，特别是 1931/32 年从东北撤退到华北的"少帅"张少良部下以及广西的几位军事领袖，虽然表面上仍然听从蒋介石的指挥，内心却越来越叛逆。共产党在抗日问题上，则始终保持着坚定不移的立场。早在 1932 年，瑞金苏维埃中央政府便正式对日宣战，虽然在当时，这份宣战声明的象征性意义远大于实际效果。到了延安之后，共产党力量和日本侵略军之间的距离大大拉近。但是，如果没有国内政治支持而采取单方面行动，其结果无异于自杀。于是，中共领导人逐渐而不无犹疑地接受了与"资产阶级"力量结盟，建立抗日统一战线的想法。这一想法是在 1935 年夏季召开的共产国际七次代表大会上，作为全球反法西斯与反扩张战略的一部分提出的。[34]

西安事变的发生，使抗日成为定局。西安事变是中国近代史上影响最深远的事件之一。[35] 1936 年 12 月 9 日[①]，张学良在西安扣押了总司令蒋介石，以迫其抗日。中共并没有参与这场兵谏，但即刻加入了之后的谈判。人们从中可以看出，几乎每一个曾与蒋介石为敌的人，都在为保证他的生命和安全做出努力。因为只有他，才有可能成为全民抗日的团结象征。蒋介石拒绝做出书面承诺，并于圣诞

210

---

① 此处时间有误，应为 12 月 12 日。——编者注

节当日飞回南京。不过他已默许对日采取更强硬的路线，同时停止对共产党的剿杀行动。国共两党的联络自此再未中断。战争伊始，抗日民族统一战线便已形成，其基础是在两个月前通过谈判商定的。

第二次国共合作与1923/24～1927年第一次合作的区别在于，此时的共产党已经拥有了自己的统治区和军队。华北的红军作为"第八路军"，被编入了国民党的军队。华中地区的江西苏维埃残部则走出深山，组成了"新四军"。延安苏维埃政府更名为陕甘宁边区政府，虽然没有得到国民党的正式承认，但作为无奈的现实被后者默许。抗日统一战线并不是全国统一的联合政府，它只是一份暂时搁置内战的无限期停战协定。每一方都必须向对方做出妥协，同时也各有所得：共产党可以指挥自己的队伍，蒋介石也无须再绝望地目睹自己的军队被强大的日本军事机器碾压。反过来讲，共产党也在许多方面做出了让步，以避免事态扭转，从而导致最坏情况的发生，那就是蒋介石与日本讲和，让共产党成为无辜的牺牲品。

从党的领导层的角度看，统一战线还有另外一重意义：在这一口号下，与社会各阶层——包括最底层农村——建立广泛同盟变得顺理成章。由此可以在全社会实现"城堡和平"，只有"汉奸"和极端反共的地方精英成员才被排除在外。泛泛地讲，统一战线是一种政治方法，它可以在任何情况下把人分为三种类型：政党及其忠实的追随者，介于中间的广大爱国人士，冥顽不化的敌人。这是一种极为灵活的敌我划分模式，既一目了然又有效实用。

统一战线的另一个附带效应是，它使共产党在其统治区以外地区所受到的压力大大减轻。如今它有了更多的可能性，可以向国内和国际社会发声，并借助高超的技巧对其加以利用。战争开始后，中国共产党自 1927 年之后再度成为国内政治的要素之一。1937 年，美国记者埃德加·斯诺出版《红星照耀中国》一书，让整个国际社会认识了它。这本书是斯诺作为首批访问延安的外国人之一所写下的报道，其文字生动且充满激情。[36] 在国外，特别是美国，当冷战导致"红色中国"被妖魔化之前，毛泽东在人们心目中的形象，是一位特立独行的哲学家和受人民拥戴的正义战士，这种印象主要是来自斯诺的这部伟大纪实作品。从 1942 年起，毛泽东成为党的绝对领袖。在他延安掌控党的路线的同时，另一位早期革命家周恩来则以其过人的应变能力和对宣传效应的敏锐觉察力，打理着中共与国民党之间的关系。早在第一次国共合作时，他在外交方面的天赋便已得到证实。后来，他出任中华人民共和国总理，时间长达四分之一世纪之久。

对中共在战争期间的实力扩张而言，统一战线尽管不

212

是充要条件，但也是必要条件。它从一开始就被怀疑和不信的气息所笼罩。蒋介石长期坚持反共路线，共产党则致力于捍卫独立，并大力推动自身制度建设。但尽管如此，双方在最初阶段仍然表现出强烈的务实合作意愿。在战争开始后的头两年，这两个曾经的内战对手彼此和平共处，这为较弱的一方——共产党——提供了许多发展的空间。1940年，双方关系趋向紧张。自1941年起，国民党和共产党部队之间陆续发生冲突。早在1939年，国民党就对陕甘宁边区实行经济封锁。随着时间的推移，形成了双方势力范围的自然划分：共产党尚未及投入力量，向长江以南的国民党统治区推移；在日本占领的华北，国民党的影响力则已彻底消失。在这里，共产党及其军队依靠根据地建设和游击战，为自身地位打下了坚实的基础。

如果说统一战线为中国共产党的行动提供了政治上的框架，那么其军事上的命运则是由战争的整体进程决定的。把1937年到1945年的战争笼统地称为中国共产党夺取政权的过程，这样的说法是草率的。因为有一点事实是超越一切的：这场战争是中国人民所蒙受的一场深重灾难。其造成的生命损失是骇人听闻的：300多万名士兵和1800多万名平民死于战争，在按受害者人数排列的二战受害国名单上列第二位：仅次于损失2500万人口的苏联，而且远远超过了其他国家，包括侵略者日本，后者的损失

213

"仅"有 200 万。[37]9500 万中国人因为战乱而背井离乡，在受害最严重的华北和华中地区，40% 的百姓变得无家可归。战争是以空前残酷的方式进行的，双方都很少留下活口，日本皇军无视国际战争法的约定，大肆杀戮平民，并在中国和美国战俘身上，施行灭绝人性的医学实验。即使在日本宣布投降后，对中国士兵的大规模施暴和屠杀也没有停止。

蒋介石备受指摘的拖延抗日政策，其实不乏合理成分。直到 1937 年，中国军队还没有做好与日本作战的准备。数十年的军事化虽然把中国变成了大半个世界的军火废料堆放场，[38]却没有给它带来能够真正保家卫国的军事和武器技术。中国军队在单个战场的英勇抵抗，并不能阻止日军长驱直入，把大片中国领土变成自己的地盘。日军拥有精良的武器，训练有素的士兵，周密的计划、组织和后勤保障，以及测绘精确的中国地图。中国方面所表现出的，则更多是混乱和无序：运筹和协调极度落后，缺乏有执行力的全国最高指挥机构，就连组织有序撤退的技巧，也没有多少指挥官掌握。由于缺少战地医疗服务，受伤的士兵只能在战场上痛苦地死去。国民党军队中很大一部分损失，是由军事上的无能造成的。蒋介石 1938 年 6 月做出的用炸毁黄河大堤来阻止日军进攻的决策，从战术上看是荒唐的。它导致 90 万人丧生，3500 个城镇和村庄被洪

214

水淹没，很多幸存者都因此投奔了共产党。[39]

所幸这一切并没有动摇领导者的政治抵抗意志。人们可以质疑蒋介石的军事才能，却不能怀疑他的爱国精神。日军在刚刚发动这场从未正式宣战的战争时，曾以为只要通过威胁和局部战斗，就足以逼迫国民党政府认输，同意与其签订停火协议。当这一期望落空后，日军最迟在1937年12月攻占（并血洗）南京城后又一次认定，蒋介石这次肯定会投降。但是蒋介石却连同国民政府一起逃到了武汉，之后又逃到有天堑之称的四川，并宣布重庆为"自由中国"的战时首都。日军在中国投入兵力最多时，仅长城以南便达到56万人。某些观察家认为，这种状况与拿破仑当年陷入"西班牙泥淖"颇为相似。

1938年10月，广州和武汉两个大城市陷落后，日军认为其战略目标已初步达到，因而暂时停止了攻势。这时，整个华北平原，直到长江南岸一线以及山西省，都已落入日本的控制。所有战前的中国经济重镇，都被日本占领。1941年12月7日珍珠港事件后不久，香港和上海公共租界这两个曾经幸免的"孤岛"也相继陷落。自1938年秋天后，日本占领区的西端距离中共首府延安仅100公里之遥，离国民党政权所在地、无法从陆路进攻的重庆也只有不到500公里。在为时五年半的阵地战过程中，局势没有发生太大的变化。直到日本被迫从太平洋撤退，并于

1944 年 4 月在中国发动大规模攻势（"一号作战"），局
面才终于被打破。"一号作战"的目标，是避开美军的海
上优势，开辟一条从朝鲜直达越南的陆上通道，并摧毁中
国南部和西南部的机场。从这里起飞的美国轰炸机，对台
湾、伪满洲国的钢铁厂、苏门答腊的炼油厂以及日本南部
的九州岛构成了严重威胁。随着行动的胜利，日本在华占
领区的规模达到了顶峰。在抵抗日军进攻的战斗中，超过
50 万名中国士兵阵亡，其中包括蒋介石最后储备中的几
支精锐部队。"一号作战"严重削弱了蒋介石的力量，这
并不符合日本人的心意，因为与国民党统治相比，日本对
未来由共产党执掌中国政权更加恐惧。1939 年之前，对
中国的军事援助来自苏联；在太平洋战争时，援助则来自
美国。从同盟国的视角看，中国是一个具有减缓压力作用
的受欢迎的副战场，仅此而已。日本并不是在中国被打
败的。

　　1945 年 9 月 2 日，中日战争随着日本天皇军队的投
降而正式结束。但有悖常理的是，在中国战场上并没有明
显的胜利者和失败者。在长达八年的抗战中，中方几乎输
掉了全部战役，中国式的"斯大林格勒"并不曾出现。
然而中国并没有投降，而是从多个中心点——特别是重庆
和延安——行使着常规的政府职能。日本在中国战场上保
持不败，是太平洋战争的失利和 1945 年 8 月的原子弹，

才最终迫使它屈服。但是在整个战争期间，日本不得不将五分之二的兵力投入中国战场。中国的抵抗迫使日军不得不分散兵力，这一点让日本人感觉越来越棘手。日本在中国的处境，就像是一只被困犹斗的巨兽。

日本没能贯彻其理想中的计划：借助当地可以信赖的内奸，控制那些对经济剥削最具吸引力的地区。事实证明，要找到这样的人是非常困难的。汪精卫（1883～1944）是唯一一个愿意为日本人效劳的知名政治家。他曾是孙中山的亲信之一，1938年曾担任国民党副总裁。促使他这样做的各种原因当中，有沽名钓誉之心，有与蒋介石的不睦，或许还有借机对占领者施加影响的愿望。就算找到了这样的卖国者，大多也是些软弱无能的家伙，汪精卫也不例外。他们无法独立完成伪政权的有效管理工作。日军必须亲自保卫占领区，因为那些从国民党方面投奔来的"伪军"（据估计，人数在68万到100万之间），大多是军阀时期的残余势力。这些人能做的事，无外乎恐吓百姓，协助保护日军驻防和铁路线，以防范游击队的袭击。[40]

游击队无法决定战争的胜负，他们并不像1975年的越共一样，真正打败了凶残的帝国主义猛兽。然而在扰乱敌人方面，游击队却发挥了极其重要的作用。它让对手寝食不安，草木皆兵。此外，它还破坏敌人的后勤补给和通

216

信线路，增大叛变投敌的风险。由于日军无法完全控制整个占领区，因此，大规模游击战随时都有可能发生。[41]日军的通常做法是牢牢控制住县城，并派重兵把守铁路和主要道路，然后以此作为据点，派出机动队到附近村庄扫荡，强征粮食，抓捕壮丁，并以恐怖手段威吓百姓。只有在极其有限的意义上，日本才能被看作"秩序维护者"。它是构成军事无政府状态的因素之一，这种状态是从战前的混乱局面一路延续下来的。另一个因素就是游击队，它们是一群擅长利用无政府状态的专家。[42]

217

游击战所依赖的精神支撑，并不是某种深入人心、传播广泛的"农民民族主义"思想，[43]而更多是出自农民最基本的自卫需求。这件事听起来似乎很简单，但实际却很麻烦。农民渴望能得到保护，以免遭受日本兵的侵犯。为此，他们愿意为游击队提供帮助：供应生活必需品、提供掩护、打探情报、送自己的孩子去参加游击队，等等。但他们也因此有权得到保护，不让自身受到日本人的报复。于是，日军采取的全面反游击战措施，便成为严重的问题。毛泽东曾用"鱼水之情"来描述游击队与百姓之间的关系，这句著名比喻并非总是与事实相吻合。放水捕鱼的悲剧往往是难以避免的。

1937 年 7 月至 1938 年 10 月日本入侵阶段，对受害地区的百姓来说已是苦不堪言，接下来，当战争进入僵持阶段后，在华北许多地区，老百姓更是陷入了水深火热之中。八路军在后方展开游击战，日本占领军则以系统化的残酷镇压作为报复。日方称之为"烬灭作战"：凡是对游击队有用的粮食、牲畜和人员，统统要彻底消灭。中国抗日力量将其简称为"三光政策"："烧光、杀光、抢光"。这项政策意味着什么，从下面的典型例子就足以得到解释：河北西部的平山县是游击战的重镇，1931 年，这里生活着大约 23.6 万名居民。从 1937 年战争爆发到 1942 年底，共有 6 万栋房屋被烧毁，5000 人在"清剿行动"中被处死，2 万人被抓，3.9 万吨粮食被毁，十分之一的农田变成了荒地。[44]

218   在日军扫荡最疯狂的时候，游击队指挥官不得不带着队伍撤离，把一个个村庄在毫无保护的状态下留给了日本人和汉奸。正如 1934 年红军撤出江西苏区时一样，这种做法使得部分群众失去了对党和军队的信任，而信任一旦失去，是很难挽回的。游击队由此学会了重要一点，这就是，一定要把平民百姓的风险降到最低。炽烈的情感——对敌人的仇恨、对以往所受伤害的报复，对民族和革命的狂热，等等——与人类对死亡和痛苦的恐惧本能是相抵触的。并不是每个中国农民都想当英雄。要想赢得百姓的持久支持，游击队必须掌握策略和技巧，充分了解百姓的心理感受。人民战争是建立在人民和军队关系对等的基础之上。如果敌方的压力过大，使军队丢掉了根据地这个稳定的力量储备，鱼水之情就不再有存在的空间。1937年后，日军便是在这样的形势下，剿灭了东北地区的游击队。[45]

在如此艰苦的环境下，共产党的游击队能够存活下来并得到人民的支持，甚至在1942年后明显扩大了活动的地盘，充分反映出这些游击队组织的严密性和战士们的献身精神。这并不是理所当然的。国民党也有受其保护的游击队，特别是在山东，它们的任务是抗日和"剿共"。这些游击队失败的原因，是因为他们把自己的任务定义为纯军事性质，对百姓采取索求甚至是强盗的态度。这是许多国民党军队（包括过去的军阀部队）惯有的恶习：他们不是把村民援助看作对等的交易，而是视之为后者的强制义务。军民之间并不是一种伙伴式的关系，而是上下级式的从属关系。[46]建立在这种基础上的游击战，结局注定是失败。

共产党在战争期间的成就归功于许多因素，毛泽东的领导也是其中之一。过度神化、历史的编造和涂改、"大跃进"（1958～1960）和"文化大革命"的灾难性政策，以及1978年之后的政策，使毛泽东的历史形象变得模糊不清。在1945年4月召开的中共第七次全国代表大会上，毛泽东被尊为万众膜拜的领袖与最高革命智慧之源。但是很显然，毛并不是一位有着深刻思想的马克思主义理论家

219

（尽管他的博学远远超过了斯大林）。他的经典"哲学"著作和其他"毛泽东思想"作品，可以被当作政治路线斗争的密码本来加以解读。[47]要认定毛是一位缺乏独创性的作者，并不困难，但是这与其历史成就却是两码事。在1927年至1949年的二十多年里，毛以行动证明自己是一位一流的谋略家。他总能一眼识破党内外对手的意图和动机，此外，他还是一位擅长战略形势分析的大师。[48]在20世纪上半叶中国所有重要政治家中，他是最了解农民的一个。他深信农民是革命的重要力量，这一认识不仅来自理论，同时也来自他在实践中的切身体会。毛对革命战略的最大贡献在于三项原则的结合：游击战、土地革命和群众路线。

其中第三项原则，是中国共产党在夺取政权阶段最重要的观念性创新。1943年，毛泽东明确指出"群众路线"是一种政治领导方法。[49]领导必须时刻关注和重视"群众"的愿望、情绪和观点，不是通过民主程序，而是依靠对干部意识的培养。上级党组织的任务是将群众的意见集中起来并加以整理，通过与党的方针路线的结合，转化为口号和指示，然后再传达给群众。按照毛的想法，"群众路线"的目的是在政治领导层与农民个体之间建立联系，这是中国历史上的一大创新，是孙中山和前共产主义革命家从未想到的。群众路线是官僚精英政治的对立面，后者

220

是在不顾多数人意见的情况下，自行决策并执行。在执行群众路线时，干部替代了官员的角色，他们一方面受中央纪律监察机构的约束；另一方面，他们作为模范和地方领导，同时也享有按具体情况履行职责的极大自由空间。群众路线不仅在党内实行，也被推广到受党领导的各级群众组织。它以中央发起的运动的形式，对整个社会产生影响。

按照西方人的理解，"群众路线"充其量只是一种表面民主。它承认人民的愿望和要求，但不承认人民的主权，其背后隐含着一种儒家式的传统观念：理想化的官员虽然没有获得民众的授权，却是在按照他们的意愿行事。党的领导地位也很少受到质疑。政治讨论的框架是由党来决定，民众只能在设定的框架内表达自己的观点。

221

"群众路线"最重要的作用在于，它创造了一种军事干部所特有的新型领导风格。这些干部并不是从后方向前线下达命令，而是要带头冲锋陷阵，并亲自参与劳动。因此，在战争的特殊条件下，借助"群众路线"，发号施令的精英与唯命是从的百姓之间的传统鸿沟被大大缩小。游击队指挥官是这类干部中的典范，1937 年至 1945 年的抗日战争正是这些人大显身手的英雄年代。与国民党僵化自闭的官僚体系不同，中共党组织允许游击队采取因地制宜、灵活机动的战术，根据形势变化随时对自身力量进行调整。这是共产党动员群众的法宝。至于这种做法很容易导致各级干部的领导魅力"平凡化"（马克斯·韦伯语）以及权力统治的官僚化，则是另一个层面的问题。战争结束后，中国共产党很快就会对此有所体会。

战争期间，共产党的主要任务是确保自身的物质和政治生存，并尽最大可能去削弱日本人的力量。为此，必须要建设自己的政权和军队，在与中国经济发达地区缺少联系并且得不到外国援助的情况下，对统治区内的微薄资源充分加以利用；要化劣势为优势，让那些胆小怕事或对政治漠不关心的百姓能够主动而非被迫地支持自己的目标；此外，党——准确地讲，是许多党员和积极分子——对社会改革的追求也是不容否定的，其目标是减少并最终彻底消除对小生产者的剥削、对妇女的压迫以及农民在文化方面的落后现象。

222　　为了实现这些目标，必须实行动员，尤其是对农村贫困人群的动员。一呼百应式的动员是罕见的，尽管经常会有这样的描写。彭湃当年就曾有过体会：不能逼迫农民造反。自我动员是知识分子独有的特殊能力。现实中的"群众"动员是如何进行的，共产党如何在华北农村成功赢得民众的支持，这些都无法从"群众路线"的纲领性阐述中获得了解。只有近年来一些学者针对特定地区所做的详细个案研究，才能让人一窥其中的真相。[51]

当共产党干部带着激进的主张来到农村时，一开始，他们很难唤起大多数农民对这些主张的兴趣。[52]因此，他们必须首先依靠那些在农民革命理论中并未被视作革命主要力量的社会团体：最底层的"流氓无产者"，以及地方精英中拥有改良和爱国思想的人士。在没有经历过日军侵略的地方，民族主义号召只能产生有限的作用。更容易打动农民的，是改善自身物质生活处境的呼吁。不过，比起受彭湃动员的佃农群体，华北农民的性格相对保守。但是，一旦村民们被动员起来反抗"剥削"势力，组织"批斗大会"斗争村里的"恶霸地主"时，局面很可能会失去控制。人们很难让这些农民明白，为何不应把"富农"，甚至还有开明的爱国乡绅作为批斗对象。佃农们很难理解，为什么要满足于减租减息，而不是彻底取消地租。共产党干部的处境是进退两难的：一方面，他们必须要用社会和物质方面的口号来动员农民，但另一方面，他们又要以统一战线旗帜下的阶级和谐为理由，遏制农民的革命冲动。被斥为"左倾"的农民，很容易失去对革命的热情。要控制和疏导这股力量，至少与动员一样困难。农民对党的忠诚从来都不是无条件的，对此，人们必须要懂得珍惜和爱护。

传统农村的互助伦理，决定了农民们对回报的期待。有观点认为，是共产党重新振兴了被国际市场与恶霸地主破坏的农村社会的"道德经济"，并用集体治疗的形式实现了中国农民的古老梦想。然而事实证明，这只不过是浪漫的幻想。[53]不过，可以确定的是，农民在向共产党缴纳捐税和提供支援的同时，也期待着能够得到相应的回报：例如自然灾害的预防和救济、对军人家属的照顾，等等。另外，干部的行为操守也是至关重要的。过去在老百姓的心目中，官府和贪官污吏是画等号的，共产党的节俭、清廉以及高级干部自身的简朴生活方式，为其赢得了极高的声望。只要老百姓知道，自己的付出不是落入了当权者的腰包，他们就会心甘情愿去牺牲。

农村社会各阶层在对待动员的态度上，差异往往是很难辨别的。因战争而流离失所的人，无疑是共产党和军队最大的潜在力量。相比之下，那些没有自己土地的劳工很多时候表现得比自耕农更具造反性，但并非在任何情况下都是如此。而且在他们当中，最早投奔共产党的未必是那些最穷的人。因此，如果认为社会地位越低，就越容易被共产党吸引，这样的看法是不符合事实的。在对待动员的态度上，代际差异的影响往往比社会差异更明显。战争结束时，贫农在党员、军队和民兵中占大多数，这一点所反映的更多是领导层有意识的征兵政策，而非贫农的特殊革命热情。

共产党究竟能够在多大程度上做到除短期动员外，

还能对社会结构产生深层次的影响，显然是由其政治控制力的高低决定的。在许多遭受日军侵略的根据地，由于伪政权的势力过强，因此在 1945 年之前，共产党始终都无法在当地建立持久的行政管理机制。战争期间由邓小平领导的晋冀鲁豫根据地，就是一个例子。[54] 在这些地区，共产党主要是通过高度流动的部队开展活动，然而在民事治理方面，却只能搭建起一些最基础的架构。与此截然相反的例子，是那些共产党牢牢控制的根据地，首先是总部延安所在的陕甘宁边区。它位于日占区之外，能够有效抵御敌人的入侵（轰炸除外）。在这里，共产党建立了稳固的政权，并有能力建设较完备的国家体制。

在延安，由于自然环境极端恶劣，再加上国民党的重重封锁，共产党必须要为生存而战。在这里，"群众路线"这一富于魅力的领导作风，促成了广受赞誉、后来几乎变成神话的"大生产运动"。这场运动的宗旨是通过精心运筹与合理化安排，使所有生产要素都得到最充分的利用。[55] 在延安，人们放弃实行土地改革，转而推行改良式的统一战线计划。地主的财产没有像江西苏区一样被没收并重新再分配，而是代之以减租减息，用统一累进税来缩小收入差距，鼓励市场交易，并推动古老的互助传统向集体协作的劳动方式转变。在一系列措施的作用下，出现了一个由新老"富农"构成的充满活力的世界。在延安，地主"封建势力"被谨慎地压制，以中农、甚至"富农"为代表的"资本主义"则受到鼓励。有些做法很容易令人联想到基督教教育家晏阳初的"农村重建"（rural reconstruction），以及1979年后的中国农业政策。

225 　　"延安模式"当然也有其局限性。它并不是农民创造力的自然结果，而是一场以维护生存和国家构建之大局为目的、在严格控制的前提下发起的实验，并且随时都有可能被取消。此外，它所依赖的特殊条件仅限于狭小的延安地区，就连同一片根据地的北部都不具备。这些条件就是：人口稀少，有大片可供开垦的荒地，地主人数不多，因此几乎没有"剥削"，没有土地的农民只占很小比例，财富分配的公平程度在改革前便已超过平均水平。"延安模式"从始至终只是一个特例。[56]

　　更具典型性的是农村不和谐现象的日益加剧。当战争临近结束时，共产党对根据地的控制越来越稳固，地方精英与日本和国民党合作的危险不断降低，向其施压也因此变得越来越容易。于是，旧式农村精英陷入了被两方势力钳制的境地：一方是赢得自我意识的农民，他们往往把传统中对乡绅和族长的尊敬抛到了一边；另一方是日渐强大的国家政权，在危急情况下，它是唯一有能力保护精英阶层不受农民愤怒情绪伤害的力量。尽管在战争结束时，除了减租减息和提高税赋之外，共产党统治区的地方精英——不包括汉奸、"恶霸"和犯罪势力——在生命、财产和社会地位上依然得到了保全，而且毛泽东也在1945年4月明确指出，"开明绅士"是"新民主主义"制度的重要力量，[57] 但这些人已意识到自己的处境越来越陷入不利：他们是一个没有盟友的阶级。

农村革命与军事占领：1946 年至 1949 年

虽然在战争结束时，共产党势力明显壮大，但国民党在数量上的优势却是不容置疑的。蒋介石指挥着350万人的大军，统治着全国最发达、最富饶地区的3.5亿居民——至少是在名义上。停战后不久，国民党便控制了除东北城市哈尔滨之外的中国所有大城市。日本投降时，大半的日本军备都落入了蒋介石手中。原来为日本人卖命的伪军指挥官，多数都加入了蒋介石的阵营。在战争期间，国民党党员人数增长到三百万，是原来的两倍。蒋介石在国际上享有的威望，是中国近代史上任何国家首脑都难以比肩的。他被战胜国列入战后"四巨头"（Big Four）之列，他所领导的国民政府受到美国支持，并被苏联承认为中国合法的中央权力机构。

1945 年时，每个明智的中国政局观察家都清楚地看

到，战争结束并不意味着中国权力关系的彻底改变，导致
1927 年内战的原因依然没有消除。共产主义运动不再像
1927 年、1935 年或 1941 年那样濒临生死的边缘，而是比
以往任何时候都更加强大。人们能够想到的有三种可能
性：一、国家分裂，战时的中国政治版图借此得以延续；
二、国民党和共产党在中间派力量（"第三条道路"）的
参与下实现和解，并建立联合政府。中间派力量主要由战
前的自由知识分子代表构成；三、内战爆发，国民党迟早
将赢得胜利，美国很可能会为其提供鼎力支持。但是，这
三种情况都没有发生，实际出现的是出乎所有人意料的第
四种结果：经过一场轰轰烈烈的大规模内战，中国共产党
依靠其领导的人民解放军（1946 年正式命名）最终赢得
了胜利。

　　导致这一变化的原因既在于国民党的软弱无能，也在
于其对手共产党的强大。这两条因素的作用可谓旗鼓相
当。早在局势溃败时，国民党高层便承认了这一点，就连
其最高统帅本人对此也有清醒的认识。1948 年 1 月，就
227　在毛泽东宣告"人民战争"进入转折点时，蒋介石公开
表示："老实说，古今中外任何革命党都没有我们今天这
样颓唐和腐败，也没有像我们今天这样的没有精神，没有
纪律，更没有是非标准，这样的党早就应该被消灭、被淘
汰了！"[58]他斥责国民党军官无能、虚伪和腐化，像军阀一

样专横跋扈，而文官的腐败程度更在其之上。他后悔自己没有像毛泽东那样在党内实行"整风"。然而，蒋介石的批评只停留在道德说教和心理分析的层面，这也是他的一贯做法。蒋介石亲信和国民党高官陈立夫（1900～2001）对这一问题有更深刻的认识，他对国民党内部了解之透彻无人能及。在他看来，国民党自1927年后，一直忽视了孙中山所倡导的土地改革和以乡镇自治为起点的民主建设。战后推行的灾难性货币政策，更使得1945年开始的通货膨胀变得一发不可收拾。这一切直接导致了中国中产阶层的没落。[59]

国民党政权的衰败，实际早在战争期间就开始了。1937年至1938年，当蒋介石的威望如日中天时，毛泽东的名字还很少为人所知。这时候，国民党的处境十分有利。如果有人说，是战争摧毁了国民党一手培育的非共产主义现代中国的幼苗，那么我们要反过来问，为什么国民党应对战争挑战的能力远不及共产党？1937年之后的重大民族使命，本应是国民党证明自己能够经得起考验的绝佳机会。

实际情况是，当国民党撤退到四川后，它与东部富裕地区的资源供应链被彻底切断。尽管外部环境可谓天时地利，但国民党在四川所面对的任务，与身在西北的共产党 **228** 并无两样：在一片没有任何根基的土地上，利用资源以实现自身发展。而国民党选择的方案，却与共产党大相径庭。它把整个官僚体系都搬到了大西南，其最坏的一面甚至与伪政权无异：大幅提高战前已然数额高昂的税赋，增加劳役——有钱有势的人可以免除，或肆意摊派。1940年起，粮食价格飞涨，从中受益的是地主、商人和投机者，佃户的实际收入则不断下降。[60]农村的状况，堪比军阀时期最坏的年头。物质的极度匮乏，使饥荒的后果变得更加严重。庞大的军队全靠农民来养活，而不像延安的共产党军队那样，让士兵亲自参加生产劳动。国民党这种做法违背了道德经济的最基本原则，即权利与义务的公平对等。这一点恰恰是共产党成功的法宝。这种情况在战后也没有改观。因此，国民党在农村彻底失去了民心。

国民党回到城市后，也没有找到多少盟友。1945年秋，它联合被打败的日军和伪军，阻止共产党的挺进，严重损害了自身在公众中的声誉。[61]通货膨胀使靠工资维生的公职人员的物质生活水平大大降低，这些人当中也包括老师和教授。计划收回和重建工厂的企业主们，很难得到政府的支持。事实恰恰相反：贪婪的国家官员纷纷从重庆赶往各地，将没收敌人的财物纳入自己的腰包。在被日本殖民长达半个世纪的台湾，当地居民对国民党也有类似的经验。台湾光复后，大批国民党人从大陆涌入。很快，随着共产党的挺进，更多人是为了寻找安全而逃到了这里。

229　1947年2月，对大陆入侵者的仇恨引发了台湾民众的大规模抗议活动。抗议遭到了当局残酷的镇压，在接下来的几周里，数千名台湾知识分子被处决。[62] 不久后，国民政府带着庞大臃肿的官僚队伍逃到了台湾，以统治者的姿态在岛上落户。直到今天，台湾地区人民对 1947 年的那场悲剧仍然记忆犹新。

战争结束后，道德沦丧的社会风气是共产党最强大的"盟友"之一。尽管人们无法确定，在 1947 年至 1949 年，是否大多数中国百姓都对毛及其领导的共产党夺权明确持欢迎态度（当然，也没有选举或民意调查可以澄清这一问题），但是，愿意支持国民党的人的确寥寥无几。另外一条于国民党不利的因素是，是它而非共产党让这个早已厌倦战争的国家重新陷入了内战，并大肆逮捕、迫害和枪杀和平示威的大学生。从整体来讲，在战争刚刚结束时，城市知识分子当中的主流政治倾向是自由主义，而不是共产主义。[63] 国民党同样失去了这些人的支持。在大多数中国老百姓看来，已没有比当时的国民党统治更坏的情形了。国民党政府和党的领导层对民心所向很晚才有所意识，更遑论对其原因的认识。直到去了台湾后，国民党才在美国的帮助下，下决心逐步实行整顿。

国民党统治的瓦解同样也影响到军队，蒋介石本人也看到了这一点。其强大的权力和威信，不过只是虚设。自 1948 年初起，越来越多的国民党士兵和部队向人民解放

230 军投诚。这时，在林彪（1907～1971）和其他几位一流军事统帅的指挥下，共产党军队成功扭转战局，开始向胜利迈进。经过 1948 年 11 月至 1949 年 1 月的淮海大决战，国民党的军事力量被彻底摧毁。在这场战役中，双方各自投入了 50 万兵力，共产党还动员了 200 万名农民为部队提供后勤保障。之后，中国各大城市在没有太多抵抗的情况下，陆续被人民解放军占领：1 月是北京和天津，5 月是武汉和上海。1949 年 10 月 1 日，毛泽东在北京天安门城楼上正式宣告中华人民共和国成立。两周后，解放军攻占广州，并于 12 月底拿下了最后一座大城市——四川成都。在此之前不久，蒋总司令本人也逃到了台湾。

必须强调的是，共产党是在战场上赢得了对国民党的决定性胜利，其通往权力的漫长征途最终以军事征服画上了句号。1946 年至 1949 年的内战，是华北地区所经历的最后、或许也是最不堪回首的苦难年代。自 1900 年西方列强镇压义和团之后，战火在这里几乎从未停熄。优秀的品行、良好的运筹和丰富的经验，是中国人民解放军制胜的关键。它正是凭借这些优势，弥补了兵力数量上的不足：1946 年 7 月国共内战爆发时，毛是以 120 万兵力对抗蒋介石指挥下的 430 万人大军。[64] 共产党军队的重要成就之一，是从游击战成功转向以往缺乏经验的大规模阵地战。作战用的武器，一部分是苏联在东北收缴并转交解放

军的原日军装备，其他则是从敌人那里直接缴获的。当毛
进入北京城时，跟随在他身后的部队乘坐的就是缴获的美
国产运输车。

正如美国历史学家梁思文（Steven Levine）所言，最
后成为"胜利铁砧"（Amboss des Sieges）的，恰恰是中
国共产党当年迫于日本的强大势力而难以踏足的东北地
区。在这里，共产党以极短的时间，完成了建党以来最大 231
规模的一场动员行动。与总体的城市化倾向相吻合，国民
党在这里犯下的严重错误是集中全力保卫城市，而忽视了
农村地区。另外，共产党这时也第一次拥有了自己的城市
根据地：哈尔滨。这座 80 万人口的工业城市，是乡村小
城延安难以比肩的。在哈尔滨，中国共产党经历了地方管
理的学徒期，并且收获甚丰。1946 年夏，1.2 万名干部被
派到四周围的农村，以实行彻底的土地改革为承诺，争取
农民的支持。这一策略对东北地区来说再适合不过，因为
在日本统治时期，这里的土地都被集中在少数汉奸手中。
在盛行小农经济的华北地区往往难得一见的大地主，在当
地并不是新鲜事：占人口总数 3% ~ 4% 的居民，拥有全
部耕地的 40% ~ 50%。反过来看，那些没有土地的农民
是一个庞大的劳动力储备库，在所有人口中，所占比例高
达30% ~ 40%，远远超出了长城以南的所有地区。[65]东北
地区的土地革命是一场几乎完全由外部发起的运动，农民

自发性在其中发挥的作用微乎其微。共产党把土地分配给农民，并期待他们以粮食、牲畜、推车，特别是劳力和参军来作为回报。土地革命的战略目的，在于释放战争所急需的资源。这一计划果然得到了兑现。

1946年，不仅是东北，而是整个华北的共产党统治区或势力范围，都开始推行激进的农村政策。在各个根据地，有着良好宣传效应的延安合作化模式，从一开始便属于特例。早在1943年，矛头直接指向农村上层社会的斗争便陆续在各地展开。1946年，一场规模浩大的土地革命开始了，并通过1950年6月颁布的《土地改革法》，推广到华南和西南的所谓"新解放区"。这场土地革命在"土地改革"的名义下，以有条不紊的形式，一直持续到1952年。它是中国在20世纪所经历的就传统意义而言最具革命性的一段插曲。土地革命结合新中国成立初期的银行、工业和商业的国有化，将战前的社会基础彻底颠覆。所有"地主"和大部分"富农"的财产都被没收，43%的耕地被重新分配给占农村人口60%的农民。[66]笼统地讲，其受益者是农村居民中最贫困的那一半。这些人的愿望以大刀阔斧的方式获得了满足，但农村的贫困问题却并未因此得到解决。每户的耕种面积平均不到一公顷，这是中国经济史上的最低点。顷刻间，中国变成了一片分散化小农经济的汪洋大海。紧随土地改革之后，是1953年开始的农业集体化。这是为解决土地再分配造成的生产力匮乏而进行的一场实验。

土地革命在经济上收效甚微（人们最初的考虑也只是把它作为一种过渡性方案）。正如中共领导层公开承认的那样，土地革命的目的是政治性的。[67] 在内战期间，其目标是把东北等地的农村底层人群拉到共产党一边，并鼓励他们参军服役。1949 年后，土地革命为新政权赢得了全中国农民的信任和支持。对农村上层社会而言，土地革命是一场灾难。用斯大林迫害富农时的话来讲，它"作为阶级"被彻底消灭。在这场运动中，约有 200 万至 500 万人丧生（各种猜测的数据之间存在巨大的差异）。各地的"阶级斗争"都采用同一个模式，当年的海陆丰苏维埃以及红军长征前的江西共产党政权，便曾做过类似的试验。党组织派遣干部工作组进驻农村，召集群众大会，揪出富人和坏分子，交给愤怒的群众进行批斗，控诉其犯下的种种罪状。不少人是在严刑逼供下被迫做出坦白。斗争大会往往是以处死至少一名"地主"，当场平分其名下以及其他"阶级敌人"的土地作为结束。[68]

自 1946 年起，中国共产党允许甚至鼓励暴力行动，而不再像以往一样，对暴力实行严格控制。这种变化的出现不能仅仅以意识形态极端化来解释，而是要从内战背景中寻找原因。1945 年至 1946 年，共产党并不希望发生内战，

233

这个时间点对它也是不利的。当中共被迫开战后，所有对统一战线的幻想也随之破灭。共产党把农村上层人士看作国民党的潜在盟友，并因此下定决心，要彻底摧毁其在村中的政治权势地位。这些因阶级斗争而分裂的村庄，变成了为党和军队提供后备力量的沃土。从根本上讲，土地革命是一场具有社会影响的政治革命，而不是反过来，即如马克思主义革命论所说，是一场具有政治影响的社会革命。

在全国各地召开的数十万场"斗争大会"，引发了巨大的心理效应。农民消除了对地主老爷的敬畏，并且第一次找到了表达自身痛苦和冤屈的语言。至少党的理论是这样解释的，事实也往往的确如此。另外，民国晚期的农村上层势力也早已背离了传统中的儒家尊长理想。一些作恶多端的恶霸地主理应得到惩处，因为在司法尚处于萌芽期的条件下，人们无法通过正规的司法程序做到这一点。

但是，这只是事情的一个方面。从另一方面看，对地主的指控经常是肆意和武断的。在华北地区，很多村子都是由小自耕农组成的，各户土地面积的差异也不大。在这些地方，并不存在地主和中富农，唯一的"剥削者"是国家。在这种情况下，村民中一些不合群的异类就被扣上了"阶级敌人"的帽子，并受到相应的处置。此外，华北地区的大地主多数都是不在地主，因此，他们并不会被"自发"宣泄的民愤所触及。另外，并不是所有村子都是

234

按照阶级界限进行人群划分的。在很多地区，不同宗族、原住户与外来户、基督徒与非基督徒以及不同族群（如南方的汉人和客家人）之间的矛盾，往往比"阶级"发挥着更重要的作用。在这种情况下，"阶级斗争"是由工作组人为制造出来的，它是对党的"群众路线"的一种极大歪曲。受政治和大众心理因素的影响，善恶之争的大戏无处不在上演。

　　土地革命在某些方面与共产党以往的政策是矛盾的。在战争和统一战线时期，共产党的农村干部一直致力于缓和农村社会各阶层之间的关系，用慎重的方法——如通过税改实现土地再分配——化解过激的社会矛盾；不只是通过恐吓来阻止农村上层人士与日本相勾结，而是用讲道理的方式，说服他们加入抗日的行列。实际上，在抗日斗士中，有相当数量的人是来自富裕家庭的子弟。那些曾经与共产党和游击队紧密合作，并在税收改革中交出一部分财产的爱国人士和"开明"绅士，在土地革命时突然间被定性为人民公敌，遭受批斗和侮辱，甚至连生存都面临着威胁。农村社会再次出现了极端分化的现象。[69]战争年代的短暂和谐，被专横、谎言和暴力的狂欢所淹没。从此，群众动员变成了自上而下的命令。在长达四分之一世纪的时间里，中国人民被一场又一场群众性运动搞得疲惫不堪。直到80年代，已近耄耋之年的长征幸存者们才终于

235

结束了这场混乱。

中华人民共和国成立后，华北的土地改革模式被推广到全中国，从一开始便被共产党确立为主要目标的"反封建"斗争以此宣告胜利。另外两项在一战后制订的纲领性计划，也在二战结束后得以实现：一是废除军阀独裁，军阀统治是从 1916 年袁世凯死后开始的，它的最后一位、同时也是最有成就的代表人物是曾经的革命将领蒋介石；二是铲除西方列强在中国的政治和经济势力。这一点可以追溯至 1925 年的五卅运动。当时，示威者满怀怒火，抗议上海公共租界工部局——以英国人为主导、在中国领土上行使权力的外国政府——滥杀无辜的罪恶行径。不久后，英国修改对华政策，准备接受中国民族主义者提出的温和主张。当 1931 年 9 月日本占领东北地区时，英国与南京政府就逐步取消"不平等条约"中规定的外国特权而进行的谈判，已经取得了良好进展。修改条约的进程因此中断，并被搁置。此后，虽然英国将维护在华经济利益的希望，更多寄托于南京政府的合作意愿，而非对条约所赋特权的政策性坚持，但 1925 年引发抗议的准帝国主义结构，却没有发生根本性改变。[70]1931 年后，中国在外交上一直致力于维持与美国和所有欧洲列强的良好关系。日本则成为中国的主要敌人。与日本对东北地区的大规模殖民及其对华北地区的渗透和破坏相比，上海和其他

236

通商口岸的准殖民统治所造成的危害，可谓小巫见大巫。"不平等条约"连同作为核心的"治外法权"，直到1943年才通过双边协议被废除，但实际上早在两年前，随着日本占领公共租界，上海的世界主义时代便已然结束。

1945年战争胜利后，日本的威胁随之消除。抗战的胜利——而非1949年的政权更迭——意味着真正的"解放"，它使中国摆脱了长达一个世纪的外来侵略。在接下来的几年里，西方列强既没有机会也没有愿望重拾战前的帝国主义。在新的共产党执政者眼中，美国因在内战中支持蒋介石（尽管是半心半意）而丧失了信誉。随着美国对华影响力的消失，从1950年起，中国外交开始倒向苏联一边。50年代初，英美两国的残余经济势力也被赶出了中国。[71] 1954年，苏联宣布放弃从沙皇时代继承的所有在华特权。

至此，五四运动和五卅运动的示威者们提出的民族目标基本都已达到，中国共产党最初的纲领性计划也已实现——早在1922年，共产党便将"打倒帝国主义"和"推翻军阀统治"列为首要任务。[72] 而早期革命者的其他目标，却比以往任何时候都更加遥不可及。直到1976年毛泽东逝世，在经过一段混乱的过渡期后，中国政府做出经济上向国际市场开放、减少国家干预的决策，全民大动员阶段才最终成为历史。

237

注　释

上海，　1925 年 5 月 30 日

1. Frank Ashton-Gwatkin，1926 年 1 月 26 日《文件摘要》，摘自 Nicholas R. Clifford，*Spoilt Children of Empire. Westerners in Shanghai and the Chinese Revolution of the 1920s*，Hannover，London 1991，第 106 页。

2. 关于上海作为开放港口的早期历史参见 Linda Cooke Johnson，*Shanghai. From Market Town to Treaty Port*，1074 – 1858. Stanford 1995，第 7 ~ 12 章；后期历史参见：唐振常等《上海史》 – 《上海 1989》；Marie-Claire Bergère，》*The Other China*《. *Shanghai from* 1919 *to* 1949. In：Christopher Howe（Hg.），*Shanghai. Revolution and Development in an Asian Metropolis.* Cambridge 1981，第 1 ~ 34 页；Jürgen Osterhammel，*China und die Weltgesellschaft. Vom* 18. *Jahrhundert bis in unsere Zeit*，München 1989。本书未及细述的有关中国革命之国际大背景以及中国近现代文化的问

题，可参见上述一书。有关在华外国租界（特别是小块租界）的全面论述可参见：费成康《中国租界史》，上海，1991 年，第 147 页及下页；张洪祥《近代中国通商口岸与租界》，天津，1993 年。

3. 地理问题参见 Rhoads Murphey，*Shanghai. Key to Modern China*. Cambridge/Mass. 1953。

4. 马晓奇等《上海港史话》，第 1 卷，北京，1990 年，第 289 页；张仲礼等《近代上海城市研究》，上海，1990 年，第 67 页。

5. 同上，第 782 页；上海社会科学院历史研究所《五卅运动史料》，第 1 卷，上海，1981 年，第 198，208～210 页。

6. 邹依仁《旧上海人口变迁的研究》，上海，1983 年，第 90 页（图 1），第 141 页（图 46）。

7. Clifford，*Spoilt Children*，第 21 页；另参 Jürgen Osterhammel，*Britischer Imperialismus im Fernen Osten. Methoden dcr Durchdringung und einheimischer Widerstand auf dem chinesischen Markt* 1932 – 1937. Bochum 1982，第 116～127 页。

8. 参见 Thomas B. Stephens，*Order and Discipline in China. The Shanghai Mixed Court* 1911 – 1927. Seattle, London 1992，第 48～65 页。

9. 张仲礼等《近代上海城市研究》，第 436～441 页。

10. 同上，第 475～308 页；Kerrie L. Macpherson，*A Wilderness of Marshes. The Origins of Public Health in*

Shanghai，1843 – 1893. Hongkong 1987。

11. 参见 Robert A. Bickers u. Jeffrey N. Wasserstrom，*Shanghai's 》Dogs and Chinese Not Admitted《 Sign. Legend，History and Contemporary Symbol. In：*CQ 142（1995），第 445 页及下页。

12. 参见 Rudolf G. Wagner，*The Role of the Foreign Community in the Chinese Public Sphere. In：*CQ 142（1995），第 423 ~ 443 页。

13. 张仲礼等《近代上海城市研究》，第 674 页。

14. 关于马相伯（马良）的介绍参见 BD，第 2 卷，第 471 ~ 473 页。

15. Yeh Wen-hsin，*The Alienated Academy. Culture and Politics in Republican China*，1919 – 1937. Cambridge/Mass. , London 1990，第 136 ~ 165 页；Jeffrey N. Wasserstrom，*Student Protests in Twentieth-Century China. The View from Shanghai.* Stanford 1991，第 40 ~ 46 页。

16. 同上，第 96 ~ 124 页；Nicholas R. Clifford，*Shanghai 1925. Urban Nationalism and the Defense of Foreign Privilege.* Ann Arbor 1979；ders. , Spoilt Children，第 97 ~ 143 页；傅道慧《五卅运动》，上海，1985 年；任建树/张铨《五卅运动简史》，上海，1985 年；Richard W. Rigby，*The May 30 Movement：Events and Themes.* Canberra 1980。

17. 参见 Joseph T. Chen，*The May Fourth Movement in Shanghai.* Leiden 1971。

18. ZXZX，Bd. 2，第 194 页及下页。

19. 任建树/张铨《五卅运动简史》，第 73 页。

20. 说见上海社会科学院历史研究所《五卅运动史料》，第 720 页及下页。

21. Lincoln Li, *Student Nationalism in China.* New York 1994，第 30 页；另参 C. Martin Wilbur, *The Nationalist Revolution 1923 – 1928*, In：CHOC, Bd. 12（1983），第 531 页及下页。

22. 参见 P. D. Coates, *The China Consuls. British Consular Officers*, 1843 – 1943. Hongkong 1988，第 457 ~ 467 页。

23. 这场运动在上海以外地区的影响要多是中国文学史研究的课题。见任建树/张铨《五卅运动简史》，第 108 ~ 126 页。

24. Sherman G. Cochran, *Big Business in China. Sino-Foreign Rivalry in the Cigarette Industry* 1890 – 1930. Cambridge/Mass. , London 1980，第 178 页。

25. 参见《秋白选集》，北京，1985 年，第 226 页及下页。

26. 徐鼎新/钱小明《上海总商会史 1902 ~ 1929》，上海，1991 年，第 352 页。

27. 同上，第 342 页。

28. 同上，第 335 ~ 339 页；英文见 North China Herald，13. Juni 1925，第 413 页。

29. Harumi Goto-Shibata, *Japan and Britain in Shanghai*, 1925 – 1931. Basingstoke, London 1995，第 21

页及下页，第 40 页。

30. 石源华《中华民国外交史》，上海，1994 年，第 240~242 页。

31. 参见 Johnson-Bericht bei Rigby, *May 30 Movement*, 第 196 页及下页。

第一章

1. 参见 Chalmers Johnson, *Revolutionary Change.* 2. Aufl. London 1982，第 126 页；从历史革命论角度对中国问题的论述参见 Theda Skocpol, *States and Social Revolutions. A Comparative Analysis of France, Russia and China.* Cambridge 1979；dies. , *Social Revolutions in the Modern World.* Cambridge 1994。

2. Don C. Price, *Russia and the Roots of the Chinese Revolution*, 1896 – 1911. Cambridge/Mass. 1974，第 91 页。

3. 参见 Wolfgang Lippert, *Entstehung und Entwicklung einiger chinesischer marxistischer Termini. Der Lexikalisch-begriffliche Aspekt der Rezeption des Marxismus in Japan und China.* Wiesbaden 1979，第 143 页及下页。

4. 梁启超《中国历史上革命之研究》，初版 1904 年，收录于张枬、王忍之《辛亥革命前十年间时论选集》，第 2 卷，北京，1960 年，第 803 页。

5. 萧超然/沙健孙《中国革命史稿》，北京，1984 年，第 418 页。

6. 参见 Mary C. Wright（Hg.），*China in Revolution. The First Phase.* New Haven，London 1968；Marianne Bastid-Bruguière，*Currents of Social Change.* In：CHOC Bd. 11（1980），第 536～602 页。

7. Michael S. Kimmel，*Revolution. A Theoretical Interpretation.* Oxford 1990，第 6 页。

8. Jack A. Goidstone，*An Analytical Framework.* In：Ders.，Ted R. Gurr u. Farrokh Moshiri（Hg.），*Revolutions of the Late* 20*th Century.* Boulder/ Col. 1991，第 37 页。

9. 参见美国中国史研究专家费正清（John K. Fairbank）倒数第二本著作：*The Great Chinese Revolution*，1800 – 1985，New York 1986；德译本：*Geschichte des modernen China* 1800 – 1985. München 1989；在最后一本著作中，费提到的革命概念仅仅是针对 1911 年后：*China. A New History* . Cambridge/Mass.，London 1992，第 235 页及下页。

10. Michael C Meyer u. William L. Sherman，*The Course of Mexican History.* 4. Aufl. New York，Oxford 1991，第 552 页。

11. R. J. Rummel，*China s Bloody Century. Genocide and Mass Murder Since* 1900. New Brunswick/N. J.，London 1991，第 6 页、27 页（表 medium estimates）、208（表 8. 1. ）、248 页。

12. 费正清，*China*，第 216 页。

13. 参见 Jürgen Osterhammel，Modernisierungstheorie

und die Transformation Chinas 1800 – 1949. In：Sacculum 35（1984），第 31~72 页；另参许纪霖/陈达凯《中国现代化史》，第 1 卷，上海，1995 年。

14. Johann Gottfried Herder，*Werke in zehn Bänden.* Hrsg. von Martin Bollacher u. a. Bd. 6，Frankfurt a. M. 1989，第 440 页。

15. 有关组织机制的详细论述见 Charles O. Hucker，*A Dictionary of Titles in Imperial China.* Stanford 1985，第 83~96 页。

16. Benjamin I. Schwartz，*The Primacy of the Political Order in East Asian Societies. Some Preliminary Generalizations.* In：Stuart R. Schram（Hg.），*Foundations and Limits of State Power in China.* London，Hongkong 1987，第 1~10 页。

17. 此观点的代表性著作见 John E. Schrecker，*The Chinese Revolution in Historical Perspective.* New York 1991。

18. 参见 Beatrice S. Bartlett，*Monarchs and Ministers，The Grand Council in Mid-Ch'ing China*（1723 – 1820）. Berkeley. Los Angeles，Oxford 1991。

19. Benjamin A. Elman，*Political Social and Cultural Reproduction via Civil Service Examinations in Late Imperial China* . In：JAS 50（1991），第 7~28 页；ders. *Changes in Confucian Civil Service Examinations from the Ming to ihe Ch'ing Dynasty.* In：ders. u. Alexander Woodside（Hg.），*Education and Society in Late Imperial China*，1600 – 1900. Berkeley，1994，第 111~149 页。

20. Thomas A. Metzger, *The Internal Organization of the Ch'ing Bureaucracy. Legal*, *Normative and Communications Aspects.* Cambridge/ Mass. 1973，第 23 页。

21. Frederic Wakeman，Jr.，*The Fall of Imperial China.* New York，London 1975，第 36 页（注释 7）。

22. 经典论述见 Chang Chung-li，*The Chinese Gentry. Studies on their Role in Nineteenth-Century Chinese Society.* Seattle，London 1955；有趣的社会学分析见王先明的文章，收录于乔志强等《中国近代社会史》，北京，1992 年，第 170 ~ 177 页，第 198 ~ 204 页。

23. 参见 Ch'ü Tung-tsu，*Local Government in China under the Ch'ing.* Standford 1962；John R. Watt，*The District Magistrate in Late Imperial China.* New York 1972。

24. R. Keith Schoppa，*Xiang Lake. Nine Centuries of Chinese Life.* New Haven，London 1989，第 160 页。

25. 王先明《中国近代绅士阶层的社会流动》，收录于《历史研究》1993 年第 2 期，第 85 页。

26. Richard J. Smith，*Chinas Cultural Heritage. The Qing Dynasty 1644 – 1912. 2. Aufl.* Boulder/Col. 1994，第 81 页。

27. 参见 Joseph W. Esherick u-Mary Backus Rankin，*Introduction.* In：Dies.（Hg.），*Chinese Local Elites and Patterns of Dominance.* Berkeley 1990，第 11 页及下页；中国历史学者近来又提出了"绅商"的说法，见王先明《中国近代绅士阶层的社会流动》，第 88 页；以及另一本

优秀学术专著：马敏《官商之间——社会剧变中的近代绅商》，天津，1995 年，第 64 页及下页。

28. 参见本书第 5 章。

29. 参见 Evelyn S. Rawski, *Problems and Prospects*. In：David Johnson, Andrew Nathan u. Evelyn S. Rawski（Hg.），*Popular Culture in Late Imperial China*. Berkeley 1985，第 403 页。

30. 关于 19 世纪时婚姻的作用，参见 Mechthild Leutner, *Geburt, Heirat und Tod in Peking. Volkskultur und Elitekultur vom 19. Jahrhundert bis zur Gegenwart*. Berlin 1989，第 139～184 页。

31. 准确的概念应为"lineage"，德文中尚无相应翻译，意思较贴近的词是"Klan"。有关中国宗族问题的人文学研究参见 David Faure, *The Structure of Chinese Rural Society. Lineage and Village in the Eastern New Territories, Hong Kong*. Hongkong 1986，第 1～11 页；详细的历史学分析参见乔志强等《中国近代社会史》，第 109～124 页。

32. 参见 Susan Naquin u. Evelyn S. Rawski, *Chinese Society in the Eighteenth Century*. New Haven, London 1987，第 138～216 页；理论背景参见 G. William Skinner（Hg.），*The City in Late Imperial China*. Stanford 1977。

33. 参见吴承明《洋务运动与国内市场》，刊载于《文史哲》1994 年第 6 期，第 26～30 页。

34. 郭松义《清代人口流动与边疆开发》，收录于马汝珩/马大正《清代边疆开发研究》，北京，1990 年，第

10～51 页。

35. 参见相关经典著作 John R. Shepherd, *Statecraft and Political Economy on the Taiwan Frontier*, 1600 – 1800. Stanford 1993。

36. Madeleine Zelin, *The Structure of the Chinese Economy during the Qing Period. Some Thoughts on the 150th Anniversary of the Opium War*. In: Kenneth Lieberthal u. a. (Hg.), *Perspectives on Modern China. Four Anniversaries.* Armonk/N. Y. 1991, 第 32 页。

37. Herbert Franke, *The Role of the State as a Structural Element in Polyethnic Societies*. In: Schram (Hg.), *Foundations and Limits of State Power.* 第 87～112 页；另参 Colin Mackerras, *Chinese Minorities. Integration and Modernization in the 20th Century.* Hongkong 1994。

38. 有关帝国制度参见 Sabine Dabringhaus, *Das Qing-Imperium als Vision und Wirklichkeit. Tibet in Laufbahn und Schriften des Song Yun* (1752 – 1835). Stuttgart 1994, 第 23～42、228～238 页。

39. Lloyd E. Eastman, *Family, Fields, and Ancestors. Constancy and Change-in China's Social and Economic History*, 1550 – 1949. New York, Oxford 1988, 第 5 页。

40. 有关生态危机参见 Pierre-Etienne Will, De l'ere des certitudes à la crise du systeme. In: BBD, 第 25～28 页。

41. 相关精彩分析参见 Joseph W. Esherick, *The Origins of the Boxer Uprising*. Berkeley, Los Angeles, London, 第 173

页及下页。

42. 有关洪亮吉生平参见 Ho Ping-ti, *Studies on the Population of China*, 1368 – 1953. Cambridge/Mass. 1959, 第 271~273 页。

43. 参见 Conrad Totman, *The Green Archipelago. Forestry in Pre-Industrial Japan.* Berkeley, Los Angeles, London 1988, 第 81 页及下页。

44. 参见 Susan Mann Jones u. Philip A. Kuhn, *Dynastic Decline and the Roots of Rebellion.* In：CHOC Bd. 10（1978）, 第 107~162、113 页及下页。

45. James M. Polachek, *The Inner Opium War.* Cambridge/Mass. , London 1992。

46. Jonathan D. Spence, *God's Chinese Son. The Taiping Heavenly Kingdom of Hong Xiuquan.* New York 1996。

47. 参见 Franz Michael u. Chang Chung-ii, *The Taiping Rebellion. History and Documents.* Bd. 3, Seattle, London 1971, 第 748~776 页。

48. 王鹤鸣/施立业《安徽近代经济轨迹》，合肥, 1991 年，第 31 页。

49. Mary Backus Rankin, *Elite Activism and Political Transformation in China. Zhejiang Province*, 1865 – 1911. Stanford 1986, 第 61 页及下页。

50. 参见 Philip Kuhn, *Rebellion and Its Enemies in Late Imperial China. Militarization and Social Structure*, 1796 – 1864. Cambridge/Mass. 1970, 第 64 页及下页。

51. 参见 Liu Kwang-ching, *The Beginnings of Chinese Modernization*. In：Samuel C. Chu u. Liu Kwang-ching （Hg.），*Li Hung-chang and China's Early Modernization*. Armonk／N. Y. 1994，第 3 ~ 14 页；David Pong, Shen Pao-chen，*China's Modernization in the Nineteenth Century*. Cambridge 1994. 详参夏东元《洋务运动史》，上海，1992 年。

52. 这一描述出自 1988 年的批判性电视片《河殇》，关于海洋中国与陆地中国之间的矛盾关系另参 Lucian W. Pyc，*How Chinas Nationalism was Shanghaied*. In：AJCS 29 （Januar 1993），第 107 ~ 133 页。

53. 参见 Paul A. Cohen，*Christian Missions and their Impact to* 1900. In：CHOC，Bd. 10 （1978）. 第 543 ~ 590、569 ~ 573 页；众多案例分析参见张力／刘监唐《中国教案史》，成都，1987 年。

54. Joseph W. Esherick, *Reform and Revolution in China. The* 1911 *Revolution in Hunan and Hubei*. Berkeley 1976，第 23 页。

55. 有关各省份的革命筹备过程参见林家有等《辛亥革命运动史》，广州，1990 年，第 423 ~ 473 页。

第二章

1. 如 1914 年河南、安徽、陕西等地被镇压的白朗起义。参见 Edward Friedman, *Backward Toward Revolution.*

The Chinese Revolutionary Party. Berkeley, Los Angeles, London 1974，第 144 ~ 164 页。

2. 有关中国开放的历史沿革参见 MC 19：2（April 1993）中的多篇论文。

3. 参见 Maric-Claire Bergere，*Sun Yat-sen.* Paris 1994. 第 vii、58、79 页及下页。

4. 参见 Chan Lau Kit-ching，*China，Britain and Hong Kong* 1895 – 1945. Hongkong 1990，第 1、2 章。

5. 参见 Marius B. Jansen，*Japan and the Chinese Revolution of* 1911. In：CHOC，Bd. ll（1980），第 348 页及下页。

6. 参见 Gilbert Rozman u. a. ，*The Modernization of China.* New York 1981，第 160 页。

7. 参见朱英《辛亥革命时期新式商人社团研究》，北京，1991 年，第 32 ~ 43 页。

8. William T. Rowe，*Modern Chinese Social History in Comparative Perspective.* In：Paul S. Ropp（Hg. ），*Heritage of China. Contemporary Perspectives on Chinese Civilization.* Berkeley，Los Angeles，Oxford 1990，第 244、246、259 页。

9. 参见 William X Rowe，*Hankow. Conflict and Community in a Chinese City*，1796 – 1895. Stanford 1989，第 91 页及下页。

10. 相关观点见 William T. Rowe，*Hankow. Commerce and Society in a Chinese City*，1796 – 1889. Stanford 1984，第 341 页。

11. 参见 Chan Wai Kwan, *The Making of Hong Kong Society. Three Studies of Class Formation in Early Hong Kong.* Oxford 1991，第 3、4 章；Tsai Jung-fang, *Hong Kong in Chinese History. Community and Social Unrest in the British Colony*, 1842 – 1913. New York 1993，第 64 页及下页。

12. 参见黄逸峰《旧中国的买办阶级》，上海，1982 年，第 5 ~ 15 页。

13. 参见 Hao Yen-p'ing, *The Commercial Revolution in Nineteenth-Century China. The Rise of Sino-Western Mercantile Capitalism.* Berkeley 1986，第 212 页及下页。

14. 金士宣/徐文述《中国铁路发展史》，北京，1986 年，第 583 页。

15. J. B. R. Whitney, *China. Area*, *Administration*, *and Nation-Building.* Chicago 1970，第 4 页。

16. Chang Jui-te, *Technology Transfer in Modern China. The Case of Railway Enterprise*（1876 – 1937）. In：MAS 27（1993），第 290 页。

17. 参见 Frank M. Tamagna, *Banking and Finance in China.* New York 1942。

18. 参见内容极其广博的著作 Frank H. H. King, *The History of the Hongkong and Shanghai Banking Corporation.* 4 Bde, Cambridge 1987 – 1991。

19. 杜恂诚《民族资本主义与旧中国政府（1840 ~ 1937）》，上海，1991 年，第 200 页。

20. 参见 Parks M. Coble, The Shanghai Capitalists and

the Nationalist Government, 1927 – 1937, Cambridge/Mass. 1980, 第 161～207 页。

21. 许涤新/吴承明《旧民主主义革命时期的中国资本主义》，北京，1990 年，第 1047 页。

22. Wellington K. K. Chan, *Merchants, Mandarins and Modern Enterprise in Late Qing China*. Cambridge/Mass. 1977, 第 61～65 页。

23. 黄逸平《近代中国经济变迁》，上海，1992 年，第 376 页。

24. Kang Chao, *The Development of Cotton Textile Production in China*. Cambridge/Mass. 1977, 第 3 页（图 40）。

25. Peter Duus, Zakaibô, *Japanese Cotton Mills in China*, 1896 – 1936. In：Ders., Ramon H. Myers u. Mark R. Peattie（Hg.）, *The Japanese Informal Empire in China*, 1895 – 1937. Princeton 1989, 第 65～100、79～81 页。

26. 参见 William C. Kirby, *China Unincorporated. Company Law and Business Enterprise in Twentieth-Century China*. In：JAS 54（1995）, 第 51 页及下页；Jürgen Osterhammel, State Control of Foreign Trade in Nationalist China, 1927 – 1937. In：Clive Dewey（Hg.）, The State and the Market. New Delhi 1987, 第 209～237 页。

27. 罗树伟《近代天津城市史》，北京，1993 年，第 637 页及下页。

28. 黄立人《抗日战争时期工厂内迁的考察》，《历史研究》，1994 年第 4 期，第 128 页。

29. Thomas G. Rawski, *Economic Growth in Prewar China*. Berkeley 1989，第 9 页。

30. 参见 Edmond Lee, *A Bourgeois Alternative？The Shanghai Arguments for a Chinese Capitalism. The 1920s and the 1980s*. In：Brantley Womack（Hg.），*Contemporary Chinese Politics in Historical Perspective*. Cambridge 1991，第 90～126 页。

31. Maric-Claire Bergère, *L'âge d'or de la bourgeoisie chinoise 1911 – 1937* . Paris 1986，第 69 页。

32. 作者同上, *The Shanghai Bankers' Association, 1915 – 1927. Modernization and the Institutionalization of Local Solidarities*. In：Frederic Wakeman, Jr. u. Ych Wen-hsin（Hg.），*Shanghai Sojourners*. Berkeley 1922，第 16、21、26 页。

33. 参见 Susan Mann Jones, The Ningpo pang and Financial Power at Shanghai. In：Mark Elvin u. G. William Skinner（Hg.），The Chinese City between Two Worlds. Stanford 1974，第 73～96 页；另参 Bryna Goodman, *Native Place , City and Nation. Regional Networks and Identities in Shanghai , 1853 – 1937* . Berkeley 1995，第 5～9 章。

34. S. Gordon Redding, *The Spirit of Chinese Capitalism.* Berlin, New York 1990。以华侨为例。

35. 参见 Christian Henriot, *Shanghai* 1927 – 1937. *Elites locales et modernisation dans la Chine nationaliste*. Paris

1991，第 69~82 页。

36. 参见皮明庥《近代武汉城市史》，北京，1993年，第 357 页及下页；Edward Bing-shuey Lee, *Modern Canton*. Shanghai 1936。

37. Sidney Gamble，*Peking. A Social Survey*. New York 1921，第 39 页。

38. 参见 David D. Buck，*Urban Change in China. Politics and Development in Tsinan*，*Shantung*，1890 – 1949. Madison/Wisc. 1978，第 130~140 页。

39. 参见 Paul A. Cohen，*Between Tradition and Modernity. Wang Tao and Reform in Late Ch'ing China*. Cambridge/Mass. 1974。

40. Mary Backus Rankin，*Public Opinion and Political Power. Qingyi in Lace Nineteenth-Century China*. In：JAS 41/42（1981/82），第 453 页。

41. 梁启超参与策划的《时报》即是一例。参见 Joan Judge，*Public Opinion and the New Politics of Contestation in the Late Qing*，1904 – 1911. In：MC 20（1994），第 64~91 页；同作者，*The Factional Function of Print. Liang Qichao*，*Shibao*，*and the Fissures in the Late Qing Reform Movement*. In：LIC 16（1995），第 120~140 页。

42. 参见 Barry G. Keenan，*Imperial China's Last Classical Academics. Social Change in the Lower Yangzi*，1864 – 1911. Berkeley 1994，第 97 页及下页。

43. 参见 Hiroshi Abe，*Borrowing from Japan. China's*

First Modern Educational System. In：Ruth Hayhoe u. Marianne Bastid （Hg.），*Chinas Education and the Industrialized World. Studies in Cultural Transfer.* Armonk / N. Y. 1987，第 57 ~ 80 页。

44. 参见 Paul Bailey，*Reform the People. Changing Attitudes towards Popular Education in Early* 20*th Century China.* Edinburgh 1990，第 69 ~ 84 页。

45. Ann Waswo，*The Transformation of Rural Society.* In：Peter Duus （Hg.），*The Cambridge History of Japan.* Bd. 6. Cambridge 1988，第 360 页。

46. 参见 Charles W. Hayford，*To the People. James Yen and Village China.* New York 1990，第 111 页及下页。

47. Paula Harrell，*Sowing the Seeds of Change. Chinese Students，Japanese Teachers*，1895 – 1905. Stanford 1992，第 2、215 页。

48. 实藤惠秀《中国人留学日本史》，北京，1983 年，第 204 页及下页。

49. 参见 Paul Bailey，*The Chinese Work-Study Movement in France.* In：CQ 115 （1988），第 441 ~ 461 页。

50. 萧超然《北京大学校史》，上海，1981 年，第 11、26 页及下页。

51. E-tu Zen Sun，*The Growth of the Academic Community.* In：CHOC，Bd. 13 （1986），第 372 页。

52. Chang Yu-fa，*Societal Change in Modern China*，1890*s* – 1980*s.* In：Bulletin of the Institute of Modern History，

Academia Sinica（Taibei）19（1990），第 191 页。

    53. 王桧林/朱汉国《中国报刊辞典 1815 ~ 1949》，太原，1992 年。

    54. 参见 Jon L. Saari，*Legacies of Childhood. Growing up Chinese in a Time of Crisis*，1890 – 1920. Cambridge/Mass. ，London 1990，第 61 页及下页。

    55. 陈独秀《敬告青年》，1915 年 9 月 15 日《青年杂志》1 卷 1 号，第 6 页；另参 Lin Yü-sheng，*The Crisis of Chinese Consciousness. Radical Antitraditionalism in the May Fourth Era.* Madison ／ Wisc. 1979，第 65 页。

    56. 参见 Yeh Wen-hsin，*The Alienated Academy. Culture and Politics in Republican China*，1919 – 1937. Cambridge/Mass. ，London 1990，第 186 页及下页。

    57. 吴承明《论二元经济》，《历史研究》1994 年第 2 期，第 105 页。

    58. 参见 Emily Honig，*Creating Chinese Ethnicity. Subei People in Shanghai*，1850 – 1980. New Haven，London 1992，第 63 页。

    59. Elizabeth J. Perry，*Shanghai on Strike. The Politics of Chinese Labor.* Stanford 1993，第 46 页。

    60. 一些数据参见 Robin Porter，*Industrial Reformers in Republican China.* Armonk/N. Y. 1994，第 16 ~ 22、179 ~ 183 页。

    61. Emily Honig，Sisters and Strangers. Women in the Shanghai Cotton Mills，1919 – l949. Stanford 1986，第 60 页。

62. 参见 Jean Chesneaux, *The Chinese Labor Movement*, 1919 – 1927. 德文版翻译 H. M. Wright. Stanford 1968。

63. 参见 Alain Roux, *Grèves et politique à Shanghai, Les désillusions.* Paris 1995, 第 167 ~ 251 页。

64. 参见 Gail Hershatter, The Workers of Tianjin, 1900 – 1949. Stanford 1986, 第 227 ~ 229 页。

65. 《法兰克福汇报》1995 年 5 月 18 日。

66. 参见 Marianne Bastid, *L'évolution de la société chinoise à la fin de la dynastie des Qing* 1873 – 1911. Paris 1979, 第 78 页及下页。

67. 参见 David Strang, *Rickshaw Beijing. City People and Politics in the 1920s.* Berkeley 1989, 第 20 ~ 64 页; Tim Wright, *Shanghai Imperialists versus Rickshaw Racketeers. The Defeat of the 1934 Rickshaw Reforms.* In: MC 17 (1991), 第 76 ~ 111 页; 老舍曾在小说《骆驼祥子》(1936) 中对人力车夫的生活做出了生动的描述。

68. 参见 Gail Hershatter, *Prostitution and the Market in Women in Early Twentieth-Century Shanghai.* In: Rubie S. Watson u. Patricia Ebrey (Hg.), *Marriage and Inequality in Chinese Society.* Berkeley 1991, 第 265 页及下页; 另参同作者 *Modernizing Sex, Sexing Modernity. Prostitution in Early Twentieth-Century Shanghai.* In: Christina K. Gilmartin u. a. (Hg.), *Engendering China. Women, Culture, and the State.* Cambridge/Mass. 1994, 第 147 ~ 174 页。

69. Brian G. Martin, *The Origins of the Green Gang and*

Its Rise in Shanghai, 1850 – 1920. In：EAH2（1991），第84页；另参同作者 *The Green Gang and the Guomindang State. Du Yuesheng and the Politics of Shanghai*, 1927 – 37. In：JAS 54（1993），第64～91页。

70. 作者同上,，》*The Pact with die Devil* 《. *The Relationship between the Green Gang and the French Concession Authorities*, *1925 – 1935*. In：Wakeman u. Yeh（Hg.），Shanghai Sojourners，第266～304、300页及下页；另参同作者 *The Shanghai Green Gang. Politics and Organized Crime*, 1919 – 1937. Berkeley 1996。

71. Sidney H. Chang u. Ramon H. Myers（Hg.），*The Storm Clouds Clear over China. The Memoir of Ch'en Li-fu*, 1900 – 1993, Stanford 1994，第63页。

72. Frederic Wakeman, *Jr.*, *Policing Shanghai* 1927 – 1937, Berkeley 1995，第254页。

73. 同上，第263页及下页。

74. 同上，摘自第272页。

第三章

1. 对儒学五种类型的分析见 Gilbert Rozman, *Comparisons of Modern Confucian Values in China and Japan*. In：Ders.（Hg.），*The Ease Asian Region. Confucian Heritage and Its Modern Adaptation*. Princeton 1991，第161页。

2. Jerome Ch'en, *China and the West. Society and Culture*

1815 – 1937. London 1979，第 103 页。

　　3. Jerome B. Grieder, *Intellectuals and the State in Modern China. A Narrative History*. New York, London 1981，第 146 页。

　　4. Nakamura Shigeru, *Academic and Scientific Traditions in China, Japan and the West*. Tokyo 1984，第 208 页。

　　5. Benjamin I. Schwartz, *In Search of Wealth and Power. Yan Fu and the West*. Cambridge/Mass. 1964，第 99 页。

　　6. 详参 Jürgen Osterhammel, *Die erste chinesischc Kulturrevolution. Intellektuelle in der Neuorientierung*（1915 – 1924）. In: Ders.（Hg.）, *Asien in der Neuzeit. Sieben historische Stationen*. Frankfurt a. M. 1994，第 125 ~ 142 页。

　　7. Li Zehou, *Chinas Aufklärung-Weg und Ziel. Entwurf für eine Rede zur Siebzigjahrfeier des 4. Mai*. In: Karl-Heinz Pohl, Gudrun Wacker u. Liu Huiru（Hg.）, *Chinesische Intellektuelle im 20. Jahrhundert. Zwischen Tradition und Moderne*. Hamburg 1993，第 31 页。

　　8. Vera Schwarcz, *The Chinese Enlightenment. Intellectuals and the Legacy of the May Fourth Movement of 1919*. Berkeley, Los Angeles, London 1986，第 3 页。

　　9. Peter Buck, *American Science and Modern China, 1876 – 1936*. Cambridge 1980，第 91 页。

　　10. 参见马金科/洪京陵《中国近代史学发展叙论 1840 ~ 1949》，北京，1994 年，第 178 页及下页；Bettina Gransow, *Geschichte der chinesischen Soziologie*. Frankfurt

a. M. , New York 1992，第 57 页及下页。

11. Barry Keenan, *The Dewey Experiment in China. Educational Reform and Political Power in the Early Republic.* Cambridge/Mass. , London 1977，第 30 页。

12. John Dewey, zit. nach Jerome B. Grieder, *Hu Shih and the Chinese Renaissance. Liberalism in the Chinese Revolution*, 1917 – 1937. Cambridge/ Mass. 1970，第 328 页。

13. 在这一问题上，社会学家陈序经比胡适走得更远。参见 Klaus Birk, Totale Verwestlichung. Eine chinesische Modernisierungsdebatte der dreißiger Jahre. Bochum 1991，第 71 ~ 75 页。

14. 详细分析参见 Hermann Halbeisen, *Demokratie ohne Volksherrschaft. Aspekte des politischen Denkens chinesischer Liberaler in der Nanking-Zeit 1927 – 1937.* Bochum 1991，第 187 页及下页。

15. 摘自 Milton J. T. Shieh（Hg.），The Kuomintang. *Selected Historical Documents*, 1894 – 1969. O. O. 1970，第 81 页。

16. Frederic J. Spar, *Human Rights and Political Engagement. Luo Longji in the 1930s.* In：Roger B. Jeans （Hg.），*Roads Not Taken. The Struggle of Opposition Parties in Twentieth-Century China.* Boulder/Col. 1992，第 65 页；有关人权问题的中国式思维参见 Harro von Senger, *Chinese Culture and Human Rights.* In：Wolfgang Schmale（Hg.），

Human Rights and Cultural Diversity. Goldbach 1993，第 281～333 页。

17. Chow Tse-tsung，*The May Fourth Movement. Intellectual Revolution in Modern China.* Cambridge/Mass. 1960，第 359 页。

18. 关于 19 世纪上海老百姓民族意识淡薄问题参见 Ye Xiaoqing，*Shanghai before Nationalism.* In：EAH 3（1992），第 33～52 页。

19. 参见 Chang Hao，*Liang Ch'i-ch'ao and Intellectual Transition in China，1890 – 1907.* Cambridge/Mass. 1971，第 165、254、256 页。

20. 参见 Michael H. Hunt，*Chinese National Identity and the Strong State. The Late Qing-Republican Crisis.* In：Lowell Dittmer u. Samuel S. Kim（Hg.），*China's Quest for National Identity.* Ithaca，London 1993，第 62～79 页。

21. 参见 Philip C. C. Huang，*Liang Ch'i-ch'ao and Modern Chinese Liberalism.* Seattle，London 1972，第 64～67 页。

22. 参见 Wong Young-tsu，*Search for Modern Nationalism. Zhang Binglin and Revolutionary China.* Hongkong 1989，第 61～66 页。

23. 参见 Frank Dikötter，*The Discourse of Race in Modern China .* London 1992，第 97 页。

24. 参见 Sabine Dabringhaus，*Ethnische Identitäten im modernen China.* In：Wolfgang Reinhard（Hg.），*Die fundamentalistische Revolution. Partikularistische Bewegungen*

der Gegenwart und ihr Umgang mit der Geschichte. Freiburg i. Br. 1995，第 70 ~ 111 页；Michael H. Hunt, *The Genesis of Chinese Communist Foreign Policy.* New York 1996，第 116 ~ 120 页；William L. Tung, *The Political Institutions of Modern China.* 2. Aufl. Den Haag 1968，第 368 页。

25. 参见 Charlotte Fuith, *Culture and Politics in Modern Chinese Conservatism.* In：Dies. （ Hg. ）, *The Limits of Change. Essays on Conservative Alternatives in Republican China.* Cambridge/Mass. , London 1976，第 34 页。

26. 有关钱穆生平参见 Hu Chang-tze, *Deutsche Ideologie und politische Kultur Chinas. Eine Studie zum Sonderwegsdenken der chinesischen Bildungselite* 1920 – 1940. Bochum 1983，第 118 ~ 153 页。

27. 参见 Werner Meißner, China zwischcn nationalem 》 Sonderweg und universaler Modernisierung. Zur Rezepcion westlichen Denkens in China. Münchcn 1994，第 147 页及下页。

28. 另一位富有多面性色彩的代表性人物是哲学家梁漱溟 （ 1893 ~ 1988 ），参见 Guy S. Alitto. *The Last Confucian. Liang Shu-ming and the Chinese Dilemma of Modernity.* Berkeley, Los Angeles, London 1979，第 82 页及下页。

29. 1935 年双方就这一问题发生了直接冲突，参见 Wm. Theodore de Bary u. a. （ Hg. ）, *Sources of Chinese Tradition.* Bd. 2, New York, London 1964，第 192 ~ 195 页。

30. 背景内容参见 Michael Gasster, *Chinese Intellectuals and the Revolution of* 1911. *The Birth of Modern Chinese Radicalism.* Seattle, London 1969。

31. 目前尚无德译本。参见 Frank W. Price（Übers.）, *San Min Chu I. The Three Principles of Sun Yat-sen*, *Shanghai* 1927. 内容概括参见 C. Martin Wilbur, Sun Yat-sen. Frustrated Patriot. New York 1976, 第 197～207 页。

32. 《孙中山全集》第 9 卷, 北京, 1986 年, 第 185 页。

33. 有关"体用论"的独到见解可参见韩国学者闵斗基的分析：Min Tu-ki, *National Polity and Local Power. The Transformation of Late Imperial China.* Cambridge/Mass., London 1989, 第 51～88 页。

34. 《孙中山全集》第 9 卷, 北京, 1986 年, 第 282 页。

35. 胡春惠《民初的地方主义与联省自治》, 北京, 1979 年, 第 344 页。

36. 参见 Michael R. Godley, *Socialism with Chinese Characteristics. Sun Yat-sen and the International Development of China.* In：Jonathan Unger（Hg.）, *Using the Past to Serve the Present：Historiography and Politics in Contemporary China.* Armonk/N. Y., London 1993, 第 239～259 页。

37. 参见 Michael Godley, Fascismo e nazionalismo cinese, 1931－1938. In：Storia contemporanea 4（1973）, 第 739～777 页。

38. 参见 Charlotte Furth, Ting Wen-chiang. Science and

China's New Culture. Cambridge/Mass. 1970，第 214 ~ 220 页；沈庆林《丁文江的政治思想》，《近代史研究》1993 年第 5 期，第 176 ~ 188、尤参第 185 页。

39. 参见 Bruce A. Elleman, *Soviet Diplomacy and the First United Front in China.* In：MC 21（1995），第 450 页。

40. 参见 C. Martin Wilbur u. Julie Lien-ying How, *Missionaries of Revolution. Soviet Advisers and Nationalist China*, 1920 – 1927. Cambridge/ Mass. , London 1989，第 79 ~ 139 页；Dieter Heinzig, *Sowjetische Militärberater bei der Kuomintang* 1923 – 1927. Baden-Baden 1978；Dan N. Jacobs, Borodin. *Stalin's Man in China.* Cambridge/Mass. 1981. 最新资料见 Kuo Heng-yü u. a. （Hg. ），RKP（B）, *Komintern und die national-revolutionäre Bewegung in China.* Dokumente. Bd. 1：1920 – 1925. Paderborn 1996。

41. 迄今最令人信服的观点见 Arif Dirlik, *The Origins of Chinese Communism.* New York, Oxford 1989。

42. 关于康有为与《大同书》参见 Wolfgang Bauer, *China und die Hoffnung auf Glück. Paradiese, Utopien, Idealvorstellungen.* München 1971，第 412 ~ 452 页。

43. 参见 Peter Zarrow, *Anarchism and Chinese Political Culture.* New York 1990，第 255 页及下页；Arif Dirlik, *Anarchism in the Chinese Revolution.* Berkeley, Los Angeles, Oxford 1991，第 78 页及下页。

44. 参见 Ip Hung-yok, *The Origins of Chinese Communism. A New Interpretation.* In：MC 20（1994），第

34 ~ 63 页。

45. 参见 Maurice Meisner. *Li Ta-chao and the Origins of Chinese Marxism*. Cambridge/Mass. 1967，第 63 页及下页。

46. 《谈政治》，收录于《陈独秀选集》，天津，1990 年，第 117 ~ 127 页；唐宝林／林茂生《陈独秀年谱》，上海，1988 年，第 124 页。

47. 对瞿秋白的精辟个案分析参见 Jonathan Spence，*Das Tor des Himmlischcn Friedens. Die Chinesen und ihre Revolution 1895 – 1980*. München 1985，第 144 页及下页。

48. 参见 Michael Y. L. Luk，*The Origins of Chinese Bolshevism. An Ideology in the Making*，1920 – 1928. Hongkong 1990，第 206 ~ 210 页。

49. 参见 Tony Saich，*The Origins of the First United Front in China. The Role of Sneevliet（alias Maring）*. 2 Bde，Leiden 1991。

50. 参见 Arif Dirlik，*Revolution and History. The Origins of Marxist Historiography in China*，1919 – 1937. Berkeley，Los Angeles，London 1978，第 57 页及下页；Germaine A. Hoston，*The State*，*Identity*，*and the National Question in China and Japan*. Princeton/N. J. 1994，第 293 ~ 324 页。

第四章

1. 参见 Pierre-Etienne Will，*Bureaucracy and Famine in 18th-Century China*. Stanford 1990；ders. u. R. Bin Wong，

Nourish the People. The State Civilian Granary System in China, 1650 – 1850. Ann Arbor 1991。

2. Max Weber, *Die Wirtschaftsethik der Weltreligionen. Konfuzianismus und Taoismus.* Hg. von Helwig Schmidt-Glintzer u. Petra Kolonko, Tübingen 1989 (= MWG 1/19)，第 175 页。

3. Douglas R. Reynolds, *China 1898 – 1912. The Xinzheng Revolution and Japan.* Cambridge/Mass. 1993，第 193 页及下页。

4. StephanR. MacKinnon, *Power and Politics in Late Imperial China. Yuan in Beijing and Tianjin*, 1901 – 1908. Berkeley, Los Angeles, London, 1980，第 90 页。

5. Ralph L. Powell, The Rise of Chinese Military Power, 1895 – 1912. Princeton 1955，第 288 页。

6. Ichiko Chûzo, Political and Institutional Reform, 1901 – 11. In：CHOC, Bd. 11 （1980），第 385 页及下页。

7. Edmund S. K. Fung, *The Military Dimension of the Chinese Revolution. The New Army and Its Role in the Revolution of* 1911. Vancouver, London 1980，第 252 ~ 256 页。

8. 参见 Ernest P. Young, *The Presidency of Yuan Shih-k'ai. Liberalism and Dictatorship in Early Republican China.* Ann Arbor 1977，第 51 ~ 55 页。

9. 关于私有化的观点参见章开沅/罗福惠《比较中的审视——中国早期现代化研究》，杭州，1993 年，第

707 页。

10. 参见 Arthur Waldron, *The Warlord. Twentieth-Century Chinese Understandings of Violence, Militarism, and Imperialism.* In: American Historical Review 96 (1991), 第 1080 页。

11. 参见 Donald G. Gillin, *Warlord. Yen Hsi-shan in Shansi Province*, 1911–1949. Princeton 1967。

12. 参见 James E. Sheridan, *Chinese Warlord. The Career of Feng Yu-hsiang.* Stanford 1966; Odoric Y. K. Wu, *Militarism in Modern China. The Career of Wu P'ei-fu* 1916–1939. Dawson 1978。

13. 同上, 第 44 页及下页。

14. Edward A. McCord, *The Power of the Gun. The Emergence of Modern Warlordism.* Berkeley, Los Angeles, London 1993。

15. Chi Hsi-sheng, *Warlord Politics in China*, 1916–1928. Stanford 1976。

16. Diana Lary, *Warlord Soldiers. Chinese Common Soldiers*, 1911–1937. Cambridge 1985, 第 35 页。

17. 王方中《1920~1930 年间军阀混战对交通和工商业的破坏》,《近代史研究》1994 年第 5 期, 第 137 页。

18. 参见 Eugene William Levich, *The Kwangsi Way in Kuomintang China*, 1931–1939. Armonk/N. Y., London 1993. 相对谨慎的判断见 Diana Lary, *Region and Nation. The Kwangsi Clique in Chinese Politics*, 1925–1937.

Cambridge 1974。

19. 参见刘国良《中国工业史》（近代卷），北京，1992年，第213~215页。

20. 参见 Arthur Waldron，*From War to Nationalism. China's Turning Point*，1924－1925. Cambridge 1995，第73页及下页。

21. Phil Billingsley，Bandits in Republican China. Stanford 1988，第1页；第205页及下页有关"兵匪"章节。

22. 参见 Parks M. Coble，*Facing Japan. Chinese Politics and Japanese Imperialism*，1931－1937. Cambridge/Mass.，London 1991，第241页及下页。

23. 参见 William C. Kirby，*Germany and Republican China*. Stanford 1984，第95~99、206~217页及下页。

24. 参见刘梅生《中国近代文官制度史》，开封，1994年，第113、117页及下页。

25. 参见 Julia C. Strauss，*Symbol and Reflection of the Reconstituting State. The Examination Yuan in the* 1930*s*，In：MC 20（1994），第234页。

26. Tsai Wen-hui，*Patterns of Political Elite Mobilization in Modern China*，1912－1949. Taibei 1983，第242页。

27. 参见 R. Keith Schoppa，*Chinese Elites and Political Change. Zhejiang Province in the Early Twentieth Century.* Cambridge/Mass.，London 1982，第32页及下页；袁继成等《中华民国政治制度史》，湖北，1991年，第245页。

28. 参见当时百姓的口述实录：Sherman G. Cochran u. Andrew C. K. Hsieh（翻译出版），*One Day in China. May* 21, 1936. New Haven, London 1983, 第 76 ~ 137 页。

29. 见 Tien Hung-mao, *Government and Politics in Kuomintang China*, 1927 – 1937. Stanford 1972, 第 11, 45 ~ 72, 178 页；对于南京政府的性质问题，近年来一直存在激烈的争议，参见 William C. Kirby u. Stephen C. Averill, *More States of the Field.* In：RC 18（1992），第 206 ~ 224 页。

30. 参见 Susan Mann, *Local Merchants and the Chinese Bureaucracy*, 1750 – 1950. Stanford 1987, 第 169 页及下页。

31. 参见 Robert A. Kapp, *Szechwan and the Chinese Republic. Provincial Militarism and Central Power*, 1911 – 1938. New Haven, London 1973, 第 105 ~ 120 页；William Wei, *Counterrevolution in China. The Nationalists in Jiangxi during the Soviet Period.* Ann Arbor 1985, 第 126 ~ 153 页。

32. 同上，第 69 页及下页。

33. 参见 Tim Wright, *Coping with the World Depression. The Nationalist Government's Relations with Chinese Industry and Commerce*, 1932 – 1936. In：John Fitzgerald（Hg.），*The Nationalists and Chinese Society* 1923 – 1937. Melbourne 1989, 第 152 ~ 154 页。

34. 关于国家阶级的概念参见 Hartmut Elsenhans, *Abhängiger Kapitalismus oder bürokratische Entwicklungsgesellschaft. Versuch über den Staat in der Dritten Welt.* Frankfurt

a. M., New York 1981。

35. 参见 Lee-hsia Hsu Ting, *Government Control of the Press in Modern China*, 1900 – 1949. Cambridge/Mass. 1974, 第 79 ~ 125 页。

36. 参见 Bernd Martin, *Das Deutsche Reich und Guomintang-China*. In Kuo Heng-yü (Hg.), *Von der Koionialpolitik zur Kooperation. Studien zur Geschichte der deutsch-chinesischen Bezichungen*. München 1986, 第 325 ~ 375 页。

37. 参见 Philip A. Kuhn, *The Development of Local Government*. In：CHOC, Bd. 13 (1986), 第 339 页及下页。

38. 参见 Prasenjit Duara, *Culture, Power, and the State. Rural North China*, 1900 – 1942. Stanford 1988, 第 61 ~ 65、159、180 页。

39. 参见 Hsiao Kung-chuan, *Rural China. Imperial Control in the Nineteenth Century*. Seattle, London 1960, 第 43 ~ 83 页。

40. 参见 Michael R. Dutton, *Policing and Punishment in China. From Patriarchy to 》the People《*. Cambridge 1992, 第 177、181 页。

第五章

1. Alben Feuerwerker, *Economic Trends*, 1912 – 49. In：CHOC, Bd. 12 (1983), 第 35 页; Patrick O'Brien u.

Keyder, *Economic Growth in Britain and France. Two Paths to the 20th Century.* London 1978, 第 94 页。

2. 参见 Evelyn S. Rawski, *Education and Popular Literacy in Ch'ing China.* Ann Arbor 1979, 第 1～5 页。

3. John Lossing Buck, *Land Utilization in China.* Bd. 1, Nanjing 1937, 第 373 页。

4. 》The most detailed theoretical and fieldwork studies that have ever been done by anyone in China《: Joshua A. Fogel, *The Cultural Dimensions of Sino-Japanese Relations.* Armonk/N. Y. 1995, 第 134 页。

5. 例如 Chen Han-seng, *Landlord and Peasant in China. A Study of the Agrarian Crisis in South China.* New York 1937。

6. 朱玉湘《论"九一八"事变后东北地区的关内移民》,《近代史研究》1992 年第 3 期, 第 178 页。

7. Lloyd E. Eastman, *Family, Friends and Ancestors. Constancy and Change in China's Social and Economic History*, 1550 – 1949. New York. Oxford 1988, 第 64 页。

8. 相关争论参见 David Little, *Understanding Peasant China. Case Studies in the Philosophy of Social Science.* New Haven. London 1989。

9. Richard H. Tawney, *Land and Labour in China.* London 1932, 第 77 页。

10. JudithBanister, *China's Changing Population.* Stanford 1987, 第 6 页。

11. Yip Ka-che, *Health and Nationalist Reconstruction. Rural Health in Nationalist China*, 1928 – 1937. In MAS 26 (1992)，第 397 页及下页。

12. Joseph W. Esherick, *Number Games. A Note on Land Distribution in Prerevolutionary China.* In：MC 7 (1981)，第 405 页（图 8）。

13. Feuerwerker, Economic Trends，第 82 页（图 16）。

14. 关于地租问题参见 Lucien Bianco, *La sociéte rurale*. In：BBD，第 272 ~ 275 页；Joachim Durau, *Die Krise der chinesischen Agrarökonomie*. In：Richard Lorenz（Hg.），*Umwälzung einer Gesellschaft. Zur Sozialgeschichte der chinesischen Revolution*（1911 – 1949）. Frankfurt a. M，1977，第 137 ~ 152 页。

15. Fei Hsiao-t'ung, *Peasant Life in China. A Field Study of Country Life in the Yangtze Valley.* London, New York 1939，第 106 ~ 109，189 页。按照费孝通的观点，是世界经济危机导致了社会冲突的加剧。

16. 三个具体实例见：David Faure, *The Rural Economy of Pre-Liberation China. Trade Expansion and Peasant Livelihood in Jiangsu and Guangdong*, 1870 to 1937. Hongkong 1939，第 177 ~ 187 页。

17. 参见 Fei Hsiao-t'ung u. Chang Chih-i, *Earthbound China. A Study of Rural Economy in Yunnan.* London 1948，第 82 页及下页。

18. 关于中国南方宗族社会的形象描述参见 Sulamith

Heins Potter u. Jack M. Potter, *Chinas Peasants. The Anthropology of a Revolution.* Cambridge 1990, 第 1～16 页; Rubie S. Watson, *Corporate Property and Local Leadership in the Pearl River Delta*, 1898－1941. In: Joseph W. Esherick u. Mary Backus Rankin（Hg.）, *Chinese Local Elites and Patterns of Dominance.* Berkeley 1990, 第 239～260 页。

19. 参见 Dian Murray, *Migration*, *Protection and Racketeering. The Spread of the Tiandihui within China.* In: David Ownby u. Mary Somers Heidhues（Hg.）,》*Secret Societies*《 *Reconsidered. Perspectives on the Social History of Early Modern South China and Southeast Asia.* Armonk/N. Y. , 第 177～189 页。

20. 参见 ZXZX, Bd. 4 (1989), 第 113 (图 4)。

21. 参见 Ramon Myers, *The Chinese Peasant Economy. Agricultural Development in Hopei and Shantung*, 1890－1949. Cambridge/Mass. 1970, 第 232 页。

22. 参见 Dwight H. Perkins, *Agricultural Development in China*, 1368－1968. Chicago 1969, 第 114, 136 页。

23. 最具代表性的是 Loren Brandt, *Commercialization and Agricultural Development. Central and Eastern China*, 1870－1937. Cambridge 1989。

24. PhilipC. C. Huang, *The Peasant Economy and Social Change in North China.* Stanford 1985; 另参同作者: *The Peasant Family and Rural Development in the Yangzi Delta*, 1350－1988. Stanford 1990。

25. 最新案例研究见 Lynda S. Bell, *Farming*, *Sericulture*, *and Peasant Rationality in Wuxi County in the Early* 20*th Century*. In：Thomas G. Rawski u. Lillian M. Li（Hg.），*Chinese History in Economic Perspective*. Berkeley 1992，第 207 ~ 242，222 页。

26. 参见 Jerome Ch'en, *The Highlanders of Central China. A History* 1895 – 1937. Armonk/N. Y.，London 1992，第 23，45 页。

27. 经典诠释见 Ho Ping-ti，Studies in the Population of China, 1368 – 1953. Cambridge/Mass. 1959，第 227 ~ 256 页；完整数据记录仅限 1840 至 1919 年，参见李文海《近代中国灾荒纪年》，长沙，1990 年。

28. Kenneth Pomeranz, *The Making of a Hinterland. State*, *Society*, *and Economy in Inland North China*，1853 – 1937. Berkeley 1993，第 212 页及下页。

29. 参见 Eduard B. Vermeer, *Economic Development in Provincial China. Central Shaanxi since* 1930. Cambridge 1988，第 28 ~ 46 页。

30. 王文昌《20 世纪 30 年代前期农民离村问题》，《历史研究》1993 年第 2 期，第 93 页。

31. 李宇平《1930 年代世界经济大恐慌对中国经济之冲击》，《历史学报》第 22 期（1994 年 6 月），第 315 ~ 347，322 页及下页。

32. Lilian M. Li, *China's Silk Trade. Traditional Industry in the Modern World*，1842 – 1937. Cambridge/Mass. 1981，

第 81 ~ 95 页；Robert Y. Eng, *Imperialism in China. Silk Production and Exports*, 1861 – 1932. Berkeley 1986，第 157 ~ 162 页；Robert Gardella, *Harvesting Mountains. Fujian and the China Tea Trade*, 1757 – 1937. Berkeley 1994，第 110 ~ 141 页。

33. Lloyd E. Eastman, *The Abortive Revolution. China under Nationalist Rule. 1927 – 1937.* Cambridge/Mass. 1974，第 199 页；另参 Huang, *Peasant Economy.* 第 280 页及下页。

34. 修订参见 Prasenjit Duara, *Culture, Power, and the Stale. Rural North China*, 1900 – 1942. Stanford 1988，第 73 页及下页。

35. 参见 Helen F. Siu, *Agents and Victims in South China. Accomplices in Rural Revolution.* New Haven. London 1989，第 88 页及下页。

36. 参见 Kathryn Bernhardt, *Rents, Taxes, and Peasant Resistance. The Lower Yangzi Region*, 1840 – 1950. Stanford 1992，第 163, 219 页。

第六章

1. 关于本章主题尤其值得思考的是 Joseph W. Esherick, *Ten Theses on the Chinese Revolution.* In：MC 21 (1995)，第 45 ~ 76 页。

2. 参见 Odd Arne Westad, *Cold War and Revolution.*

Soviet-American Rivalry the Origins of the Chinese Civil War, 1944 – 1946. New York, 1933，第 166 页。

3. 参见 Fu Zhengyuan, *Autocratic Tradition and Chinese Politics* . Cambridge 1993；WJ. F. Jenner, *Chinas langer Weg in die Krise. Die Tyrannei der Geschichte.* Stuttgart：1993。

4. 参见 Jonathan Spence, Chinas Weg in die Moderne. München 1995，第 13 ~ 18 章。

5. Hans van de Ven, *From Friend to Comrade. The Founding of the Chinese Communist Party*, 1920 – 1927. Berkeley 1991，第 162, 160 页。

6. 参见 Michael Summerhill, *China on the Western Front. Britain's Chinese Work Force in the First World War.* London 1982。

7. 参见 Elizabeth J. Perry, *Shanghai on Strike. The Politics of Chinese Labor.* Stanford 1993，第 84 页。

8. 有关 1927 年春上海所发生的事件的详尽描述见 Alain Roux, *Gréves et politique à Shanghai. Les désillusions* （1927 – 1932）. Paris 1995，第 47 ~ 76 页。

9. 参见 Angus W. McDonald, *The Urban Origins of Rural Revolution. Elites and the Masses in Hunan Province, China*, 1911 – 1927. Berkeley 1978，第 179, 195, 258 页。

10. 参见 Lucien Bianco, Peasant Movements. In：CHOC, Bd. 13 (1986)，第 301 ~ 305, 288 页及下页；另参 Elizabeth J. Perry, *Rebels and Revolutionaries in North*

China，1845 – 1945，Stanford 1980，第 48 页及下页。

11. Bianco，*Peasant Movements*，第 304 页。

12. 西方迄今仍然没有一本囊括今天人们所掌握的全部信息的有关 1949 年前毛泽东生平的传记。因此，以下著作仅可作为基础参考：Jerome Ch'en，*Mao and the Chinese Revolution*. New York 1963；Tilemann Grimm，*Mao Tse-tung in Selbstzeugnissen und Bilddokumenten*. Reinbek 1968；另参下述系列著作中的编者序 Stuart R. Schram u. a.（Hg.），*Maos Road to Power. Revolutionary Writings*，1912 – 1949. Armonk/N. Y. 1992ff.（迄今已出版 3 卷）。

13. 竹内实《毛泽东集》，共 10 卷，Tokio 1970 – 1972，此处参见卷 1，第 175 页。本文没有被收录于官方出版的《毛泽东选集》。

14. 关于发生在江西东北部的一场鲜为人知的早期农民运动见 Kamal Shed，*Peasant Society and Marxist Intellectuals in China. Fang Zhimin and the Origin of a Revolutionary Movement in the Xinjiang Region*. Princeton 1989，第 136 页及下页。

15. Werner Meißner，*Das rote Haifeng. Peng Pais Bericht über die Baurnbewegung in Südchina*. München 1987，第 89 页。书中还收录了一篇彭湃的文章（1926）和一篇精彩导言。

16. Fernando Galbiati，*P'eng P'ai and the Hai-Lu-Feng Soviet*. Stanford 1985，第 334 页；这本论述全面的著作取代了此前的另一本相关论著：Roy Hofheinz，Jr.，*The*

Broken Wave. The Chinese Communist Peasant Movement, 1922–1928. Cambridge/Mass. 1977。

17. 两者间共性的比较是一个值得研究的课题。有关欧洲情况参见 Winfried Schulze（Hg.）, Europäische Bauernrevolten der frühen Neuzeit. Frankfurt a. M. 1982。

18. 参见 Robert B. Marks, *Rural Revolution in South China. Peasants and the Making of History in Haifeng County*, 1570–1930. Madison/Wise. 1984，第 257 页。

19. 》yumin wuchanjieji《：Mao Zedong ji, Bd. 2，第 37 页。

20. 关于苏维埃的政治制度参见 Ilpyong J. Kim, *The Politics of Chinese Communism. Kiangsi under the Soviets.* Berkeley 1973，第 27 页及下页。

21. 这一观点在富有开创性的"古田革命"中得以体现。参见 Hektor Meyer, *Die Entwicklung der kommunistischen Streitkräfte in China von 1927 bis 1949. Dokumente und Kommentar.* Berlin, New York 1982，第 83~104 页。

22. 摘自 Hsiao Tso-liang, *The Land Revolution in China*, 1930–1934. *A Study of Documents.* Seattle. London 1969，第 187 页。

23. 毛泽东《寻乌调查》，英译本参见 Roger R. Thompson. Stanford 1990，第 45 页及下页；有关毛泽东早期地方调查参见 Brantly Womack, *The Foundations of Mao Zedong's Political Thought*, 1917–1935. Honululu 1982，第 114~134 页。

24. 有关江西苏维埃的全面论述参见 Gregor Benton, *Mountain Fires. The Red Army's Three-Year War in South China*, 1934 – 1938. Berkeley 1992, 第 9 ~ 26 页。

25. 《毛泽东集》, 卷 1, 第 213 页。

26. 经典论著见 Harrison E. Salisbury, *Der lange Marsch*. Frankfurt a. M. 1985; 另一本富有争议性的著作: Benjamin Yang. *From Revolution to Politics. Chinese Communists on the Long March*. Oxford 1990。

27. 对毛泽东党内地位提升各阶段的分析见 Thomas Kampen, *The Zunyi Conference and Further Steps in Mao's Rise to Power*. In: CQ 117, 第 118 ~ 134 页。

28. 参见 Lyman Van Slyke, *The Chinese Communist Movement during the Sino-Japanese War*, 1937 – 1945. In: CHOC, Bd. 13 (1986), 第 609 ~ 722 页; 另参 James C. Hsiung u. Steven I. Levine (Hg.), *China's Bitter Victory. The War with Japan*. 1937 – 1945. Armonk/N. Y. 1992 (并参 Susanne Weigelin-Schwiedrzik 的相关批评, 刊载于 Peripius 4 [1994], 第 199 ~ 204 页)。

29. 参见 W. G. Beasley, *Japanese Imperialism* 1894 – 1945, Oxford 1987。

30. Zhang Qifu《中华民国外交史纲》, 北京, 1995 年, 第 247 页。

31. 关于蒋介石的路线转变参见 Sun Youli, *China and the Origins of the Pacific War*, 1931 – 1941. New York 1993, 第 90 页。

32. Wu T'ien-wei, *The Chinese Communist Movement*, In：Hsiung u. Levine（Hg.），*China's Bitter Victory*，第 79 页。

33. 参见 John Israel u. Donald W. Klein, *Rebels and Bureaucrats. China's December 9ers.* Berkeley 1976。

34. Shum Kui-kwong, *The Chinese Communists' Road to Power. The Anti-Japanese National United Front*, 1935 – 1945. Hongkong 1988，第 16 页及下页。

35. 参见 Wu Tien-wei. *The Sian Incident. A Pivotal Point in Modern Chinese History.* Ann Arbor 1976。

36. 参见 S. Bernard Thomas, *Season of High Adventure. Edgar Snow in China.* Berkeley 1996。

37. 数字系根据 Ch'i Hsi-sheng, *The Military Dimension*, 1942 – 1945. In：Hsiung u. Levine（Hg.），*China's Bitter Victory*，第 179 页；Gerhard L. Weinberg, *A World at Arms. A Global History of World War* II. Cambridge 1994，第 894 页。

38. 参见 Anthony B. Chan, *Arming the Chinese. The Western Armaments Trade in Warlord China*, 1920 – 1928. Vancouver 1982。

39. 参见 Odoric Y. K. Wou, *Mobilizing the Masses. Building Revolution in Henan.* Stanford 1994，第 219 页。

40. 参见 Lloyd E. Eastman, *Facets of an Ambivalent Relationship. Smuggling, Puppets, and Atrocities during the War*, 1937 – 1945. In：Iriye Akira（Hg.），*The Chinese and the Japanese. Essays in Political and Cultural Interactions.*

Princeton 1980，第 284 页及下页；有关汉奸的心理研究参见 Poshek Fu, *Passivity, Resistance and Collaboration. Intellectual Choices in Occupied Shanghai*, 1937 – 1945. Stanford 1993，第 110 ~ 154 页。

41. 参见 Lincoln Li, *The Japanese Army in North China. Problems of Political and Economic Control.* Tokio 1975，第 4 ~ 7 章。

42. 参见 Wou, Mobilizing the Masses，第 180 页（本书是有关中共在战争中作用的最佳论著）。

43. 参见 Chalmers Johnson, *Peasant Nationalism and Communist Power. The Emergence of Revolutionary China*, 1937 – 1945. Stanford 1963，第 5、12 页。

44. Kathleen Hartford, *Repression and Communist Success. The Case of Jin-Cha-Ji*, 1938 – 1943. In：Dies. u. Steven M. Goldstein（Hg.），*Single Sparks. China's Rural Revolutions.* Armonk/N. Y. , London 1989，第 108 页。

45. 参见 Lee Chong-sik, *Revolutionary Struggle in Manchuria. Chinese Communism and Soviet Interests*, 1922 – 1945. Berkeley 1983，第 268 ~ 306 页。

46. 参见 David M. Paulson, *Nationalist Guerillas in the Sino-Japanese War. The 》Die-Hards《 of Shandong Province.* In：Hartford u. Goldstein（Hg.）*Single Sparks*，第 146 页及下页。

47. 参见 Werner Meißner, *Philosophie und Politik in China. Die Kontroverse über den dialektischen Materialismus in*

den dreißiger Jahren. München 1986. 第 11 页及下页；另参 Raymond F. Wylie, *The Emergence of Maoism. Mao Tse-tung, Ch'en Po-ta and the Search for Chinese Theory*, 1935 – 1945. Stanford 1980。

48. 对相关策略问题的研究参见 Harro von Senger, *Einführung in das chinesische Recht.* München 1994，第 207 页及下页。

49. 参见《毛泽东集》，卷 9，第 25 ~ 31 页；《关于领导方法的若干问题》，收录于《毛泽东选集》第 3 卷，北京，1969 年，第 135 ~ 141 页；另参 Stuart R. Schram, *Mao Tse-tung's Thought to 1949.* In：CHOC，Bd. 13（1986），第 821 页及下页。

50. 参见 Peter J. Seybolt, *Terror and Conformity. Counterespionage, Campaigns, Rectification, and Mass Movements*, 1942 – 1943. In：MC 12 (1986)，第 39 ~ 73 页。

51. 相关概论参见 Lucien Bianco, *Peasant Responses to CCP Mobilization Policies*, 1937 – 1943. In：Tony Saich u. Hans van de Ven（Hg.），*New Perspectives on the Chinese Communist Revolution.* Armonk/N. Y.，London 1995，第 175 ~ 187 页。

52. 参见 Chen Yung-fa, *Making Revolution. The Communist Movement in Eastern and Central China*, 1937 – 1945. Berkeley 1976，第 162 ~ 222 页。

53. 参见 Chen Yung-fa u. Gregor Benton, *Moral Economy and the Chinese Revolution.* Amsterdam 1986，第

12～61 页；有充分论据的批评性观点见 Ralph Thaxton, *China Turned Rightside Up. Revolutionary Legitimacy in the Peasant World.* New Haven, London 1983。

54. 参见 David S. G. Goodman, *JinJiLuYu in the Sino-Japanese War. The Border Region and the Border Region Government.* In：CQ MC.（Dezember 1994），第 1019 页及下页。

55. 参见 Mark Selden, *The Yenan Way in Revolutionary China.* Cambridge/ Mass. 1971（修订版：*China in Revolution. The Yenan Way Revisited.* Armonk/N. Y. 1995）；另参 Peter Schran, *Guerilla Economy. The Development of the Shensi-Kansu-Ninghsia Border Region*, 1937－1945. Albany/N. Y. 1976。

56. 参见 Pauline Keating, *The Ecological Origins of the Yan'an Way.* In：AJCA 32（Juli 1994），第 123～133 页。

57.《毛泽东集》，卷 9，第 219 页。

58. 摘自 Lloyd E. Eastman, *Seeds of Destruction. Nationalist China in War and Revolution*, 1937－1949. Stanford 1984，第 203 页。

59. Sidney H. Chang u. Ramon H. Myers（Hg.），*The Storm Clouds Clear over China. The Memoir of Ch'en Li-fu*, 1900－1993. Stanford 1994，第 102、114、179 页及下页。

60. Lloyd E. Eastman, *Nationalist China during the Sino-Japanese War 1937－1945.* In：CHOC, Bd. 13（1986），第 590 页及下页。

61. 参见 Joseph K. S. Yick. *Making Urban Revolution in China. The CCP-GMD Struggle for Beiping-Tianjin.* 1945 – 1949. Armonk/N. Y. 1995，第45～52页。

62. 参见 George H. Kerr, *Formosa Betrayed.* Boston 1965，第254～310页。

63. 参见 Suzanne Pepper, *Civil War in China. The Political Struggle*, 1945 – 1949. Berkeley 1978，第132页及下页。

64. ZXZX. Bd. 6，第181页。

65. 参见 Steven L. Levine, *Anvil of Victory. The Communist Revolution in Manchuria*, 1945 – 1948. New York 1987，第202页。

66. Frederick C. Teiwes, *Establishment and Consolidation of the New Regime.* In：CHOQ Bd. 14（1987），第87页。

67. 参见1946年5月8日毛泽东、刘少奇关于土地政策的发言，收录于 ZXZX. Bd. 6，第307页及下页。

68. 西方的许多纪录和报道性文字都曾对土改问题做出生动描述，如 William Hinton, Fanshen. *Dokumentation über die Revolution in einem chinesischen Dorf.* Frankfurt a. M. 1972；Isabel and David Crook, *Revolution in a Chinese Village. Ten Mile Inn.* London 1959，第109～159页。

69. 参见 Edward Friedman, Paul G. Pickowicz u. Mark Selden, *Chinese Village, Socialist State.* New Haven, London 1991，第51、81页。

70. 参见 Edmund S. Fung, *The Diplomacy of Imperial*

Retreat. Britain's Southern China Policy, 1924 – 1931. Oxford 1991; Jürgen Osterhammel, *Imperialism in Transition. British Business and the Chinese Authorities , 1931 – 1937* . In: CQ 98（1984）, 第 260 ~ 286 页。

71. 参见 Beverley Hooper, *China Stands Up. Ending the Western Presence*, 1948 – 1950. Sydney 1986; Shao Wenguang, *China, Britain, and Businessmen. Political and Commercial Relations*, 1949 – 57. Basingstoke 1991, 第 1 ~ 2 章。

72. ZXZX. Erg. – Bd 1. 第 153 ~ 155 页。

缩略语

AJCA   Australian Journal of Chinese Affairs（Canberra）

BBD   La Chine au XXe siècle. Bd. 1：D'une révolution à l'autre（1895 – 1949），主编：Marie-Claire Bergère、Lucien Bianco、Jürgen Domes. Paris 1989。

BD   Biographical Dictionary of Republican China，4 卷，主编：Howard L. Boorman、Richard C. Howard，New York 1967 – 1971。

CHOC   Cambridge History of China. 主编：John K. Fairbank、Denis Twitchett. Cambridge，卷 10（1978）、11（1980）、12（1983）、13（1986）、14（1987）。

CQ   China Quarterly（London）

EAH   East Asian History（Canberra）

JAS   Journal of Asian Studies（Ann Arbor）

LIC   Late Imperial China（Los Angeles）

MAS   Modern Asian Studies（Cambridge）

MC   Modern China（Beverley Hills）

PFEH   Papers on Far Eastern History（Canberra，后更名为 EAH）

RC   Republican China（Urbana，I11.）

ZXZX   《中国现代史资料选辑》,主编：彭明等，6 册，北京，1987～1989；补编，北京，1991～1993。

ZYJYJ   《中央研究院近代史研究所集刊》（台北）

参考文献

1. Grundliteratur

Bartke, Wolfgang, Die großen Chinesen der Gegenwart. Ein Lexikon 100 bedeutender Persönlichkeiten Chinas im 20. Jahrhundert. Frankfurt a. M. 1985.

Bary, William Theodore de, Wing-tsit Chan u. Burton Watson (Hg.), Sources of Chinese Tradition. Bd. 2, New York 1960 (*Quellenauszüge zur Ideengeschichte*).

Bergère, Marie-Claire, Lucien Bianco u. Jürgen Domes (Hg.), La Chine au XXe siècle. Bd. 1: D'une révolution à l'autre (1895–1949). Paris 1989 (*die beste einbändige Geschichte der Republikzeit*).

Bianco, Lucien, Les Origines de la révolution chinoise, 1915–1949. 2. Aufl. Paris 1987 (*immer noch die interessanteste westliche Interpretation des Revolutionsprozesses*).

Boorman, Howard L. u. Richard C. Howard (Hg.), Biographical Dictionary of Republican China. 4 Bde, New York 1967–1971 (*unentbehrlich*).

Ch'en, Jerome, China and the West. Society and Culture 1815–1937. London 1979 (*vorzügliche Sozial- und Kulturgeschichte*).

Chevrier, Yves, La Chine moderne. 2. Aufl. Paris 1992 (*als Interpretation neben Bianco zu lesen*).

Eastman, Lloyd E., Family, Field, and Ancestors. Constancy and Change in China's Social and Economic History, 1550–1949. New York, Oxford 1988 (*ausgezeichneter wirtschaftsgeschichtlicher Überblick*).

Ebrey, Patricia B. (Hg.), Chinese Civilization. A Sourcebook. 2. Aufl. New York 1993 (*Quellentexte aus allen Lebensbereichen*).

Ebrey, Patricia B., China. Eine illustrierte Geschichte. Aus dem Amerikanischen von Udo Rennert. Frankfurt a. M., New York 1996 (*neben Gernet die beste Einführung in die ältere Geschichte Chinas*).

Fairbank, John K., Geschichte des modernen China 1800–1985. Aus dem Amerikanischen von Walter Theimer. München 1989 (*narrativer Überblick, inzwischen z. T. durch Spence, Chinas Weg in die Moderne, ersetzt*).

Fairbank, John K., China. A New History. Cambridge/Mass., London 1992 (*Fairbanks letztes Buch, betont die tragischen Aspekte der chinesischen Geschichte*).

Fairbank, John K. u. Denis Twitchett (Hg.), The Cambridge History of China. Cambridge, Bde. 10 (1978), 11 (1980), 12 (1983), 13 (1986), 14 (1987) (*eine unerschöpfliche Fundgrube*).

Franke, Wolfgang u. Brunhild Staiger (Hg.), China-Handbuch, Düsseldorf 1974 (*obwohl veraltet, immer noch unentbehrlich*).

Gernet, Jacques, Die chinesische Welt. Die Geschichte Chinas von den Anfängen bis zur Jetztzeit. Aus dem Französischen von Regine Keppler. 5. Aufl. Frankfurt a. M. 1987 (*das Standardwerk zum »alten« China*).

Guillermaz, Jacques, Histoire du parti communiste chinois (1921–1949). Paris 1968; engl. Fassung: A History of the Chinese Communist Party. London 1972 (*veraltet, aber noch nicht ersetzt*).

Guo Tingyi, Jindai Zhongguo shigang [Abriß der neueren Geschichte Chinas, ca. 1830–1950]. Hongkong 1979 (*ausführliche Darstellung durch einen namhaften taiwanesischen Historiker*).

Klein, Donald W. u. Anne B. Clark (Hg.), Biographic Dictionary of Chinese Communism, 1921–1965. 2 Bde, Cambridge/Mass. 1971 (*Ergänzung zu Boorman u. Howard, s.o.*).

Mackerras, Colin, Modern China. A Chronology from 1842 to the Present. London 1982.

Osterhammel, Jürgen, China und die Weltgesellschaft. Vom 18. Jahrhundert bis in unsere Zeit. München 1989 (*strukturgeschichtliche Darstellung der politischen und wirtschaftlichen Außenbeziehungen Chinas*).

Qiao Zhiqiang u.a., Zhongguo jindai shehuishi [Neuere chinesische Sozialgeschichte]. Peking 1992 (*hochinteressante postmarxistische Geschichtsschreibung*).

Rozman, Gilbert, u.a., The Modernization of China. New York 1981 (*betont Kontinuitäten seit dem 18. Jahrhundert*).

Saich, Tony (Hg.), The Rise to Power of the Chinese Communist Party. Documents and Analysis. Armonk/N.Y., London 1996 (*umfangreiche Dokumentensammlung zur Geschichte der KPCh 1921–1949*).

Schmidt-Glintzer, Helwig, Das alte China. Von den Anfängen bis zum 19. Jahrhundert. München 1995 (*zur ersten Orientierung über die Geschichte der Dynastien*).

Spence, Jonathan D., Das Tor des Himmlischen Friedens. Die Chinesen und ihre Revolution 1895–1980. Aus dem Amerikanischen von Ulrike Unschuld, München 1985 (*die Revolution im Spiegel der Biographien einiger Intellektueller*).

Spence, Jonathan D., Chinas Weg in die Moderne. Aus dem Amerikanischen von Gerda Kurz u. Siglinde Summerer, München, Wien 1995 (*ausführlichste und beste narrative Darstellung; analytisch aber konventioneller als z. B. Bianco*).

2. Sonstige Nachschlagewerke, Handbücher, Gesamtdarstellungen und Sammelbände

Bartke, Wolfgang, Biographical Dictionary and Analysis of China's Party Leadership, 1922–1988. München 1990.

Bauer, Wolfgang, China und die Hoffnung auf Glück. Paradiese – Utopien – Idealvorstellungen. München 1971.

Brandt, Conrad, Benjamin I. Schwartz u. John K. Fairbank (Hg.), Der Kommunismus in China. Eine Dokumentargeschichte. Aus dem Amerikanischen von Margarete Montgelas. München 1955.

Chesneaux, Jean, François Le Barbier u. Marie-Claire Bergère, China from the 1911 Revolution to Liberation. New York 1977.

Crespigny, Rafe de, China this Century. Hongkong 1992.

Dreyer, Edward L., China at War, 1901–1949. Harlow 1995.

Embree, Ainslie T. (Hg.), Encyclopaedia of Asian History. 4 Bde, New York 1988.

Franke, Wolfgang, Das Jahrhundert der chinesischen Revolution 1851–1949. 2. Aufl. München 1980.

Gasster, Michael, China's Struggel. Revolution and Modernization, 1860 to the Present. 3. Aufl. New York 1996.

Gentzler, J. Mason (Hg.), Changing China. Readings in the History of China from the Opium War to the Present. New York 1977.

Gray, Jack, Rebellions and Revolutions. China from the 1800s to the 1980s. Oxford 1990.

Grieder, Jerome B., Intellectuals and the State in Modern China. A Narrative History. New York 1981.

Harrison, John Pickney, The Long March to Power. A History of the Chinese Communist Party 1921–72. New York 1972 (gekürzte Übersetzung: Der lange Marsch zur Macht. Stuttgart, Zürich 1978).

Hoffmann, Rainer, Der Untergang des konfuzianischen China. Vom Mandschureich zur Volksrepublik. Wiesbaden 1980.

Hook, Brian (Hg.), The Cambridge Encyclopedia of China. Cambridge 1991.

Hsü, Immanuel C.Y., The Rise of Modern China. 5. Aufl. New York, Oxford 1995.

Leung, Edwin Pak-wah (Hg.), Historical Dictionary of Revolutionary China, 1839–1976. New York, Westport/Ct., London 1992.

Lieberthal, Kenneth u.a. (Hg.), Perspectives on Modern China. Four Anniversaries. Armonk/N.Y., London 1991.

Lorenz, Richard (Hg.), Umwälzung einer Gesellschaft. Zur Sozialgeschichte der chinesischen Revolution (1911–1949). Frankfurt a.M. 1977.

Osterhammel, Jürgen (Hg.), Asien in der Neuzeit. Sieben historische Stationen. Frankfurt a.M. 1994.

Ropp, Paul S. (Hg.), Heritage of China. Contemporary Perspectives on Chinese Civilization. Berkeley, Los Angeles, Oxford 1990.

Scalapino, Robert A. u. George T. Yu, Modern China and Its Revolutionary Process. Recurrent Challenges to the Traditional Order, 1850–1920. Berkeley, Los Angeles, London 1985.

Scharping, Thomas, Mao-Chronik. Daten zu Leben und Werk. München 1976.

Schmidt-Glintzer, Helwig, Geschichte der chinesischen Literatur. Bern, München, Wien 1990.

Schram, Stuart R., The Thought of Mao Tse-tung. Cambridge 1989 (Auszug aus Bd. 13 der Cambridge History of China).

Schram, Stuart R. (Hg.), Mao's Road to Power. Revolutionary Writings, 1912–1949. Armonk/N.Y., London 1992 ff.

Sheridan, James E., China in Disintegraton. The Republican Era in Chinese History, 1912–1949. New York 1975.

Smith, Richard J., China's Cultural Heritage. The Qing Dynasty, 1644–1912. 2. Aufl. Boulder, San Francisco, Oxford 1994.

Tung, William L., The Political Institutions of Modern China. Den Haag 1964.

United Kingdom. Naval Intelligence Division, China Proper. 3 Bde, London 1945 (*beste geographische Beschreibung des republikanischen China*).

Wakeman, Frederic, The Fall of Imperial China. New York 1975.

Welsh, Frank, A History of Hong Kong. New York, London 1993.

索 引

图书在版编目（CIP）数据

中国革命：1925年5月30日，上海／（德）于尔根·奥斯特哈默著；强朝晖译 . -- 北京：社会科学文献出版社，2017.8（2018.7重印）

书名原文：Shanghai, 30. Mai 1925. Die chinesische Revolution.

ISBN 978 - 7 - 5201 - 0853 - 9

Ⅰ.①中…　Ⅱ.①于…②强…　Ⅲ.①中国历史 - 现代史 - 研究 - 1925　Ⅳ.①K262.207

中国版本图书馆 CIP 数据核字（2017）第 116661 号

中国革命：1925年5月30日，上海

著　　者／〔德〕于尔根·奥斯特哈默（Jürgen Osterhammel）
译　　者／强朝晖

出 版 人／谢寿光
项目统筹／段其刚　董风云　　责任编辑／周方茹

出　　版／社会科学文献出版社·甲骨文工作室（010）59366551
　　　　　　地址：北京市北三环中路甲29号院华龙大厦　邮编：100029
　　　　　　网址：www.ssap.com.cn
发　　行／市场营销中心（010）59367081　59367018
印　　装／三河市东方印刷有限公司

规　　格／开　本：889mm × 1194mm　1/32
　　　　　　印　张：11　插页：0.375　字　数：197千字
版　　次／2017年8月第1版　2018年7月第2次印刷
书　　号／ISBN 978 - 7 - 5201 - 0853 - 9
著作权合同
登 记 号　／图字01 - 2014 - 8305 号
定　　价／59.00 元